RIEMANN
VERLAG

Patrick Batarilo

Fuck Perfection

Lieber unperfekt glücklich
als perfekt unglücklich

RIEMANN
VERLAG

Verlagsgruppe Random House FSC® N001967

1. Auflage
Originalausgabe
© Verlagsgruppe Random House
Copyright © 2016 Riemann Verlag, München, in der Verlagsgruppe
Random House GmbH, Neumarkter Str. 28, 81673 München
Lektorat: Judith Mark
Umschlaggestaltung: Martina Baldauf, herzblut02, München
Satz: EDV-Fotosatz Huber/Verlagsservice G. Pfeifer, Germering
Druck und Bindung: GGP Media GmbH, Pößneck
Printed in Germany
ISBN 978-3-570-50193-1
www.riemann-verlag.de

INHALT

»Wenn du Gott zum Lachen bringen willst,
erzähl ihm von deinen Plänen.«

Woody Allen zugeschrieben

Fuck Perfection –
Warum mein Leben nicht mehr mir gehört

Der Selbstoptimierungswahn, um den es in diesem Buch geht, lässt sich auf eine kurze Formel bringen: »Dieser Tag muss einfach dir gehören!«

Es klingt wie ein Versprechen. Doch in Wahrheit verwandelt dieser Satz wie ein Zauberspruch die ganze Welt. Allerdings wird sie nicht zu Gold wie in der antiken Sage vom König Midas, unter dessen Händen sich alles, was er berührt, in edles Metall verwandelt, leider selbst das Essen auf seinem Teller. Statt zu Gold wird unter unserer Berührung alles zu Arbeit: Arbeit an uns selbst. Arbeit an der besseren Version unserer selbst, die gefälligst endlich unser Leben leben soll. Das Ergebnis ist ähnlich zwiespältig: ein scheinbarer Reichtum, der in Wirklichkeit das Lebendige in uns bedroht. Eine goldglänzende Oberfläche, unter der das Echte in uns erstickt. Also in Wahrheit: ein Fluch.

Morgens der perfekte Frühsport, vormittags die perfekte Powerpoint-Präsentation; nachmittags die perfekte Mutter, abends der perfekte Liebhaber. Inzwischen sind wir so weit, dass wir bei allem, was wir tun, ständig den Druck spüren, uns zu fragen, ob wir das nicht noch besser tun können – denn wie sonst sollte »dieser Tag uns gehören«?

Sich verbessern – das war einmal ein Versprechen von Selbstbestimmung, von Freiheit, von Sichlösen und Ankommen. Vom eigenen Weg auf ein selbst gestecktes Ziel hin. Doch inzwischen geht es nicht länger darum, etwas Einzelnes besser zu machen: zum Beispiel zu lernen, wie man besser joggt oder wie man einen Baum richtig beschneidet. Heute steht alles unter Verbesserungsdruck. Und ein Ankommen ist nicht mehr in Sicht: weil jeder Erfolg an der Optimierungsfront nur ein Schritt in einem Prozess ist, der nie aufhört. Optimieren, maximieren, perfektionieren, heute ist das alles dasselbe. Nach oben ist immer Luft. Ausruhen kannst du dich, wenn du tot bist.

Wie in dem Film *Und täglich grüßt das Murmeltier* sind wir in einem einzigen, sich ewig wiederholenden Tag gefangen. Es ist der letzte Tag des Jahres – und wir nehmen uns ganz viel vor. Unser Leben ist eine permanente Neujahrssituation geworden. Nur erlauben wir uns nicht mehr, nach zwei, drei Wochen mit etwas schlechtem Gewissen, aber ansonsten guter Dinge wieder in den alten Trott zu verfallen. Nein, diesmal wollen wir unbedingt durchhalten. »Dieser Tag muss einfach dir gehören!« Jeder Tag. Ein quälend perfektes Leben lang. Das ist so anstrengend, wie es klingt. Und das Schlimmste: Wir machen da mit.

In meinem Fall sieht ein typischer Optimierungstag inzwischen ungefähr so aus: 7.30 Uhr Wecker. 7.32 Uhr Blick in den Terminkalender. 7.35 Uhr Frühstück. Erste Zielvorgabe des Tages: Bei einer nicht dick machenden und trotzdem energiereichen ersten Mahlzeit (Gesundheit, Leistung), deren genaue Zusammensetzung ich wie jeden Tag erst noch im Netz nachschlage (Abwechslung, individuelle Ernährung), werde ich endlich meine Gedanken klären (Strukturen schaffen), damit das auch finanziell dringend notwendige journalistische Meisterwerk möglich wird, das nun schon einige Zeit auf sich warten lässt (Kreativität, Finanzen). 8.00–8.20 Uhr Yoga (Körper stärken, Geist befreien). Auf dem Weg zur Arbeit checke ich meine Aktienkurse (die Deutschen müssen lernen zu investieren) und unterhalte mich möglichst gut gelaunt mit einem Kollegen über ein neu erschienenes Buch, dessen Inhalt ich währenddessen noch googeln muss (positiv denken, Kontakte knüpfen, neue Medien nutzen). Im Büro erst mal Atemübungen vorm Bildschirmschoner: Heute werde ich nicht nur meine Arbeit doppelt so schnell machen (Karriere), sondern auch endlich selbstbewusst auftreten, ohne dieses Gestotter und die kurzen peinlichen Aussetzer, die sich immer dann einstellen, wenn ich überlege, ob mein Chef mir überhaupt noch zuhört (souveränes Auftreten lernen). Gut, dass ich mich bei all dem Stress immerhin auf eins freuen kann: In jedem Fall werde ich auf dem Heimweg kurz am Bergsee Halt machen und mich eins mit der Natur fühlen, die da draußen irgendwo auf mich wartet, schon ein Leben lang (Achtsamkeit lernen). Als es endlich so weit ist, bleiben mir dafür allerdings nur acht Minuten, besser fünf – um halb sieben habe ich nämlich einen Spanischkurs (weltmännisches Auftreten üben, Korrespondentenkarriere), um halb acht ein romantisches Dinner mit meiner Freundin (Beziehung pflegen); ach nee, das ist morgen, heute Abend ist nach der Sprachschule gleich das Feedbackseminar für meine Ausbildung als

Coach dran (Karriere Plan B: Breit-aufgestellt-Sein) … Oder war es das Anti-Aggressions-Seminar (Stressmanagement, Beziehungspflege)? Außerdem werde ich am frühen Abend noch zehn Kilometer in mittlerem Tempo laufen (Fitness), schließlich wird im niedrigen Intensitätsbereich das meiste Fett verbrannt; dabei werde ich wie sonst auch im Laufen alle heute gemachten Fotos auf Facebook posten (Kollege mit Arschfalte in der Bahn, Waldsee in der Dämmerung) und mich erst dann gut fühlen, wenn ich mindestens zwölf Likes habe (Anerkennung, Gruppenstatus). Während ich über Kopfhörer einen Glücksratgeber höre, werde ich mir selbst verzeihen (Glückstipp für heute), dass ich schon nach drei Kilometern Strecke Magenkrämpfe habe – nicht wegen der Anstrengung, sondern beim Gedanken an all die Dinge, die ich morgen wieder tun muss, außerdem von der Angst, was passieren würde, wenn ich sie nicht tue, und sei es nur ein einziges Mal, aber so fängt es an.

Und dabei habe ich noch nicht einmal Kinder.

Zeitkritische Texte beginnen oft mit dem Wort »Unbehagen«. Ein Unbehagen wird formuliert. Unbehagen? Wut. Empörung. Erschöpfung!

Wir erleben es alle am eigenen Leib, Tag für Tag: Ein neuer Druck liegt in der Luft, etwas zieht sich immer enger zusammen. Im Auto unseres Lebens sitzen wir nicht mehr auf dem Fahrersitz – eher ist es so, dass wir wie Unfallopfer weitergeschleift werden, von einem Optimierungsziel zum nächsten. Wie aus heiterem Himmel haben wir uns plötzlich Zielmarken zu eigen gemacht, denen eben noch technikbesessene Subkulturen oder die Oberschicht oder wer weiß welche überambitionierten gesellschaftlichen Gruppierungen anhingen – jedenfalls nicht wir. Müssen wir jetzt wirklich alle twittern und einen Blog schreiben, Geige spielen und Chinesisch sprechen, 24-stündig kreativ und achtsam sein, einen Bauernhof ausbauen und gleichzeitig ein Großstadt-Loft haben? Darf niemand mehr mittelmäßig sein, halbwegs erfolgreich, mäßig attraktiv, einigermaßen gesund, leidlich zufrieden? Vor allem: Wissen wir eigentlich noch, warum und wozu wir ständig an uns arbeiten?

Klar ist: Jeder steht an seiner eigenen Selbstoptimierungsfront. Manche hängen weit zurück und versuchen noch immer, endlich ihre erste funktionierende To-do-Liste am Computer zu erstellen; andere sind als Optimierungsvorhut schon in der Zukunft unterwegs, messen mit Mood-Tracker-Apps fürs Smartphone ihren Glückspegel und lassen sich bei Anzeichen von Depression automatisch von ihrem Smartphone einen Termin beim Psychiater ausmachen. Zwischen diesen beiden Extremen haben die meisten anderen mit der Arbeit an sich selbst begonnen: erstaunt, euphorisch, ausgebrannt.

»Dieser Tag muss einfach dir gehören!« Dieses Buch will zeigen, dass der Satz uns in die falsche Richtung führt. Eitles Anspruchsdenken, Gier, Kompromisslosigkeit, falscher Optimismus, Egomanie und ein gutes Maß Verlogenheit – die ganze Essenz der Selbstoptimierung in ihrer heutigen Form steckt in diesem Satz. Wie jede Form von Perfektionismus, so ist auch die Selbstoptimierung ein Spiel mit tiefsitzenden Wünschen und Ängsten. In einer Welt, in der alles immer schneller und flüchtiger wird, verspricht sie Halt. Alles mag sich ändern, eines bleibt gleich: Wir werden besser. Oder in der bedrohlichen Variante: Stillstand ist Rückschritt.

Die anderen schaffen es doch auch! Und was *möglich* ist – *muss* ich das nicht?

Aber was ist, wenn uns genau dieser Anspruch unglücklich macht? Weil wir im Möglichkeitenmodus immer nur nach der besseren Version unserer selbst suchen? Und darüber die wirkliche Version vergessen – die Version mit den zu großen Füßen und Träumen, mit den schiefen Zähnen und alternden Gedanken, der Lust an Albernheit und stinknormaler Faulheit, der Freude an Blumen, die zwar krumm wachsen, aber gut riechen? Die Beta-Version unseres Ich, die manchmal glücklich ist, aber nicht immer; die Gefühle hat, die nicht maßgeschneidert sind, die sich in den unpassendsten Momenten fürchtet, in den unwahrscheinlichsten Momenten liebt, die nicht arbeiten will, wenn sie sollte, und ausgerechnet dann gute Ideen hat, wenn niemand danach fragt?

Es ist nicht »unser« Tag, wenn ein perfektes Double einen perfekten Tag hat. Denn die bessere Version unserer selbst hat ein Problem: Sie muss sich immer kontrollieren. Ständig muss sie über die Schulter schauen, hinter jeder Ecke lauern neue Ansprüche, am Ende jeder Agenda eine neue Woche, ein neues Jahr. Immer ist da im Hinterkopf die Frage: Passe ich zu der Idee, die ich von mir habe? Bin ich genauso erfolgreich, schön und glücklich, wie ich es sein sollte? Ganz zu schweigen von der beunruhigenden Frage: Ist das überhaupt noch mein Leben?

Angst essen Seele auf.

Ganz ehrlich: Ich kann nicht mehr. In dem Kontrollraum, in den sich mein Selbst verwandelt hat, leuchten inzwischen so viele Lämpchen, dass ich mich getrost zurücklehnen und das Farbenspiel genießen könnte. Tue ich aber nicht. Ich weiß nicht wie. Zumindest nicht, ohne dass dieses Zurücklehnen auch noch kontrolliert wäre – ein perfekt durchoptimiertes Zurücklehnen, großes Entspann-Kino, nichts als eine weitere Etappe der Arbeit an mir selbst.

Damit Sie gleich wissen, mit wem Sie es zu tun haben, gebe ich unumwunden zu: Ich bin schon früh zum Selbstoptimierer geworden. Ein Nerd war ich nie, nicht im eigentlichen Sinn, dafür habe ich immer zu viel Sport gemacht, bin immer auch gerne ausgegangen, habe getrunken und gefeiert und bin im Morgengrauen mit bleichen Träumen und schlechtem Gewissen nach Hause gekommen. Aber andererseits hatte ich schon zu Schulzeiten Arbeitspläne, mit denen ich mich Wochen im Voraus auf Klassenarbeiten vorbereitet habe. Ich pflegte den Ruf, dass mir alles zufiele – doch de facto arbeitete ich Listen ab. Listen, mit denen ich mich bis zu dem Moment in Sicherheit bringen wollte, an dem ich mein Leben herumreißen würde. Denn das hatte ich immer vor Augen: Die Selbstoptimierung wird irgendwann aufhören, sobald etwas Bestimmtes, nie ganz Fassbares erreicht ist. Alles wird eines Tages einen Sinn ergeben – ich muss mich nur zu der Art Mensch formen, die ein wirklich gutes Leben verdient. Der Fußballtrainer mit den schlechten Witzen, die erste Freundin, die mich aus Verzweiflung mit Filzstiften bemalte, weil ich mich nicht traute, sie endlich anzufassen, die leeren Momente vorm Ins-Bett-Gehen in den Monaten vor dem Abitur – all das würde eines Tages einen Sinn ergeben: alles Wegmarken und Straßenschilder, Nebenstraßen und Schleichwege *on the way to myself*. »Eines Tages«, das hieß: sobald ich meine Berufung entdeckte. Sobald ich mich entdeckte. Sobald ich die Person wäre, auf die ich hinarbeite. Alles würde sich fügen wie ein

Puzzle, das irgend so ein Depp namens Gott durcheinanderge-
worfen hatte – aber da es ein göttlicher Depp war, würde er es
schon wieder in Ordnung bringen. Bis zu meinem 18. Geburtstag. Bis zu meinem 20. Geburtstag. Bis zu meinem 30. Geburtstag. Heute bin ich 40, und das Puzzle ist immer noch nicht in
Ordnung. Wer ist nun der Depp?

Schielen Sie auch so gerne auf die Geburtsdaten von Leuten,
die irgendwann plötzlich Erfolg hatten und ihr Leben herumge-
rissen haben? Die Opernsängerin, die überhaupt erst mit 30 angefangen hat zu singen? Der Friedensnobelpreisträger, der bis
35 ein unbedeutender Anwalt in einer Kleinstadtkanzlei war?
Ab 40 werden die Vorbilder deutlich weniger. Dafür freut man
sich umso mehr über die, die man noch findet. Es hat eben alles
sein Gutes.

Immerhin habe ich inzwischen eines verstanden. Wenn unser Problem ist, dass wir immer atemloser den immer idealeren
Vorstellungen hinterherlaufen, die wir uns von uns selbst machen – dann liegt das vielleicht ja auch daran, dass es gar nicht
unsere eigenen Ideen sind? Vielleicht stammen sie ja von jemand anderem, dienen anderen Zwecken? Und haben deshalb
so eine durchschlagende Kraft?

Auf dem Weltwirtschaftsforum in Davos 2014 spielte etwas
eine Rolle, was sonst nicht gerade zu den harten Wirtschaftsthe-
men gezählt wird: Glück. Ein buddhistischer Mönch hielt Vor-
träge mit seinem iPad. Manager sollten lernen, sich nicht von
ihren Gedanken beherrschen zu lassen, sondern sie gelassen zu
beobachten, so wie ein Schäfer auf seine Schafherde blickt.[1] Dass
der Buddhismus viel Weisheit in sich birgt, ist unbestritten; dass
Glück ein wichtiges Thema ist, hoffentlich demnächst auch bei

volkswirtschaftlichen Kosten-Nutzen-Rechnungen, ebenfalls. Doch die Frage muss erlaubt sein: Sind »die da oben«, die mächtigsten Menschen der Welt, jetzt einfach endlich vernünftig geworden? Oder ist Glück eben neben allem anderen auch ganz einfach das nächste große Geschäft? Seit der Jahrtausendwende coacht und motiviert sich die westliche Welt bis zur Bewusstlosigkeit, wie es Ariadne von Schirach in ihrem wütenden Buch *Du sollst nicht funktionieren* so schön ausdrückt. Das Thema Glück füttert eine ganze eigene Industrie: Glückscoaches, Glücksratgeber, Glückskekse, Smiley-Sticker-Fabrikanten, die ganze Selbstoptimierungsbranche. Doch auch ganz normale Unternehmen profitieren vom neuen Optimierungsglückssoll. In den letzten Jahrzehnten hat in den USA und Europa unter dem Etikett »Globalisierungsanpassung« eine ungeheure Entlassungswelle unsere vertraute Arbeitswelt unterspült. Viele von uns – mich selbst eingeschlossen – verrichten inzwischen als selbständig arbeitende Dienstleistungsnomaden Tätigkeiten, die noch eine Generation zuvor selbstverständlich in geregelte Arbeitsverhältnisse – auf Lebenszeit – eingebettet waren. Unseren Arbeitgebern gegenüber haben wir kaum noch Rechte, aber dieselben Pflichten wie eh und je. Ist es da nicht beruhigend zu hören, dass jedes Scheitern eine Chance ist? Jede Entlassung ein Sprungbrett? Dass wir für unser Glück selbst verantwortlich sind? Dass wir alles können, vorausgesetzt, wir wollen es wirklich und lassen uns nicht etwa von negativen Gedanken stören? Zum Beispiel von dem Gedanken, dass Arbeitgeber eine Verantwortung gegenüber den Menschen haben, die das Unternehmen mit aufgebaut haben? Sich selbst optimierende Mitarbeiter, die auf jede Schwierigkeit mit immer neuen Selbstoptimierungsschüben reagieren und alles, was ihnen widerfährt, als Chance begreifen – etwas Besseres kann einem Unternehmen, das die Verantwortung für seine Mitarbeiter loswerden möchte, kaum passieren.

Natürlich schmeichelt es uns zu hören, dass wir alles können, wenn wir nur wollen. Dass alles gut wird, wenn wir es nur *zulassen*. Dass wir dann auch Job, Kinder, Freizeit, Fitness, Gelassenheit, Freundschaft und einen perfekten Body-Mass-Index hinkriegen. Doch die Kehrseite der Alles-ist-möglich-, Jeder-ist-seines-Glückes-Schmied-Philosophie ist überdeutlich: Wenn wir *keinen* Erfolg haben, wenn wir *nicht* glücklich sind, wenn wir *nicht* an unseren Krisen wachsen und beharrlich *mittelmäßig* sind statt die Besten – dann sind wir eben selbst schuld. Immer noch kein neuer Job? Versager. Weiter Single? Loser! Etwas Weiterbildung, Meditation, ein bisschen Gehirntraining, ein paar Monate Coaching – schon wäre der neue Arbeitsplatz da. Der neue Partner. Die Ehe mit Abenteuerurlaub und Strandhaus. Im Beruf, in der Liebe, in der Freizeit, im Hinblick auf das eigene Glück: Überall sind wir plötzlich aufgerufen, zum Unternehmer unseres eigenen Lebens zu werden.

Das nagende Gefühl immerwährenden Ungenügens, das unsere neue Freiheit zum Besseren begleitet, wird noch genährt durch die Technik, die uns umgibt. Es ist bezeichnend, dass viele bei dem Wort »Selbstoptimierung« zuallererst an die neuen Geräte denken, mit denen sich unser Körper nahezu ununterbrochen trimmen und überwachen lässt. Der Herzschlag bei der Meditation, die Denkleistung nach einer Tasse Kaffee: Die Anhänger der »Quantified Self«-Bewegung messen bekanntlich ständig ihre Körperwerte – und versuchen, so ihr Ich zu optimieren. Doch statt uns zu entlasten, führt diese Technik oft nur dazu, dass wir noch mehr von außen, durch die Augen der Geräte auf uns blicken – und am Ende noch weniger über unsere wirklichen Wünsche und Gefühle wissen als ohnehin schon. Noch dazu stellen die perfekten Geräte und Apparate, mit denen wir uns umgeben, unsere reale Unvollkommenheit nur noch deutlicher zur Schau. Die moderne Technik mit ihren immer schnelleren Upgrade-Zyklen ist in sich selbst das Bild einer frenetischen, nie abzuschließenden Suche nach Vollkommenheit; sie beschämt uns permanent – und spornt uns auf diese Weise nur immer noch weiter an.

All das zehrt viel Kraft auf, Energie, die wir dringend für andere Dinge brauchen. Schönere Dinge. Das echte Leben. Die überraschenden Begegnungen mit wirklichen, überhaupt nicht perfekten Menschen. Zufällige Berührungen, Schritte zur Seite, improvisierte Gedanken ohne Fallschirm.

Wir haben vergessen, uns die Frage zu stellen, wozu es sich eigentlich lohnt zu leben.[2] Stattdessen bestimmt der Kampf gegen unsere Fehler unser Leben. Und wenn man sich dem entgegenstemmen will, landet man schon in der nächsten Schleife: neue Aufforderungen, neue Ideale. Der Optimierung, dem Stress, dem Funktionswahn, der ständigen Beschleunigung entkommen? Kein Problem: Entspann dich einfach! Sei spontan! Sei zufrieden! Die Selbstoptimierung erreicht dort ihren Gipfel, wo wir uns nicht nur bemühen, hundertprozentig zu funktionieren – sondern auch noch hundertprozentig glücklich sein wollen. Hundertprozentig genießen. Hundertprozentig achtsam sein. Hundertprozentig nicht mehr hundertprozentig sein wollen. Das ist ungefähr so, als würden wir uns selbst anschreien: Mach es mir gefälligst nicht dauernd recht!

Gibt es ein Leben vor dem Tod?, lautet eine berühmte Frage. Wir suchen so sehr danach, dass wir nahe daran sind, es zu verpassen. Wir wollen alles. Und stehen am Ende mit leeren Händen da. Ganz ehrlich: Darauf habe ich keinen Bock mehr.

Was tun? Dazu habe ich dieses Buch geschrieben. Es soll zeigen, wie wir in diese Defensivhaltung geraten sind – statt einfach zu existieren. Und was man tun kann, um dem Druck zu entgehen.

Aber kluge Gedanken kann man sich leicht machen. Und so rein theoretisch bringt das alles ja auch nichts. Deshalb habe ich Folgendes ausprobiert: wie ich mich einmal *nicht* selbst optimiere – einen Monat lang. Dazu habe ich Experimente durchgeführt, Selbstversuche, die im Buch einen roten Faden bilden, an dem ich die verschiedenen Aspekte der Selbstoptimierung in unserem Leben zeige. Manche der Versuche habe ich nur einen oder zwei Tage lang ausprobiert, andere den ganzen Monat über.

Ich kann sagen: Es war ein herausfordernder, schwieriger, lustiger, spannender Monat. Manchmal am Rand des Wahnsinns, manchmal überraschend normal. Manchmal befreiend, manchmal zäh und mit großen Widerständen – doch fast immer haben meine Experimente Verkrustungen aufgebrochen, die Dinge in Bewegung gesetzt. Ich habe viel über mich gelernt – und über die Intelligenz und manchmal fast unbegreifliche Geduld der Menschen, die mich ertragen mussten, insbesondere meiner Freundin. Ich verstehe jetzt besser, welche gedanklichen und psychischen Mechanismen ablaufen, wenn wir unseren Optimierungszwängen folgen – und wie man sie untergraben kann. Ich habe meine Lust am Unvollkommenen,

Einfachen, Stinknormalen neu entdeckt. Und gelernt, wie man die Selbstkontrolle lockern kann.

Was ich auch entdeckt habe: Ganz ohne Selbstoptimierung wird es schwierig. Bequem im »Bleib, wer du bist« zu verharren, macht auf die Dauer auch keinen Spaß. Von daher kann es sich lohnen, zwischen dem zu unterscheiden, was wir an uns ändern können, und dem, was nun einmal zu uns gehört. Herauszufinden, wie wir auf eine Weise an uns arbeiten, die uns angemessen ist. Die zu uns passt – und nicht zu den Verkaufszahlen eines Diätratgebers. Welche Art Soundtrack beispielsweise begleitet unsere Arbeit an uns selbst? Welche Tonlage hat die Stimme, die in unserem inneren Kontrollraum erklingt? Wenn es die richtige Art Stimme ist, der richtige Sound, wenn es vor allem auch mehrere, auch mal widersprüchliche Stimmen sein dürfen – dann ist es schnell kein Kontrollraum mehr, eher ein Partykeller, in dem man gute, entspannte Gespräche mit sich selbst führt, sich ab und zu zum Affen macht, aber auch mal auf die Tanzfläche geht und sich was traut. Und trotzdem die Richtung behält im Leben.

Dass dazu auch ein bisschen lustvoller Trotz, eine Prise »Jetzt-reicht's«-Attitüde nötig ist, soll schon der Titel zeigen: *Fuck Perfection*. Etwas Stachel muss sein …

Das Buch gliedert sich in acht Kapitel, die jeweils einen Bereich des Selbstoptimierungswahns erforschen: Gut drauf sein – auch wenn es uns scheiße geht (Kapitel 1); digital optimal auftreten – auch wenn unser analoges Leben deutlich suboptimal ist (Kapitel 2); unsere Beziehung harmonisieren – bis es kracht (Kapitel 3); so lange gut und gesund leben, bis wir ganz vergessen haben, wozu (Kapitel 4). Danach geht es um das, was die

Selbstoptimierer »Work-Life-Balance« nennen: Karriere machen (Kapitel 5) – und neben der Arbeit noch ein perfekt erfül-
lendes Leben haben (Kapitel 6). Kapitel 7 ist dann der Königs-
disziplin der Selbstoptimierung gewidmet: dem Glück.

Machen wir uns nichts vor – das Optimum erreichen wir nie.
Nicht alles wird gut. Dieser Tag muss überhaupt nicht mir gehören. Hat er nie. Wird er nie. Dieser Tag gehört sich selbst. Aber:
das Schöne, Wilde, Einmalige, das geht. Doch wenn wir genießen, atmen, tanzen, wenn wir leben wollen, müssen wir auch
mal die Kontrolle abgeben können. Wir müssen Anti-Optimie-
rungstugenden lernen. Zum Beispiel, uns selbst nicht so ernst
zu nehmen. Dafür müssen wir einen neuen Raum schaffen, innen und außen. Einen nichtperfekten Raum. Einen wirklichen
Raum. Genau darum geht es in Kapitel 8: ein Fazit beziehungsweise ein kleines Programm, wie wir gelassen-vernünftig an uns
arbeiten können.

Kennen Sie die Geschichte von dem Nomaden, der einen Affen jagt? Um den Affen anzulocken, hat der Jäger Wildmelo-
nensamen in ein Loch gelegt. Der hungrige Affe fasst in das
Loch, spürt voller Vorfreude die Samen mit den Fingerspitzen –
kann die um die Beute zur Faust geballte Hand aber nicht mehr
aus dem Loch ziehen, weil das Loch zu eng ist. Loslassen will er
aber auch nicht. So findet ihn der Jäger.

Es kann doch nicht wahr sein, dass wir uns verhalten wie der
Affe aus der Geschichte. Alles geht nicht – ist das so schwer?
Also: loslassen. Die Hand aus dem Loch ziehen. Und entspannt
weiterschlendern. Fuck Perfection …

1
Lächle oder stirb.
Die Diktatur der guten Laune

Vor ein paar Jahren habe ich eine deutsche Freundin in Istanbul besucht. Tine hatte in der Türkei ein Erasmus-Jahr verbracht, war dann nach Berlin zurückgekehrt, lebte – nach einem kurzen Intermezzo erst in ihrer schwäbischen Heimatstadt, dann in Singapur – nun doch wieder am Bosporus. Eine ganz normale Endzwanziger-Nomaden-Existenz, deren Herzstück ein Laptop ist, sowie eine externe Festplatte mit genügend Fotos und Musiktiteln, um noch ein Gefühl von Heimat zu vermitteln – auch wenn die Heimat meist nur noch aus dem besteht, was unter dem Skype-Logo auf dem Bildschirm zu sehen ist.

Tine ist zierlich, betont nachlässig, macht gerne große Augen und bestimmt am Ende des Abends immer, wo es langgeht. Emir, der türkische Schauspieler, mit dem sie zusammen war, ist ein »Mann-Mann«, wie sie sagt. Einkaufstüten-Tragen und Bohrmaschinen-Handhaben gehören quasi zu seiner Männlichkeits-DNA. Aber etwas an Emir schien nicht zu dieser gestandenen Männlichkeit zu passen. Am deutlichsten empfand Tine das in der Zeit, als sie in Berlin lebte und Emir in Istanbul. Beide waren sie unzufrieden mit der Situation, beide hatten sie zu wenig Geld, um auf die Jobs zu verzichten, die sie gerade an ihren jeweiligen Wohnorten ausübten. Wenn sie beim Skypen allzu schwarz sahen, reagierte Tine, indem sie einfach das nächste Wiedersehen in Istanbul oder Berlin plante. Irgendein billiger Flug musste doch zu finden sein! Kurz: Sie suchte nach Lösungen. Außerdem: So eine Fernbeziehung hat doch auch Vorteile? Zeit für eigene Pläne, die Vorfreude auf das nächste Treffen … Doch statt gemeinsam mit ihr über Möglichkeiten und Lösungen nachzudenken, lehnte sich Emir auf dem Bett zurück, auf dem er mit seinem Laptop saß. Schweigend starrte er an die Decke, bis irgendwann, wie in einer nicht enden wollenden Zeitlupe, eine große Träne seine stoppelige Wange hinabkullerte. Emir weinte. Er versteckte seine Tränen nicht. Im Gegenteil: Er genoss seine Trauer. Warum sonst die hingebungsvoll-herzerweichenden Seufzer, der leidend der Kamera zugewandte Blick?

In der Türkei existiert eine Form von Melancholie, die uns fremd ist. Sie ist das Gegenteil der guten Laune, die wir uns täglich als Wundermittel gegen alle Widrigkeiten des Lebens verschreiben. In den Straßen von Istanbul kann man der Melancholie überall begegnen. Man muss nur ein bisschen am glänzenden, westlich-optimistischen Firnis kratzen und sich in die Viertel jenseits der Party- und Businessmeilen um den Taksim-Platz wagen. Zum Beispiel den Vorhof einer Meyhane betreten, eines traditionellen Fischmarkts. Dort sieht man sie dann zusammensitzen, zu zehnt, zwölft, an eng zusammengestellten Tischen. Natürlich wird viel getrunken, meist Raki, Anisschnaps; und es wird gegessen, genüsslich. Während hinter ihnen die dampfenden Fliesen gefegt werden, singen sie traurige Lieder von verlorener Liebe und Tod. Und wenn sie nicht singen, klagen sie über ihr eigenes Leben, jammern, wissen nicht mehr weiter – und sagen am nächsten Tag, dass sie einen wunderschönen Abend gehabt haben. Die türkische Melancholie ist nichts, was sich verstecken müsste. Sie hat sogar einen Namen: Hüzün. Orhan Pamuk, der türkische Nobelpreisträger, spricht in seinem Buch Istanbul davon, dass Hüzün in Istanbul überall zu sehen sei – wie ein hauchdünner Dunst über den Wassern des Bosporus, wenn an Wintertagen die Sonne durchbricht. Die Melancholie einer ganzen Stadt – nicht versteckt, sondern stolz empfunden. [3]

Als ich mich in Istanbul nach Hüzün umgesehen habe, nach dem Gespräch mit Tine, hat mich vor allem eins überrascht: wie leicht die Menschen in der Türkei von Trauer zu Freude wechseln können. Die Leichtigkeit, mit der sie Gefühle verbinden, die für mich absolute Gegensätze sind. Wenn ich traurig bin, freue ich mich nicht. Wenn ich mich freue, bin ich nicht traurig. Ein türkischer Freund, der Theatermacher Bahtiyar, der selbst als Kind in Deutschland gelebt hat, hat es mir so erklärt: »Ich glaube, ohne Melancholie gibt es kein Gefühl in der Welt. Ohne Melancholie gibt es kein Leben. Manchmal vermisse ich Hüzün. Wo gibt es hier ein bisschen Melancholie? Man braucht es manchmal. Sonst wird man wie eine Maschine.«

Wieso kommt uns das so fremd vor?

Wir leben in einer Gute-Laune-Diktatur. *Smile or die*, lächle oder stirb, so hat die amerikanische Autorin Barbara Ehrenreich ihr Buch über den Zwang zur strahlenden Fassade genannt. Wir sind angehalten, alles positiv zu sehen – das Glas auch dann noch

für halbvoll zu halten, wenn es zerschlagen auf dem Boden liegt.[4]
Gute Laune, so hören wir überall, ist der Schlüssel zur Selbstoptimierung: Wer gut drauf ist, ist nicht nur zufrieden, er hat auch
mehr Freunde, ist erfolgreicher, gesünder, ja er lebt sogar länger.
Wer möchte bei solchen Versprechungen noch jammernd in der
Ecke stehen? In den Einkaufspassagen unserer Städte werden uns
so viele Gute-Laune-Produkte verkauft, dass man sich fragt, wieso überhaupt noch irgendjemand *nicht* strahlt: Es gibt Gute-Lau-
ne-Tassen und Gute-Laune-Pflegeschaumbäder, Gute-Laune-
Kräutertee und – etwas Kontrast muss sein – Gute-Laune-Drops
mit »leicht saurer prickliger Füllung«. Der Smiley, dieser neon-
gelbe Grinseterrorist, ist eine der berühmtesten und lukrativsten
Marken der Welt geworden – auf Augenhöhe mit dem Haken,
den ein berühmter Sporthersteller unter seine Erfolgsbilanzen
setzt (»Just do it«), oder den goldgelben Bögen des amerikanischen Frikadellenbraters, der uns den Satz »Ich liebe es« für immer mit Frittier-Assoziationen ruiniert hat.

Alles, so wird uns gesagt, ist eine Frage der Einstellung. *Wenn
Sie die Welt positiv sehen, dann ist sie es auch – jetzt und für immer.* Hunderte von Gute-Laune-Glücksratgebern haben dieses
Mantra verinnerlicht und veräußern es mit Erfolg. Darunter
finden sich zum Beispiel das *Hasen-Yoga für gute Laune* (das
»niedlichste Anti-Stress-Buch seit der Erfindung des Yoga«),
Anleitungen zum *Gute-Laune-Häkeln* (die »schönsten, lustigs-
ten und herzigsten Häkelideen«) oder auch *Das ganz persönli-
che Gute-Laune-Orakel* (mit »besonders flauschigem Stoffbeu-
tel«). Und natürlich dürfen Rezepte *für gute Laune* nicht
fehlen – schließlich muss man zwischen Hasen-Yoga und Gute-Laune-Häkeln auch mal ein Häppchen essen. Fassen wir es

mit dem Titel eines anderen Ratgebers zusammen: *Ganz viel gute Laune für dich!*

Die Psychologie hat in den letzten Jahren einen ganzen neuen Zweig entwickelt, die »positive« Psychologie. Die Positive Psychologie beschäftigt sich nicht mehr mit »negativen« psychischen Zuständen wie Neurosen, Ängsten oder anderen psychischen Krankheiten – sondern mit »positiven« Emotionen wie Glück, gute Laune oder Optimismus. Martin Seligman, ein US-amerikanischer Psychologe, hat diesen Forschungszweig quasi im Alleingang erfunden. Dass Seligman als Coach bei seinen Seminaren Hunderten von Menschen gleichzeitig Optimismus beibringt, zu einem Preis von 2000 Dollar pro Person, dass er große Unternehmen berät, wie sie ihre Mitarbeiter zu effizienterer Arbeit antreiben und ihren Absatz steigern können, dass er auf einer kommerziellen Website Glück (in Form von Übungen) gegen Bares verkauft[5], all das spricht nicht gegen Seligman. Warum sollte er sich selbst die gute Laune verderben?

Sagen wir es deutlich: Gegen Glück und gute Laune ist selbstverständlich nichts einzuwenden. Ehrlich gut drauf zu sein ist etwas Wunderschönes. Niemand will die altdeutsche Knurrigkeit zurück, das verbissene Herumreiten auf Mängeln, die ständige Angst vor Fehlern. Der Miesepeter lebt schlechter, freudloser – und ist auch nicht näher an der Wahrheit. Etwas mehr Gute-Laune-Kompetenz kann also nicht schaden. Schwierig wird es nur, wenn ein bestimmter Zug alle anderen dominiert. Wenn für die unvermeidlichen Ängste, Schwächen und Hilflosigkeiten, das ganze existentielle Marschgepäck des Lebens, kein Platz mehr ist. Wenn das Echte an uns unter Generalverdacht gerät: Lächle – oder stirb.

Auch die Amerikaner waren übrigens nicht immer die auf Knopfdruck lächelnden Zwangsoptimisten, als die sie heute vielerorts gelten. Im ausgehenden 18. Jahrhundert herrschte in den gerade erst unabhängigen Vereinigten Staaten noch eine ganz andere Gefühlslage. Der Calvinismus, die prägende religiöse Strömung der Zeit, predigte vor allem eins: Härte gegen sich selbst. Die sadistische Grundannahme war, dass nur einige Auserwählte nach ihrem Tod in den Himmel kommen. Der calvinistische Gott lässt sich nämlich nicht durch menschliches Blendwerk wie gute Taten oder Gebete beeinflussen, denn wer sich manipulieren lässt, ist nicht allmächtig. So nehmen wir an einem Spiel teil, in dem die Sieger schon feststehen: Gott hat alles vorherbestimmt. Nur, woher wissen wir, dass wir zu den Siegern gehören? Und nicht zu denen, die dem göttlichen Plan B zufolge automatisch in ewiger Verdammnis landen? Ganz einfach: Wer Schwäche zeigt, sich unmoralisch verhält oder auch nur unmoralische Gedanken hat, der zeigt eben dadurch, dass er nicht zu den Siegern gehört. Dagegen sind Wohlstand und beruflicher Erfolg klare Indizien dafür, dass Gott uns auserwählt hat. Man darf nur nicht in Versuchung geraten, die Früchte seines Erfolgs schon auf Erden zu genießen – denn das wiederum wäre ein Zeichen, dass man doch eher fürs Team Hölle aufgestellt ist. Der Calvinismus der USA war, wie Barbara Ehrenreich schreibt, ein »System sozial auferlegter Depression«[6]: Zu lächeln galt als liederlich, Freude war unmoralisch. So war das in den USA damals – von lächelndem Optimismus kaum eine Spur. Das änderte sich erst durch die Erfahrungen der »frontier«, der offenen, immer neu zu erschließenden Grenze im amerikanischen Westen. Im Kampf gegen Bären, Sümpfe und unterwerfungsunwillige Ureinwohner wurden tatkräftige, raue, pragmatische Menschen benötigt, die an das Versprechen eines besseren Lebens im Diesseits glaubten. Verstärkt wurde der neue Trend durch eine religiös fundierte Philosophie namens »New Thought«, die im 19. Jahrhundert zum Vorläufer dessen wurde, was wir heute »Positives Denken« nennen. Ein Amalgam aus unbedingtem Optimismus (»Alles ist möglich«), Magie (»Gutes zieht Gutes an, Schlechtes Schlechtes«) und Spiritualität (»Alles ist Geist«). Für den heutigen Selbstoptimierungswahn entscheidend: Die »New Thought«-Bewegung half zwar, den trostlosen Fatalismus zu überwinden, bewahrte aber gleichzeitig einige andere eher ungute Eigenschaften des Calvinismus. Zum Beispiel die Härte sich selbst gegenüber. Die frisch gebackenen Optimisten durchforschten ihre Gedanken zwar nicht mehr auf religiöse Untadeligkeit, doch man beobachtete sich selbst trotzdem wie besessen. Negative Gedanken? Ausmerzen! Denn Schlechtes zieht Schlechtes an! Diese exzessive Form der Selbstkontrolle ist heute einer der dominanten Züge des »positiven Denkens« und der Gute-Laune-Ideologie. Wer wirklich gut drauf sein will, muss die eigenen Gedanken kontrollieren – es könnten ja negative Gedanken darunter sein. So werden in der Einsamkeit der Tagebücher, aber auch bei gemeinsamen Treffen dunkle Gedanken und Gefühle abgeschabt und ausgemerzt, bis nur noch positive Vorstellungen übrig sind – und alle Zweifel und Ängste erfolgreich verdrängt. Es ist, als wäre aus den Zeiten des Calvinismus noch ein letztes Misstrauen gegenüber den positiven, hellen Gefühlen übriggeblieben. Freude darf nicht spontan sein; sie muss ständig beobachtet werden, so, als müssten wir vor ihr auf der Hut sein. Hoffen darf nur, wer streng mit sich selbst ist. Kurz: Positive Gefühle erfordern Arbeit – lebenslang. Und Härte gegenüber sich selbst. Paradoxerweise sogar Schmerz. So werden Glücksaspiranten zum Beispiel auf einer amerikanischen Website dazu aufgefordert, sich ein Gummiband ums Handgelenk zu spannen: »Jedes Mal wenn du einen negativen Gedanken hast, zieh an dem Band und lass es zurückschnappen. Au! Das tut weh. Vielleicht ist da später sogar ein Striemen, wenn das Band zu dick ist. Nimm's locker, du willst dich nicht selbst entstellen – du versuchst nur, dir etwas Schmerz zuzufügen, damit du in Zukunft negative Gedanken reflexhaft vermeidest.«[7]

Die Härte im Zentrum des Gute-Laune-Denkens rührt auch von dem magischen Denken her, das sich in die popularisierten Formen der »Positiven Psychologie« eingeschlichen hat. Es ähnelt sehr dem, was die Ethnologen »Analogiezauber« nennen. Sticht man mit Nadeln in eine Voodoo-Puppe, so empfindet die Person, die von der Puppe dargestellt wird, an den entsprechenden Körperstellen einen Schmerz. Im Analogiezauber zieht Gleiches Gleiches an. In seiner modernen New-Age-Variante, der Visualisierung, zieht die Vorstellung ihr Objekt an. In den entsprechenden Ratgebern wird diese Grundidee wie ein Mantra wiederholt: Positive Gedanken ziehen Positives an, negative Gedanken Negatives. Egal, was wir uns wünschen – wenn wir fest genug daran glauben, erhalten wir es. Nicht nur gute Laune, sondern auch gleich noch ein schnelleres Auto, möglichst mit Sitzheizung, und jedenfalls endlich einen leidenschaftlicheren Partner als den, der jeden Morgen in unserer Küche rummuffelt. Wir ziehen an, was auch immer wir »visualisieren« – durch ein magisches Attraktionsgesetz. Das ist eindeutig eine Allmachtsphantasie. Doch wie bei jeder Allmachtsphantasie lauert auf der anderen Seite des Größenwahns die Angst vor der eigenen Ohnmacht. Und genau daher rührt die Härte nach innen, sich selbst gegenüber, die wir auf dem Grund des positiven Denkens finden. Denn wenn sich das Erwünschte nicht einstellt, kann es nur daran liegen, dass wir Zweifel und Ängste zugelassen haben. Dass wir nicht streng genug mit uns selbst waren. Hinter der Allmachtsvorstellung lauert daher immer eine große Angst, die nur durch ständiges, immer strengeres Selbstbefragen beruhigt werden kann.

Wie heißt es auf einer der vielen Ratgeber-Webseiten: »Wann immer Ihnen auffällt, dass Sie sich Sorgen um Dinge machen, die Sie momentan (oder ohnehin) nicht ändern können, oder sich Ihr innerer Kritiker einfach mal wieder austobt, sagen Sie ›Stopp!‹ und schieben Sie diesen Gedanken nachdrücklich beiseite.«[8] Oder, wie eine deutsche Bloggerin ihr neues »gute-Laune-Programm-für-jeden-Tag« beschreibt: »Sobald ich mit negativen Nachrichten oder Gesprächen in Berührung komme, atme ich (…) mit der Absicht ›Freude und Liebe geben und empfangen‹ tief ein und aus. Damit gehe ich nicht mit der schlechten Laune anderer oder mit den schlechten Nachrichten in Resonanz.«[9]

Womit wir bei mir wären. Schließlich will ich nicht so tun, als hätte ich selbst das Gute-Laune-Gebot nicht auch verinnerlicht. Habe ich, auf meine eigene Art. Ich jammere nicht – ich sehe die Dinge positiv. Ich beklage mich nicht über andere – ich lerne. Und wenn ich doch mal schlecht drauf bin, dann gehe ich in mich oder leiste Trauerarbeit; jedenfalls überwinde ich das negative Gefühl so schnell wie möglich.

Zumindest ist das die Grundhaltung, die ich mir antrainiere. Der Paketzusteller hat mal wieder nicht geklingelt und das Päckchen lieber im bulgarischen Vereinscafé um die Ecke abgegeben? Nicht ärgern – so kommst du immerhin mal aus dem Haus! Ein Redakteur verschiebt den Abgabetermin für einen Text um zwei Wochen nach vorne – und behauptet sogar dreist, das sei doch schon vorher so ausgemacht gewesen? Nicht aufregen – innere Ruhe lernen!

Was für ein Wahnsinn! Ständig optimiere ich mich – und merke gar nicht mehr, wie sehr sich mein innerer Zensor verselbständigt hat. Kann es wirklich sein, dass ich dauernd einer auf positiv geeichten inneren Kontrollstimme hinterherhetze? Dass ich deshalb manchmal gar nicht mehr weiß, was ich wirklich will?

Zeit für einen ersten Selbstversuch. Ich denke an die Männer in den Cafés in Istanbul, daran, wie genüsslich sie jammern, wie leicht sie zwischen Melancholie und Freude hin und her wechseln. Etwas mehr Spielraum im Gefühlsregister – das wär's!

Der folgende Selbstversuch mag manchen Zeitgenossen, die ihr eigenes Jammer-Gen noch gerne und ausgiebig kultivieren, etwas merkwürdig vorkommen. Er richtet sich, wie alle Selbstversuche in diesem Buch, an diejenigen, die den speziellen Selbstoptimierungswahn, um den es in dem jeweiligen Kapitel geht, bei sich selbst wiedererkennen. In diesem Fall also an diejenigen, die in allem immer das Beste sehen wollen.

Tagebuch aus der Welt der Anti-Selbstoptimierung

Erster Selbstversuch: einen Tag lang permanent jammern,
über mich und die Welt, alles voller Genuss unerträglich und
schlimm finden – statt immer optimal gelassen zu sein

8.25 Uhr: Als ich frühstücksbereit die Küche betrete, sitzt meine Freundin schon am Küchentisch. Sie sieht nervös aus, irgendetwas scheint ihr Sorgen zu bereiten. Sehe ich da sogar einen Anflug von Angst in dem Gesicht der Frau, die ich so sehr
liebe, dass ich alles für sie tun würde?

8.30 Uhr: Während ich meine Freundin umarme, fällt mir
ein: *Ich* bin schuld an ihrer Nervosität. Meine Freundin weiß,
dass heute der erste Tag meines Selbstversuche-Monats ist. Was
sie nicht weiß: worum es heute gehen wird. Ich beschließe, sie
noch ein bisschen leiden zu lassen. Natürlich würde ich alles für
sie tun, aber Beziehungen sind Machtspiele, das ist bekannt.
Wissen ist Macht. Vor allem will ich mir erst mal einen Kaffee
machen.

8.40 Uhr: Kaffee? Wie so oft in letzter Zeit steht leider auch
heute Morgen das Spülwasser von gestern noch in einer hand-
tellertiefen fettglänzenden Schicht in der Spüle. Das Unterteil
der Espressokanne ist noch so gerade als Umriss zu erkennen.

8.45 Uhr: Also Pulverkaffee, warum eigentlich nicht? Wie
jeden Morgen schlucke ich meinen Ärger über den Vermieter
runter, der sich seit Wochen nicht meldet, obwohl ich ihm inzwischen fast täglich auf den Anrufbeantworter spreche, dass
der Abfluss verstopft ist. Doch Ärgern bringt nichts – schließlich will ich mir den Tag nicht vermiesen lassen. Während ich

gerade zum ersten Rationalisierungsversuch des Tages ansetze, fällt mir mein Selbstversuch für heute ein. Fast bin ich über meine eigene urplötzliche Erleichterung verblüfft. Sei optimal gelassen? Scheiß drauf!

»Dieser verdammte Vermieter«, fange ich an. »Dieser ...«

Leider gerate ich sofort ins Stottern. »Dieser ... Ich könnte ihn ...« Was? Ja, was?

8.48 Uhr: Meine Freundin hebt ironisch die Augenbrauen. Ob heute mein Jammer-Tag sei, fragt sie, während ich noch überlege. »Alles negativ sehen statt positiv?«

Verdammt. Offensichtlich habe ich mal wieder zu viel Wichtiges in meinem Leben mit meiner Freundin geteilt. Oder sie ist einfach doch klüger als ich.

Und dann fängt *sie* an, sich zu beschweren. Dazu muss man sagen, dass in unserer Beziehung meine Freundin für die negativen Gefühle zuständig ist. Während ich die Dinge positiv sehe, sagt meine Freundin, was Sache ist. Sie ist vom Balkan und kann das, was ich heute lernen will, von Haus aus ganz gut; den deutschen Perfektionismus kennt sie nur aus der Außenperspektive.

8.55 Uhr: Na?, lese ich in den Augen meiner Freundin, als sie sich wieder setzt. Na? Plötzlich fühlt sich die Situation wie ein Showdown in einem Western an. Ein Jammer-Showdown.

Oh Gott, soll ich das jetzt wirklich einen Monat lang machen? Jeden Tag etwas anderes meiner Natur Widerstrebendes tun? Einen Moment lang überlege ich, ob das alles überhaupt einen Sinn hat. All die Selbstversuche. Ob es nicht wichtigere Dinge gibt. Zum Beispiel könnte ich ja den Abfluss selbst reparieren?

Der Gedanke gibt mir neue Kraft. Na gut. Ich weiche vor keiner Herausforderung zurück. Den Abfluss soll gefälligst jemand anderer reparieren!

9.05 Uhr: »Aufstehen und die Hände in kaltes, fettaugentriefendes Spülwasser tauchen! Werde ich nie wieder ohne Ekel frühstücken können?!« Eine Ahnung von Flow? Noch fühlt es sich eher an wie Theater.

9.07 Uhr: »Ich weiß jetzt schon, der Vermieter wird uns immer weiter vertrösten. Sollte er doch einmal Rede und Antwort stehen, weil wir ihn zufällig auf der Straße in eine Ecke drängen, dann wird er uns die Schuld geben. Er wird uns so lange vertrösten, bis wir Kinder haben – dann wird er es auf die Kinder schieben.« Übertrieben? Genau das soll es ja sein.

9.13 Uhr: »Seine Schuld, alles seine Schuld!« Ah, das tut wirklich gut! Und die Angst vor Lächerlichkeit ist weg … Aus den Augenwinkeln sehe ich, wie meine Freundin die Augen zusammenkneift wie ein Theaterkenner bei einer Aufführung.

9.15 Uhr: »Wo ich schon dabei bin: Wenn jetzt schon das Spülwasser nicht abläuft, was soll erst aus mir werden? Warum habe ich meinen festen Job gekündigt? Um frei zu arbeiten. Und jetzt? Bin ich frei? Ich hangele mich von Auftrag zu Auftrag, mein Leben ist ein Drahtseilakt geworden, von Gefahrenzulage keine Rede …« Worüber rede ich da plötzlich? Das hat doch nichts mit dem Abfluss zu tun. »Ich werde es nie schaffen!«, höre ich mich gequält rufen. »Morgen schon werde ich auf der Straße sitzen. Aus Angst zu scheitern werde ich alles abbrechen, was ich anfange. Nichts wird klappen, nie wieder. Ich …« Ich breche ab. Vor Lachen. Ich lache. Wahnsinn. Dieser exzessive Pessimismus. Dieses ausufernde Selbstmitleid! Da ist er,

der Jammer-Flow, und ich reite ihn wie ein Surfer sein Brett vor
Hawaii …

9.12 Uhr: Und plötzlich lache ich nicht mehr. Dieses passive
Rumjammern! Dieses Tatenlose! Ich starre meine Freundin an.
Plötzlich fühle ich mich überhaupt nicht attraktiv. Unmänn-
lich? Schon eher. Lacht meine Freundin wirklich mit mir?
Oder über mich? Sie weiß doch, dass das alles nur Theater ist?
Oder kommt da etwas raus, was ich gar nicht zeigen will –
Schwäche?

9.16 Uhr: »Ich dachte, du wolltest dich nicht mehr kontrollieren?« Meine Freundin hat aufgehört zu lachen. »Nicht mehr
auf das Bild achten, das du abgibst?«

Verdammt, sie hat recht.

Sie lehnt sich grinsend Richtung Spüle und schnippt mir mit
den Fingern etwas Spülwasser ins Gesicht. »Nur nicht gleich
wieder konstruktiv sein wollen. Oder soll ich dich unser ganzes
Beziehungsleben lang damit aufziehen?«

Ich denke an meine Großmutter mütterlicherseits, eine große Jammerkünstlerin, die so gut wehklagen konnte, dass sie
meine Eltern damit regelmäßig in den Wahnsinn trieb. Aber
das war vor zwei Generationen. Zwei Generationen, die sich das
Wehklagen aus guten Gründen abtrainiert haben. Und darüber
ihre Gefühle viel zu gut in den Griff bekommen haben.

9.20 Uhr: Meine Freundin schenkt mir Pulverkaffee nach.
Für den Anfang, flüstert sie aufmunternd, sei das doch gar nicht
so schlecht gewesen. Sie betrachtet mich liebevoll – fast ein bisschen *zu* vergnügt. Dank meines Selbstversuchs, sagt sie, ist sie
jetzt endlich mal nicht die Einzige, die sich beschwert. »Und
außerdem: Wenn du von dir verlangst, dass gleich alles perfekt

läuft in deinem Pessimismus-Selbstversuch, dann hast du doch schon wieder ein Optimierungsproblem!«

Klugscheißerin. Was noch schlimmer ist: Sie hat recht. Ich atme tief durch – und beschließe, erst mal nach draußen zu gehen. In einen Park. Oder ins Café. Jedenfalls an irgendeinen geschützten Ort, wo mich nicht dauernd jemand durchschaut. Und dann wird weiter gejammert.

Der Weg in mein Lieblingscafé ist einige Kilometer weit. Zeit genug, um mir unterwegs ein paar Gedanken über das Leben in der Gute-Laune-Diktatur zu machen. Misstrauisch sollte uns schon machen, dass allem positiven Denken zum Trotz unter der Oberfläche keineswegs alles ideal ist. Im Gegenteil: Depression ist zur Volkskrankheit geworden. In Europa verfällt jeder Vierte in Depressions- oder Angstzustände.[10] Weltweit sind 350 Millionen Menschen depressiv.[11] Das sind mehr Menschen, als in den USA leben. Unter der Oberfläche gilt also weiterhin: Angst essen Seele auf.

Ich habe mir Arbeit mitgenommen, ein Buch von Heinz Bude mit dem Titel *Gesellschaft der Angst*. Wie kann es sein, dass gerade in der Welt der guten Laune so viele Menschen niedergeschlagen sind? Die Depression, argumentiert Heinz Bude, ist heute *die* typische psychische Krankheit.[12] Noch eine Generation vorher war es die Neurose. Neurotische Menschen wünschen sich etwas, was nicht erlaubt ist – und ängstigen sich deshalb. Das war noch der Befreiungskampf meiner Eltern gegen ihre christliche Erziehung. Darf ich das, was ich will? Darf ich mit meinem Freund in einem Zimmer übernachten, im Haus meiner Eltern? Darf ich mit ihm schlafen? Darf ich das überhaupt wollen? Heute geht es nicht mehr darum, was wir *dürfen*.

Wir dürfen alles. Die Frage, an der wir uns messen müssen, ist, was wir *können*. Denn da wir nun alle Möglichkeiten haben, müssen wir sie auch wahrnehmen. Wir sollen uns »entwickeln« und »öffnen«, unser »Potenzial« verwirklichen. Und wenn wir hinter unseren Idealen zurückbleiben, dann fühlen wir uns als Versager, niedergeschlagen, voller Selbstzweifel.

Das Perfide: Die Niedergeschlagenheit selbst wird heute als Zeichen von Versagen interpretiert. Schließlich steht uns heute die ganze Welt offen! So bleiben als Beschwerde-Ansprechpartner am Ende meist nur wir selbst. Doch sind wir uns gegenüber aufrichtig, sprechen wir zumindest mit uns selbst über unsere Ängste vor Scheitern und Abwertung? Auch nicht. Schließlich sind wir alles in einem: Angeklagter und Richter. Da ist eine »Stille, die jeder mit sich rumträgt«, wie es der Dramatiker und Regisseur René Pollesch in einem seiner Stücke gesagt hat. In dieser Stille hört man dann nichts mehr – außer vielleicht noch das Schnalzen eines Gummibands, mit dem wir uns an unsere Gute-Laune-Pflicht erinnern.

Dieses Gummiband kann übrigens heute auch in digitaler Form umgelegt werden. Inzwischen gibt es zum Beispiel »Mood-Tracker«, digitale Stimmungsbarometer, die wir als App aufs Smartphone laden können. Zwar werden keine Stromschläge verabreicht (noch nicht), aber wir werden in Momenten schlechter Laune automatisch aus dem bedrohlichen Stimmungstief gerissen. Die neuesten Stimmungsmessgeräte analysieren sogar unsere Mails und Blogs auf schlechte Laune. Schließlich, furchtbarer Gedanke, könnte es uns entgehen, dass wir nicht rund um die Uhr gut drauf sind. Es gibt sogar eine App, die beim Telefonieren den Sprechrhythmus analysiert und automatisch beim Psychiater einen Termin vereinbart, wenn sich ein dauerndes Stimmungstief andeutet.[13] So müssen wir nicht einmal mehr unsere Gefühle verstehen – das übernimmt das Smartphone.

Tagebuch aus der Welt der Anti-Selbstoptimierung

10.30 Uhr: Ein guter Tag, um pessimistisch zu sein: Es ist Sommer – und es regnet. Ich stehe an einer Ampel und warte. Meine Freundin ist längst zur Arbeit gegangen, ich als Freiberufler habe natürlich viel zu viel freie Zeit – aber immerhin kann ich die heute nutzen, um mir Sorgen zu machen.

10.35 Uhr: Der Regen! Der Hundekot! Und meine Zukunft! Meist schirme ich mich gut gegen meine Freiberufler-Ängste vor Absturz und Erfolglosigkeit ab. Ich plane. Und wenn das nicht hilft, dann atme ich durch und sage laut: »Grundvertrauen.« Ich atme ein (Energie aufnehmen) und atme aus (Sorgen loslassen).

Heute *will* ich mir Sorgen machen – und bizarrerweise gehe ich allein deshalb recht gut gelaunt durch den Tag.

10.45 Uhr: Erste überraschende Erkenntnis, unter dem Vordach einer Bäckerei, wo ich mich vor dem Regen verstecke: Dauernd optimistisch sein ist offenbar anstrengend. Alles, was einem widerfährt, muss in das rosige Weltbild passen. Und was nicht passt, wird passend gemacht. Entweder ist, was gerade passiert ist, nicht wirklich schlecht, man muss nur genau hinschauen. Oder man kann zumindest daraus lernen. Ansonsten müsste man ja eventuell sein Weltbild überdenken.

Heute muss ich nichts lernen. Ich darf schlecht gelaunt sein. Und bin es gerade deshalb nicht.

10.45 Uhr: Gerade als ich mein Lieblingscafé betreten will, klingelt mein Handy. Ein Kollege ruft an, mit dem ich ein Projekt vorbereite, eher wichtig, weil drei Monate Einkünfte davon abhängen. Leider hat der Kollege keine Zeit mehr für Projekte mit mir. Ihm ist eine Stelle angeboten worden, sagt er. Nichts Tolles, aber unbefristet. Irgendwann müssen wir schließlich alle erwachsen werden. Außerdem wollen seine Freundin und er jetzt Kinder.

10.52 Uhr: Aufgelegt.

10.53 Uhr: Und jetzt? Jedes Projekt ein Versuchsballon, jedes Exposé eine Patrone im Revolver, man schießt, bis man trifft – so ist das Leben als Selbständiger! Außerdem: Eine Familie gründen ist ein ehrbares Anliegen. Jedenfalls: Kopf hoch.

10.55 Uhr: »Irgendwann müssen wir alle erwachsen werden«?! Der Kollege hat doch auch mir gegenüber eine Verantwortung! Diesmal muss ich kein Theater aufführen; mein Jammer-Wut-Flow stellt sich ganz von allein ein. Ich zische die Sätze vor mich hin, Typ Verrückter, der auf der Straße mit sich selbst spricht: »Was, wenn ich Monate auf den nächsten Auftrag warten muss? Wenn ich die Miete nicht bezahlen kann?« Jammern als Ventil. »Was, wenn meine Freundin mich verlässt, weil ich meinen Teil der Miete nicht bezahle?« Ich fühle förmlich, wie mein emotionaler Werkzeugkasten sich mit neuem Werkzeug füllt. »Was, wenn sie mit unserem Nachbarn zusammenzieht, der sie immer so gierig anguckt? Wenn sie Kinder kriegen und ich mir die Blagen dann jeden Tag im Hausflur angucken muss? Lärmende, unverschämte, fremde Kinder!

Und das alles, weil mein Bekannter unser Projekt hat platzen lassen ...«

Methode: Übertrieben jammern, so dass die Angst sich zeigen kann, aber eine Form annimmt, in der ich mit ihr umgehen kann, mich ihr sogar überlegen fühle.

11.00 Uhr: Ich stehe im Regen – und lache. Den Nachbarn findet meine Freundin widerlich. Wenn sie eine Zeitlang mehr Miete bezahlen muss, dann wird sie dafür höchstens ein paar Massagen mehr von mir einfordern. So hab ich's ja auch gemacht, als es ihr finanziell nicht so gut ging ...

11.05 Uhr: Zweite Erkenntnis: Offenbar, denke ich erstaunt, gibt es einen Optimismus auf dem Grund des Pessimismus. Einen Optimismus zweiter Ordnung, der ehrlicher ist, weil er nichts ausblendet. Und sich Zeit lässt. Zeit, um auch mal nach unten zu schauen, ehe es dann aufwärtsgeht.

11.06 Uhr: Offenbar, damit ich mich nicht zu sehr entspanne, klingelt mein Handy wieder. Diesmal ist es mein Vermieter. Der Abfluss, sagt er, er hat meine Nachricht auf dem Anrufbeantworter gehört. Er wolle sich nur kurz melden, denn leider habe er im Moment keine Zeit. Familienfest. Urlaub. Dann ...

11.07 Uhr: Ruhig bleiben. Gemeinsamen Boden finden. »Wir fühlen uns sehr wohl in Ihrer Wohnung«, höre ich mich sagen. Es gebe da nur eine Kleinigkeit. Manchmal entstehe fast der Eindruck, eine gelungene Kommunikation mit uns sei ihm nicht hundertprozentig wichtig. Ob der Eindruck trüge?

11.08 Uhr: Blablabla... – Fuck Perfection!

11.09 Uhr: »Ahhh!«, rufe ich der mikrofonbestückten Unterkante meines Handys entgegen. »Seit *zwei Monaten* warten wir darauf, dass Sie den Abfluss reparieren lassen! *Zig* Nachrichten habe ich Ihnen hinterlassen! Reaktion? Nix. Nix!«

11.10 Uhr: Hat Jammern etwas mit Ehrlichkeit zu tun? In meinem Fall wohl schon. Mit dem Mut zur Ehrlichkeit. Mein nichtoptimierter Pessimismus führt mir eine dunkle Zukunft vor Augen, die plötzlich viel zu realistisch erscheint, um nicht sofort etwas dagegen zu tun. Offenbar, auch das eine neue Erkenntnis, können nicht nur andere Menschen lauter als nötig in ihr Handy flüstern. Schreie ich wirklich? »Wenn Sie den Abfluss nicht heute noch reparieren lassen, dann klopfe ich jetzt gleich bei den anderen Mietern. Die klagen auch ständig. Und dann zahlen wir eben alle weniger Miete!«

11.12 Uhr: Noch ein paar wütende Worte, dann lege ich auf.

Kurzes Fazit: Offenbar ist die konstruktive Sprache, um die ich mich sonst immer bemühe, nichts, was mein Vermieter verstehen würde. Direkte Beschwerden hingegen schon. Er ruft mich zurück, und innerhalb von drei Minuten haben wir einen Handwerkertermin vereinbart. Noch für heute Nachmittag.

11.30 Uhr: Auf meinem Lieblingsplatz in meinem Lieblingscafé!

11.35 Uhr: Ich habe gerade Zeit genug zum Bestellen, da steht auch schon ein flüchtiger Bekannter vor meinem Tisch, setzt sich ungefragt, grinst zutraulich – und fängt gleich an zu reden. Habe ich erwähnt, dass er gerne redet, möglichst stundenlang? Was nervtötende Monologe angeht, ist er auf Fußballtransfersummen und 70er-Jahre-Verschwörungstheorien spezialisiert.

11.45 Uhr: »Aha«, murmele ich verzweifelt, »aha, interessant ...«

Irgendetwas, das ist einer meiner Grundsätze, kann man immer interessant finden an einem Menschen. Wenn es nicht das ist, was er sagt, dann die Art, wie er redet. Wenn nicht die Art, wie er redet, dann die Art, wie ihn die anderen Menschen wahrnehmen …

11.46 Uhr: »Ich kann nicht mehr. Ich will nicht mehr!« Ist das wirklich meine Stimme? »Wer seid ihr Menschen, die ihr keine bessere Nachmittagsbeschäftigung habt, als mich stundenlang zuzutexten? Ich will doch nur in aller Ruhe lesen!«

11.47 Uhr: Wird er beleidigt aufspringen und gehen? Oder, schlimmer, viel schlimmer – noch mehr reden?

11.48 Uhr: Er nickt.

11.49 Uhr: Er nickt noch immer.

11.51 Uhr: Ja, sagt er, das kenne er. Ob er einfach ruhig sein solle? Er habe sich auch ein Buch mitgebracht.

Hä? So einfach?!

Erkenntnis: Mal nicht alles zu relativieren, ermöglicht offenbar bestimmten Leuten, die Perspektive zu wechseln. Zumindest nehmen sie überhaupt wahr, dass es noch andere Menschen gibt!

Während ich in wohliger Stille meinen Kaffee trinke, fällt mein Blick auf einen Smiley. Es ist ein tätowierter Smiley, die Kellnerin hat ihn sich auf einen Finger stechen lassen. Nicht irgendeinen: den Mittelfinger. Der Smiley, dieses klebriggelbe Gute-Laune-Symbol, das man noch auf der letzten Speisekarte im letzten Amazonasdorf findet … Ich muss an die Geschichte des Smileys denken. Erfunden hat ihn der amerikanische Grafiker Harvey Ball. Der zeichnete im Dezember 1963 zwei Punkte und einen geschwungenen Strich in einen gelben

Kreis – und machte daraus Anstecker. Dafür erhielt Ball von der Versicherungsgesellschaft, deren Betriebsklima er verbessern sollte, ganze 45 Dollar. Patentiert wurde das Smiley von jemand anderem – einem französischen Unternehmensberater, der heute Millionär ist. Sein kreativer Beitrag besteht in erster Linie aus den Prozessen, mit denen er die nicht genehmigte Nutzung des Smileys zu unterbinden versucht, bis heute. So bringt das Smiley vielen Geld ein – nur nicht seinem Schöpfer. Unter der grinsenden Oberfläche herrscht knallharte Interessenpolitik.

Im Kampf um die Deutungshoheit in der Gute-Laune-Welt gibt es einen beliebten Sündenbock: die Medien. Wie ein Bestsellerautor unter den deutschen Glücksratgeber-Autoren in einem Buch schreibt, in dem ich im Café blättere: »Das meiste von dem, was in der Zeitung steht, ist für unser Leben nicht wichtig. Es hält uns in einer endlosen Schleife negativer Gedanken gefangen (…) Wenn wir uns mit fremden Informationen beschäftigen, fehlt uns die Zeit, uns mit uns selbst zu beschäftigen.«[14] Schlechte Nachrichten sorgen für … schlechte Laune! Und darum der Gegenvorschlag: »Lies keine Zeitung. Sieh dir auch keine Nachrichten im Fernsehen an. Such dir die Schreckensmeldungen auch nicht aus dem Internet heraus.«[15] Man könnte es auch so sagen: Warum sich sorgen – wenn es doch reicht, sich Augen und Ohren zuzuhalten?

Was die unangenehmen, aber nun mal leider realen Schreckensmeldungen im öffentlichen Raum der Medien, das sind im Privaten unsere unangenehmen, aber nun mal leider ebenfalls sehr realen Mitmenschen. So empfehlen die Gute-Laune-Propheten, den »negativen Personen« unter Freunden und

Bekannten die Tür zu weisen – Familienmitglieder eingeschlossen. Wie es ein aktueller Ratgeber formuliert, gleich als Titel: *Keine Macht den Gute-Laune-Dieben.* Schlechte Laune färbt ab – und diese erschütternd schwere Krankheit, von der wir uns aus eigener Kraft nie erholen könnten, wollen wir uns nun wirklich nicht einfangen! Klar, es kann sinnvoll sein, dem Kollegen im Büro mal zu stecken, dass man auch weniger mürrisch durchs Leben gehen kann. Aber wollen wir wirklich alle Gute-Laune-Diebe aus unserem Leben verbannen? Die Tante, die gerade einen Schlaganfall hatte und einfach nicht so richtig fröhlich in die Zukunft schauen will? Die fünfjährige Tochter, die ständig quengelt und damit vermutlich auch die nächsten 13 Jahre nicht aufhören wird? Den bettelnden Flüchtling in der Einkaufspassage, der seine Abschiebung einfach nicht als Wachstumschance begreifen will?

Wir leben heute nicht mehr in einer missmutigen ängstlichen Welt – sondern in einer Gesellschaft, die sich in aufgesetzten Optimismus flüchtet. Zufriedenheit ist das neue Statussymbol, deshalb werden Verletzlichkeit, Unruhe und Beklommenheit unter den Teppich der guten Laune gekehrt. Doch unglücklichen Menschen geht es nicht besser, sondern schlechter, wenn sie aufgefordert werden, doch einfach mal gut drauf zu sein. Jetzt sind sie nämlich nicht nur unglücklich – sie stehen auch noch als Gute-Laune-Versager da.

Schon Kinder werden heute in ein Gefängnis der zwanghaft guten Laune gesteckt. Wenn sie murren oder traurig sind, wird nachgeholfen, ob mit Schokolade oder mit Medikamenten. Moderne Eltern tun alles dafür, ihren Kindern schlechte Erfahrungen zu ersparen. Sie vergessen, dass Kinder aus kleinen Rückschlägen lernen, wie sie in Zukunft am besten konstruktiv mit Kummer und Misserfolg umgehen. Schlechte Erfahrungen gehören zum Leben dazu – daran können auch die besten Eltern nichts ändern.[16]

Wenn gar nichts mehr geht, dann helfen eben die Psychopharmaka. Jedes Jahr werden in Deutschland fast eine Milliarde Tagesrationen Antidepressiva verschrieben.[17] Das Leben ist ein Krieg gegen die schlechte Laune geworden. Ein Krieg, der sich auf die Vergangenheit ausdehnt. Der Heidelberger Psychotherapeut Arnold Retzer beschreibt, mit welchen chemischen Mitteln Soldaten in Stimmung gebracht werden, wenn sie an die Front gelangen.[18] Im Zweiten Weltkrieg nahmen Wehrmachtsoldaten Pervitin ein, ein Methamphetamin. Im Zweiten Golfkrieg putschten sich die US-Bomberpiloten mit D-Amphetamin auf. Doch was ist mit der Zeit nach dem Krieg? Mit all den schlimmen Erinnerungen? Zur Lösung dieses Problems experimentieren Forscher jetzt mit einem Betablocker, Propranolol. Das Mittel soll bis zu sechs Stunden nach dem traumatischen Ereignis eingenommen werden; es sorgt dafür, dass der Soldat sich nicht mehr an das Erlebnis erinnert – oder zumindest nicht an seine Angst. Perfekt: Gut gelaunt in den Krieg – und gut gelaunt wieder nach Hause zurück.

Tagebuch aus der Welt der Anti-Selbstoptimierung

15.10 Uhr: Immerhin lässt sich ab und zu die Sonne sehen. Als ich auf die Straße trete, riecht es nach warmem Asphalt. Dieser Sommerregengeruch!

15.15 Uhr: Ich wähle die Nummer meiner Freundin. Kaum hebt sie ab, fängt sie an zu keifen! Wie ich es wagen könne, erst jetzt anzurufen, schallt es mir entgegen. Überhaupt, was für ein furchtbarer Tag – nichts, aber wirklich gar nichts lohne heute das Leben!

15.17 Uhr: Hat eigentlich irgendjemand eine noch längere Leitung als ich? Bis ich kapiere, dass es ein Spiel ist, vergeht mehr Zeit, als andere für ihr Mathe-Abitur brauchen.

15.19 Uhr: Ich lehne mich zurück, schirme mit der Hand Handy und Mund ab – und wir jammern. Eindeutig genüsslich. Nichts, aber auch nichts wird gut gehen in unserem Leben. Sie wird nie einen besseren Job finden, ich auch nicht. Wir werden keine Kinder kriegen, oder wenn wir welche kriegen, werden sie Schreihälse sein und uns die Haare vom Kopf fressen. Über die Jahre werden wir uns mit Fremden besser unterhalten als miteinander. Es sind die großen Ängste in unserer Beziehung – und wir sprechen über sie, auf eine Art, die sogar Spaß macht!

15.25 Uhr: Meine Freundin ist zu Hause, und ich mache mich im Nieselregen auf den Weg dorthin. Mit dem Handy am Ohr stolpere ich über einen Plastikeimer auf dem Gehweg und bin mir sicher – ergreifender Monolog! –, dass ich nie wieder werde laufen können, vermutlich schaffe ich es nicht einmal bis nach Hause. Meine Freundin lacht laut und ruft, dass sie bestimmt gleich im Bad ausrutschen wird und dann vermutlich nie wieder Hausarbeit erledigen kann. Leider, leider. Und Sex? Auch nie wieder, tja. Wir kichern wie die Kinder. Mag ja sein, dass manche Ängste größer werden, wenn man darüber spricht – die Dinge, über die wir jetzt sprechen, scheinen plötzlich kleiner.

Einfach das Beschweren üben, denke ich und gehe ziemlich vergnügt den Berg hinunter, nach Hause. Genüsslich jammern – das ist leichter, als man denkt, und gibt einem mehr, als man sich vorstellen kann.

Bis ich plötzlich über ein Thema jammere, das ich noch nie angesprochen habe. Eine echte Angst, die tief sitzt, die meine Freundin und mich grundsätzlich betrifft, vor allem mein Verhältnis zu ihr. Ich rede und lache, ist doch alles übertrieben, zugespitzt, ist doch unser Spiel! Jammer, jammer … Und plötzlich ist da Totenstille am anderen Ende. »Hey«, sage ich. »Hey?« Und höre auf einmal nur noch das Besetztzeichen. Fuck.

15.35 Uhr: Und jetzt? Ich habe Lust, gegen etwas zu treten. Unser Spiel war doch gerade, dass wir Ängste übertreiben – und so darüber lachen können. Ich kann doch nicht plötzlich auf positiv machen, wie ich es sonst tue? Das ist doch völlig unglaubwürdig. Und falsch! Ich will mich meiner Freundin verbunden fühlen, gerade weil ich echte Ängste äußern darf – nicht, weil ich sie in Optimismus ertränke. Ich will ich sein – mit ihr!

Ich bleibe stehen. Starre eine Hauswand an. Und muss an Hüzün denken, die türkische Melancholie.

Ihre negativen Gefühle zu äußern, das kann Menschen verbinden. Wie mein Freund Bahtiyar mir gesagt hat: »Mit Hüzün muss man nicht in die Ecke gehen oder in der Ecke bleiben. Man kann einfach den Grund erklären, und die anderen wollen gerne mitfühlen. Zum Beispiel: Der Vater ist nicht da. Es wäre sehr schön, wenn er noch lebte und mit uns wäre. Fünf Minuten lang bleiben alle still. Danach sagt einer: Aber jetzt trinken wir, auf ihn! Dann geht Hüzün wieder weg. Es dauert nur fünf Minuten, aber es sind schöne fünf Minuten, für jeden, es ist nicht negativ, ein wunderschönes Gefühl!« Ein anderer Bekannter, Fatih, ein ehemaliger Soldat, hat mir erzählt: »Wenn du eine Nacht lang geweint hast, fühlst du dich am nächsten Tag ruhiger, leichter. Weinen reinigt. Im Theater sollen die Tragödie und die Komödie die Menschen von ihren Sünden und ihrer Trauer befreien. In der türkischen Kultur ist Hüzün, die Melancholie, das Mittel, sich zu reinigen.«

Ich erinnere mich an ein Foto. Mein bester Freund und ich, 16 Jahre alt, auf dem Schrottplatz einer süddeutschen Kleinstadt. Wir tragen Lederjacken über nackten Oberkörpern und blicken über Autowracks hinweg in eine ungewisse Ferne. In Wirklichkeit vermutlich auf eine Pforzheimer Straßenkreuzung. Am Rand der Gesellschaft. Einer Gesellschaft, die uns eh nichts zu bieten hat. Jeder blickt, so wund wie möglich, in eine andere Richtung. Melancholisch, aber sexy. So wollten wir uns zeigen. Und irgendwie einsam. Diese Einsamkeit gehört zum Kern der Selbstoptimierung in unserer Gesellschaft. Jeder von uns hat ein eigenes Projekt: sein Leben. Hingebungsvoll, bang, ruhelos arbeiten wir an uns selbst; immer am unsichtbaren Band der Erwartungen der Gesellschaft und doch zugleich so frei, dass uns schwindelt. Alle Energien fließen ins Ich, alles ist nach innen gewandert. Der melancholische Blick eines James Dean oder Marlon Brando in den Filmen der 50er-Jahre wandte sich noch gegen eine Gesellschaft, die Wünsche unterdrückte, zumal den nach Selbstverwirklichung. Heute ist alles erlaubt – und die Sehnsucht nach einem anderen Leben doch nicht erloschen. Vielleicht ist Coolness die einzige positive Form von Melancholie, die wir uns heute erlauben. Im melancholischen Blick der Coolness darf die Sehnsucht auch heute noch sichtbar werden. Um es mit René Pollesch zu sagen: »Dieses Leben will ich nicht. Ich will da raus.«

Doch nicht nur Melancholie und Niedergeschlagenheit sind verdächtig geworden, auch alle Zwischengefühle – alles, was nicht ausdrücklich gute Laune ist. Das lässt sich gut am Phänomen des »resting bitch face« ablesen. Gemeint ist ein Gesichtsausdruck, den in den USA immer mehr Menschen, vor allem Frauen, entsetzt an sich selbst entdecken, meist auf Schnappschüssen. Wie sieht das »resting bitch face« aus? Mundwinkel leicht hängend, Augenbrauen etwas zusammengezogen. Kein Lächeln. Aber auch nicht wirklich negativ. Eher ausdruckslos. Trotzdem wird dieser Gesichtsausdruck als »Bitch-Gesicht« bezeichnet – und per Operation kuriert. In der *New York Times* ist ein langer, klagender Artikel darüber erschienen, im Tenor verständnisvoll.[19] Wahnsinn! Dabei ist das »resting bitch face« nichts anderes als der ganz normale Gesichtsausdruck, den wir haben, wenn wir nicht gut drauf oder nicht im Selbstdarstellungsmodus sind: ein bisschen besorgt, ein bisschen in uns gekehrt; ein bisschen gelangweilt, ein bisschen skeptisch… wir selbst halt, wie wir *auch* sind.

Tagebuch aus der Welt der Anti-Selbstoptimierung

18.35 Uhr: Die Angst, wegen eines blöden Satzes meine Freundin zu verlieren, mag objektiv vielleicht übertrieben erscheinen – subjektiv ist sie es nicht. Ich reibe mir das Gesicht. Tränen? Quatsch. Aber irgendetwas an diesem Gefühl ist furchteinflößend echt. Warum merkt man eigentlich immer erst in solchen Momenten, wie sehr man jemanden liebt?

20.45 Uhr: Als ich die Wohnung betrete, ist es dunkel; nur im Zimmer meiner Freundin brennt Licht. Da sitzt sie. Ich setze mich neben sie. Und greife nach ihrer Hand. Sie stößt mich weg.

Ich will einfach nichts mehr begründen. Nichts in ein positives Licht rücken. Ich will meine Ängste stehenlassen können, auch die, die uns betreffen. Ich sage genau das.

20.55 Uhr: Hüzün wollte ich? Da habe ich Hüzün. Ich gehe auf den Balkon und starre ziemlich bedrückt vor mich hin. Ein Glas Wein vielleicht? Aber im Schrank finde ich nur Schnaps …

Ich denke an den ziemlich möchtegern-coolen Teenager auf dem Foto. Eines wollte der nie: jammern. Sich beklagen. Das wäre Schwäche für ihn gewesen. Da muss ich schon jetzt, mit stolzen 40, einen Selbstversuch machen. Der hat mir jedenfalls eines gezeigt: Spielerisch mit meinen Ängsten umgehen und dadurch den Druck rausnehmen – das hat mir gutgetan. Ein neues Werkzeug für meinen Gefühlsbaukasten. Nur mit meiner Freundin hat es nicht funktioniert, wirklich nicht.

21.45 Uhr: Ein Geräusch, die Balkontür öffnet sich. Meine Freundin setzt sich neben mich, mit einem Glas Wein in der Hand. Da war also die Flasche …

»Der Abfluss?« Irgendetwas muss ich ja sagen.

»Repariert.«

»Wow.« Stille. »Immerhin, der Tag hat also doch sein Gutes gehabt.« Wieder Stille. »Oder?«

»Eigentlich«, sagt sie plötzlich, »eigentlich bin ich ganz froh, dass du es mir gesagt hast. Ich bin dir dadurch sogar näher. Es macht mir nur auch Angst. Verstehst du?«

»Ja.«

»Ja.« Wir trinken schweigend.

»Aber es fällt dir schwer?«, frage ich sie.

»Es fällt mir schwer, diesen Teil an dir zu sehen. Einen Teil, der zweifelt. Aber das ist auch gut. Ich bin mir sicher, das wird schon.«

»Sonst jammerst ja eher du.«

»Ja.«

»Du bist die Meisterin.«

»Ja.«

»Der Champion der Negativität. Quasi die Shaolin-Nonne des Pessimismus.«

Lacht sie? Zumindest macht sie eine Bewegung wie eine Karatemeisterin.

»Und ich?«, frage ich. »Habe ich jetzt zumindest einen braunen Gürtel?«

»Einen gelben vielleicht. Mehr nicht.« Sie setzt einen gespielt arroganten Blick auf und deutet einen Handkantenschlag an. Und sie lächelt, endlich! »Oder warte – ist ein gelber Gürtel mehr als ein brauner?«

»Weißt du denn gar nichts?« Ich strecke in gespieltem Entsetzen die Hände zum Himmel. »Gott, mit wem lebe ich in einer Wohnung? Was soll bei so viel Unwissenheit nur aus uns werden?!«

»Ja, was?!«

Wir jammern wieder. Zu zweit. Und diesmal auf die richtige Art. Schwarzgürtel-Wehklagen für Fortgeschrittene. Wir halten uns im Arm, schauen in die Nacht. Und genießen. Diese verdammt schöne Mischung aus Ungewissheit, Jubel, Zerbrechlichkeit und Stille, die Gemeinsamkeit manchmal sein kann.

Es wird nicht alles gut gehen. Aber das meiste. Auf den Rest lassen wir es ankommen.

2
Digital optimal auftreten.
Die Auslagerung der Selbstoptimierung ins Virtuelle

Wir arbeiten an uns, Tag für Tag – jeder für sich, im Fitnesskeller der Selbstoptimierung, vor einer Wand aus gnadenlosen Spiegeln, in denen wir immer nur eins sehen: uns selbst. Oder genauer: das, was die bestmögliche Version unserer selbst sein könnte. Die Einsamkeit der Arbeit an uns selbst gehört zum Kern der Selbstoptimierung. Jeder von uns hat ein eigenes Projekt: sich selbst, dieses nackte Bündel aus Wünschen und Ängsten, zusammengehalten von der Hoffnung, eines Tages in die Welt treten zu können und bereit zu sein – optimal vorbereitet auf den klugen und sinnlichen Partner, der für uns bestimmt ist, den glamourösen, gut bezahlten Job, den wir verdienen, endlich offen für all die Menschen, um derentwillen wir das doch eigentlich alles tun.

Unterdessen sind wir alle ziemlich suboptimal.

Es gab eine Zeit, da war das Internet eine Zuflucht für die unfertige, die dotterwarm-echte Form unserer selbst. Man erinnert sich heute kaum noch daran, aber in einem frühen Stadium war das Internet ein Schutzraum für Vielfalt. Fast jedes der neuen sozialen Medien, ob Facebook oder Twitter, selbst die E-Mail, hat dieses Versprechen gegeben: dass wir in den digitalen Welten, die sich über die neuen Medien erschließen, *unseresgleichen* begegnen können. Menschen, die unsere Träume und Albträume teilen, unsere Werte, Hoffnungen und Eigenheiten. Das Versprechen war: In den neuen sozialen Medien können wir uns zeigen, wie wir sind. Hier können wir von unseren Ängsten sprechen, unserem Anderssein, weil wir eingebettet sind in ein Forum oder ein Portal, das aus über die Welt verstreuten Sonderlingen eine Gemeinschaft von Gleichgesinnten schmiedet – zumindest vor dem Bildschirm. Ein Portal wie *beichthaus.com*, wo Menschen sich anonym ihre Geheimnisse verraten, spiegelt dieses Zufluchtsversprechen heute noch: Sich zeigen, ohne verurteilt zu werden; Schwächen zugeben, Fehltritte offenbaren können, weil die anderen es auch tun.

Dieter Willinger spricht langsam, überlegt, mit österreichisch weichem Tonfall. Trotz der frühen Stunde, zu der wir skypen, zeigt der Wiener Online-Projektmanager und Webdesigner auf dem Bildschirm ein aufmerksames Lächeln – in seinem Understatement ist es auf angenehme Art das Gegenteil dessen, was sich in den sozialen Netzwerken als Umgangston etabliert hat. In der Welt des Web 2.0, insbesondere auf Facebook, sagt Willinger, beschleiche ihn der Eindruck, dass es allen gelinge, ein perfektes Leben zu führen, nur ihm nicht. »Statusmeldungen, als tanzten die Leute auf Regenbögen. Negatives, Scheitern, Angst – davon lese ich nichts.«

Berichte von außergewöhnlichen Reisen, von mindestens lebensverändernden Begegnungen. Posts, die von stillem Alltagsglück oder kraftspendenden Naturerfahrungen erzählen. Die sozialen Medien dienen heute oft vor allem dazu, optimierte Bilder seiner selbst vorzuzeigen. Über Instagram, die App zum Bildervorzeigen, teilt man nicht einfach Schnappschüsse mit, wie es das Motto der App will, sondern effektbewusst mit Filtern bearbeitete Versionen dieser Schnappschüsse, Highlights aus dem eigenen Leben. Auf Facebook, immer noch Leitmedium des Web 2.0, stellt man sich nicht einfach dar – man stellt sich aus.

Dieter Willinger wollte da nicht mehr mitmachen. Seinen privaten Facebook-Account hat er stillgelegt, schon 2009. Weil er den Gedanken lustig fand zu posten, dass man von nun an nichts mehr postet, entwarf er eine eigene Website, *ausgestiegen. com*. Dort bietet Willinger seither anderen optimierungsmüden Facebook-Jüngern ein Forum. Und er gibt ironische Anleitungen zum Ausstieg bei Facebook, zum »digitalen Selbstmord«. Zum Beispiel kann man seinen Facebook-Account mit Willingers Hilfe zu einem Geister-Account verwaisen lassen, indem man alle wichtigen Daten löscht und am Ende als Profilfoto einen grinsenden »Ausgestiegen«-Geist hinterlässt. Der Abschied fällt nicht allen leicht. So erzählt ein User auf Willingers Website: »Es ist nun mittlerweile wieder drei Jahre her, dass ich von Facebook ausgestiegen bin. Ich habe mich in dieser Zeit sehr zum Positiven verändert. (…) Es ist jedoch gleichzeitig erschreckend, dass ich auch nach drei Jahren hin und wieder davon nachts träume oder daran denke, ein Facebook-Profil zu haben und dort etwas zu posten.«

Massenaktionen wie der jährlich ausgerufene »QuitFacebookDay« veranlassen Tausende von Menschen zum Austritt

aus Facebook.[20] Der Suchmaschinenbegriff »Facebook abmelden« ist bei Google ein so beliebtes Thema, dass es automatisch
vorgeschlagen wird, wenn man »abmelden« eingibt. Warum?
Facebook, sagt Dieter Willinger, spiegelt den Selbstoptimierungswahn unserer Zeit – und treibt ihn auf die Spitze. »Allein
der Druck, ständig neue Posts schreiben zu müssen, immer
neue Statusmeldungen abzugeben. Und andere Posts muss man
aufgeregt-jubelnd kommentieren.«

In den sozialen Netzwerken ist der Kampf um Aufmerksamkeit zur normalen Umgangsform geworden. »Es werden Bilder
von Urlaubsorten gepostet, an denen sie nie gewesen sind«,
schreibt ein Facebook-Deserteur auf Willingers Website. »Es
wird auch vorgetäuscht, dass man in einer glücklichen Beziehung
lebt, einen tollen Job hat und wunschlos glücklich ist. Und das
alles, um andere Leute neidisch zu machen.« »Slice of life« nennt
Dieter Willinger das, wenn Facebook-User ein wie zufällig ent-
standenes Foto posten, das Alltag demonstrieren soll, in Wahrheit aber das Ergebnis eines mehr oder weniger bewussten
Selbstmarketing-Kalküls ist. Zum Beispiel das Bild vom perfekten Frühstück auf der Terrasse: Sonne über Berggipfeln, ver-
träumt-zufriedene Mienen, genau die richtige Dosis morgendli-
cher Unausgeschlafenheit. Das Belohnungssystem von Facebook,
sagt Willinger, bestehe aus Likes und aus »supermitfühlenden
Kommentaren«. Der Optimierungsdruck besteht darin, immer
mehr davon zu bekommen. Und immer öfter. Denn der Effekt, so
Willinger, nutzt sich ab: Irgendwann guckst du alle zwei Minuten
auf dein Smartphone oder deinen Laptopbildschirm. Die Selbstoptimierung ist eben auch in der virtuellen Welt nie abgeschlos-
sen. Niemand kämpft, schließlich gibt es nur einen »Gefällt

mir«-Button – und doch konkurrieren alle um ihre tägliche Dosis Likes. Die Portion virtueller Anerkennung, die das in der
Wirklichkeit gefangene echte Ich für seinen Kampf gegen die reale Überlebensangst benötigt.

Ein Hauptkampfplatz sind die Bilder, die wir von uns machen. Und wie so oft in der Welt der Selbstoptimierung geht ein
Gefühl von gesteigerter Kontrolle mit einem tatsächlichen Kontrollverlust einher. Der Kontrollgewinn: Dank immer einfacher
zu bedienender Bildbearbeitungsprogramme haben wir zunehmend in der Hand, wie die Bilder aussehen, die wir in die virtuelle Welt hochladen.[21] Smartphone-Apps wie Instagram oder
der Fotodienst hipstamatic etwa bieten automatische Filter an.
Wir können unsere Welt in melancholische Sepiatöne tauchen,
störende Hautunreinheiten mit einem »Rise-Filter« beseitigen
oder mittels eines lichtflutenden »Amaro-Filters« eine coole
Aura von Vergänglichkeit über unser Leben werfen. So erschaffen wir einen digitalen Doppelgänger, einen virtuellen Avatar,
der für uns das Leben führt, das wir selbst schon immer führen
wollten. Noch nie sind uns die Bilder so nah gerückt, waren sie
so dicht am Alltag – und noch nie zugleich so fern, so verloren
in der Erzählung, in die wir unser Leben verwandeln. Auf eine
obszöne Art sind wir uns selbst in unseren Bildern nah und fern
zugleich. Es ist wie in Oscar Wildes berühmter Geschichte von
Dorian Gray. Der Mensch trägt die Spuren eines letztlich unbe-
herrschbaren, widersprüchlichen Lebens – das Bild nicht. Der
Mensch altert, das Bild nicht. Der Mensch enttäuscht, das Bild
nicht. So bedroht das Bild den Menschen, den es darstellt. Denn
wenn mein echter Körper in so unbarmherzige Konkurrenz zu
meinem retuschierten Körper gerät, mein echtes Lächeln zu

meinem retuschierten Lächeln, mein echtes Leben zu meinem retuschierten Leben – dann haben wir, bei allem klugen und ironischen Misstrauen gegenüber den Bildern, am Ende nur noch eine Sehnsucht: Bild werden.

Die virtuelle Welt ist, so fasst es der US-amerikanische Autor Jonathan Franzen zusammen, »so ziemlich das größte Instrument zur Förderung von Narzissmus, das je gebaut wurde«.[22] Was für ein Wahnsinn: Wir sind Teil einer gigantischen Selbstoptimierungsparallelwelt geworden – und die meisten von uns glauben, nicht mehr ohne diese Welt leben zu können!

Das klingt so schlimm, dass dringend Zeit für einen weiteren Selbstversuch ist. Denn natürlich habe auch ich verinnerlicht, dass es überlebenswichtig ist, was für einen Eindruck ich mache – real wie virtuell. Und obwohl ich persönlich womöglich weniger Zeit mit dem Posten von Bildern verbringe als andere, organisiere auch ich mein Leben oft genug um Einladungen auf Facebook herum, antworte ermüdend perfektionistisch auf unendlich viele Nachrichten und Kommentare in verschiedenen Instant-Messaging-Apps, lese fasziniert und neidisch, wer schon wieder wo welches aufregende Erlebnis hatte und es nun seinem Online-Freundeskreis zum »Liken« vorlegt.

Mein Selbstversuch in diesem Kapitel: Eine Woche lang werde ich auf alle sozialen Medien verzichten, keine Bilder von mir uploaden, nicht digital kommunizieren und auch mein Smartphone nicht benutzen. Ich werde digitalen Selbstmord begehen, zumindest zeitweise – und schauen, ob ich dadurch ein paar Freiheitsgrade zurückerobern kann.

Tagebuch aus der Welt der Anti-Selbstoptimierung

Zweiter Selbstversuch: Digitaler Selbstmord.
Eine Woche ohne virtuelle Selbstoptimierung.

Mein digitaler Selbstmord – Tag 1

Facebook starrt mich an, ich starre zurück. Wo ist der Lösch-button? Es gibt keinen. Klar, die sind ja nicht blöd. Immerhin, etwas versteckt in einem Untermenü entdecke ich eine andere Funktion: Deaktivieren. Ich klicke, aber Facebook versucht es erst mal auf die Schlechte-Gewissen-Tour: Meine 125 Freunde, wird mir besorgt mitgeteilt, werden nicht mehr mit mir kommunizieren können. Übergroß werden die Fotos meiner Freunde gezeigt. Bei jedem einzelnen steht daneben, dass der- oder diejenige mich ganz persönlich vermissen wird.

Fuck it. Ich klicke auf den Button.

Kurzer Überblick: Auf Facebook habe ich die besagten 125 Freunde. Dann sind da die Chat-Dienste: WhatsApp (16 offene Chats, 33 Kontakte), Line (8 offene Chats, 50 Kontakte) und der Facebook-Messenger (12 offene Chats). So weit meine statistische Existenz im Web 2.0. Nicht überragend, ich weiß – aber stressig genug. Weg damit. Mit einem gewissen schmerzlichen Fatalismus fällt mein Blick auf ein zentrales Requisit meiner Selbstoptimierer-Existenz. Mein Smartphone ist schick, schnell, ständig kommunikationsbereit. Es ist perfekt. Ich seufze. Irgendwo muss noch mein altes Nokia rumliegen.

Erst mal fühle ich mich euphorisch. Ich, der digitale Rebell! Kein ständiger virtueller Abgleich, was wann wo passiert – stattdessen echte Begegnungen. Kein Blick auf Googles Online-Karten-Welt, sobald ich das Haus verlasse – stattdessen werde ich nun also die Wirklichkeit wiederentdecken.

Kurz darauf empfinde ich allerdings vor allem eines: Panik. Bricht jetzt alles zusammen? Zeigt sich womöglich, dass es allen völlig egal ist, was ich mache? Das Leben ist plötzlich eine riesige Party, und ich kriege nichts davon mit. Eindeutig: Entzugserscheinungen! Verdammt.

Nachmittags. Unterwegs in der Stadt. Ich sehe ein Plakat, auf dem für eine Ausstellung geworben wird. Ich hätte jetzt sogar Zeit. Aber wie, bitte schön, soll ich ohne Smartphone herausfinden, wo genau die Galerie ist? Kurz gerate ich in Versuchung, einfach einen Freund anzurufen und ihn zu bitten, für mich die Location der Galerie zu googeln. Wie haben bizarre Menschen wie ich sich eigentlich vor 15 Jahren zurechtgefunden?

Abends. Zu Hause. Niemand hat sich gemeldet, zumindest kriege ich es nicht mit. Also bleibe ich allein. Immerhin habe ich so Zeit für ein paar grundsätzliche Fragen. Warum ist es uns so wichtig, unser Leben in perfekten virtuellen Abbildern zu spiegeln? Uns in den sozialen Netzwerken »liken« zu lassen? Wie kann es sein, dass unter der Oberfläche der Selbstoptimierung der zitternde Wunsch nach Anerkennung so deutlich erkennbar ist – obwohl wir so selbstbestimmt leben wie nie zuvor?

Heinz Bude entwickelt in seinem bereits erwähnten Buch *Gesellschaft der Angst* die Vorstellung, dass wir uns unserer selbst keineswegs immer sicherer werden, je freier wir sind. Im Gegenteil: Die Gesellschaft, in der wir leben, erzeugt ein »brüchiges Ich«. Bude geht dabei von den Überlegungen eines anderen Soziologen aus, David Riesman. Der Amerikaner hat ein Buch mit dem schönen Titel *Die einsame Masse* geschrieben, ein Besteller in den USA der 50er-Jahre. Riesman stellt darin zwei Epochen der amerikanischen Geschichte einander gegenüber, um zu zeigen, wie sich unsere Art, in der Welt zu stehen, grundsätzlich gewandelt hat. Zum einen beschreibt er eine Zeit, in der die Menschen in die Städte zogen, die Industrie das Leben prägte und die Bevölkerung wuchs, nicht zuletzt durch Einwanderung aus der ganzen Welt. Sich ein neues Leben aufzubauen, sagt Riesman, diese Erfahrung machte Angst; doch die Angst vor dem Neuen verband sich mit der Hoffnung, am Ende einen Platz in der Gesellschaft zu finden, ein Ich geworden zu sein, jemand mit einer eigenen Geschichte. Aber was, wenn die Eroberung der Welt auf Grenzen stößt, wenn unser Gefühl von Kontrolle flüchtig wird? Wenn wir nicht mehr sagen können, vor welchen Herausforderungen wir in Zukunft stehen werden – geschweige denn unsere Kinder? Vor allem: Was, wenn alle Beziehungen immer dichter und widersprüchlicher werden? Überall warten unterschiedliche Anforderungen und Erwartungen. In der Firma, wo alle nasenlang ein neues Unternehmensmodell ausgerufen wird und wir es mehr mit Kunden und Kollegen als mit Produkten zu tun haben. In der Partnerschaft, wo wir gleichzeitig maximal leidenschaftlich und maximal vernünftig sein sollen. Im sozialen Leben, wo zwischen Hochkultur und Popkultur alles möglich und denkbar geworden ist – und deshalb auch potenziell peinlichkeitserzeugend, weil nichts mehr selbstverständlich ist, vom Musikgeschmack bis zur Frage, ob ein Mann einer Frau die Tür öffnen soll oder nicht. In dieser Art Welt wird nicht mehr der Wunsch belohnt, man selbst zu sein und als Ich Erfolg zu haben, sondern unsere

Fähigkeit, uns in ein Team einzuordnen, die Perspektive anderer einzunehmen, flexibel zu sein – den jeweiligen Umständen entsprechend. Ob wir mit Kollegen ein Projekt besprechen, uns mit Freunden treffen oder mit unserem Partner reden – in Sekundenschnelle müssen wir ermitteln, was zu tun ist, indem wir uns in die Beteiligten hineinversetzen und uns überlegen, was sie von uns erwarten. Das Ich wird zum Ich der anderen – und bekommt sich selbst nicht mehr zu fassen. Riesman nennt diese Form, in der Welt zu stehen, den »außengeleiteten« Charakter. Richard Sennett, ein anderer amerikanischer Soziologe, hat dafür die Formel vom »flexiblen Menschen« geprägt. Der flexible Mensch passt sich an, schon aus Angst, die Kontrolle zu verlieren. Denn die Welt, in der wir heute leben, macht es uns schwer, uns dauerhaft zu binden, ob in der Liebe oder im Beruf, ja sogar in der Wahl des Wohnorts – und macht es deshalb oft unmöglich, langfristige Ziele zu verfolgen und sich sein Leben so zu erzählen, dass es wie eine Einheit wirkt.[23] So werden wir alle mehr und mehr zu flexiblen Menschen. Wie wir uns fühlen, welches Bild wir von uns haben, all das hängt immer mehr vom Vergleich mit unseren Mitmenschen ab – ohne dass wir uns dessen bewusst wären. Wie anstrengend das ist, merken wir oft gar nicht. Erst wenn wir abends erschöpft zusammensinken, stellen wir plötzlich fest, dass wir mal wieder einen Tag lang nur das getan haben, was andere Menschen von uns erwarten – genauer: was sie unserer Meinung nach von uns erwarten.

Die neuen sozialen Netzwerke sind der perfekte Ort, um sich permanent mit den Lebenserzählungen anderer abzugleichen. In der virtuellen Welt der Smartphones und Tablets können wir außengeleite flexible Menschen uns ohne jeden Reibungsverlust

quasi in Echtzeit aufeinander abstimmen und gegenseitig bestätigen. Wie präsentieren die anderen ihr Glück in ihren Face-
book-Fotoalben? Wie stehe ich mit meinem Look da, passt der
noch? Habe ich die richtigen Hobbys? Muss ich schon Kinder
haben oder kann ich noch warten? So orientieren wir uns immer an den anderen und diese sich an uns. Wenn wir uns schon
nicht auf feste Lebensziele beziehen können, dann zumindest
auf die Beurteilungen, die wir auf Facebook erhalten, oder auf
die Tatsache, dass unser Tweet weitergereicht und kommentiert
wird. Wenn die anderen uns loben, sind wir gefestigt, uner-
schütterlich – dann sind wir richtig, wie wir sind. Wenn sie uns
kritisieren (oder auch manchmal einfach nur auf Posts nicht
reagieren), verlieren wir uns, fragen uns, was wir falsch gemacht
haben, sind panisch, wollen alles wiedergutmachen. Die anderen sind Himmel und Hölle zugleich. Denn unser Gefühl für
das, was uns wirklich ausmacht, geht mehr und mehr verloren –
weshalb die unterschwellige Angst, die uns alle paar Minuten zu
Facebook treibt, auch immer größer und diffuser wird. Es ist die
Angst, in Wahrheit nicht mehr zu wissen, wer wir sind. Die be-
rechtigte Sorge, dass auch unsere letzten Messlatten und Mark-
steine fürs Eigene weggespült werden.

Mein digitaler Selbstmord – Tag 2

Morgens. Kurze Panik. Ich habe beschlossen, überhaupt nicht
mehr ins Internet zu gehen, die ganze Woche lang. Also auch
keine Mails. Doch mein E-Mail-Programm nutze ich vor allem
beruflich. Kann das gut gehen? Verdammtes Erreichbarkeits-
syndrom. An meiner Abwesenheitsnotiz habe ich wie an dem
Nachruf für einen guten Freund gefeilt: liebevoll, gründlich,

wehmütig. Offenbar muss ich selbst den Ausstieg aus der Selbstoptimierung optimieren. Immerhin, als die Abwesenheitsnotiz endlich aktiv ist, bin ich deutlich erleichtert.

Nachmittags. Ein Kollege ist auf dem Anrufbeantworter. Ich war kurz draußen. Morgen soll ich ein Interview für ihn machen. Er klingt genervt, weil er alles am Telefon erklären muss, statt mir eine Mail mit Informationen weiterzuleiten; gleichzeitig ist er belustigt über mein Experiment. Irgendwie richtig, sagt er, sich nicht von seinen Kommunikationsmitteln das Leben diktieren zu lassen. Er würde es selbst gerne machen, aber für jemanden in unserem Beruf sei das leider völlig unrealistisch. Kurz drauf ruft eine Bekannte an: Ob ich keine Angst habe, mich völlig auszugrenzen?

Ich lache sie aus. Am frühen Abend höre ich meine Mailbox ab, zum dritten Mal. Niemand hat angerufen. Dann rufe eben ich die anderen an. Es stellt sich heraus: Die meisten meiner Freunde sind bei einem Picknick, von dem ich nichts wusste, weil es spontan über Facebook organisiert wurde.

Automatisch stehe ich auf, um mir auf dem Laptop die Bilder anzuschauen, die meine Freunde garantiert gerade live aus dem Park posten. Lohnt es sich noch hinzugehen? Dann fällt mir mein digitaler Selbstmord ein. Ich bleibe zu Hause.

Immerhin: Zeit zum Nachdenken.

Als Facebook 2012 die »Timeline« einführte, verpflichtend, hat mich das extrem irritiert. Dass da plötzlich nicht mehr Ausschnitte, Details, Einzelnes sichtbar waren – sondern mein ganzes Leben, entlang einer Zeitleiste angeordnet, in Form von Bildern, Kommentaren, Posts und Ereignismeldungen. Mich packte die Angst davor, dass der digitale Optimierungsdruck

sich nun auch noch auf die Vergangenheit und die Zukunft aus-
weitet. In gewissem Sinne ersetzt die Timeline ja die Familien-
fotoalben, die eine Generation zuvor noch die Form der »Chronik« waren, auf die sich die Menschen bezogen, wenn sie an ihr
Leben als zeitliche Abfolge in Form von Bildern dachten. Und
schon die waren und sind: Arbeit. Die Idee, dass zu jedem Fa-
milienjahr ein ordentlich beschriftetes Fotoalbum gehört,
hat so manche Mutter (oder andere Vertreter der Familiener-
zählung) zur Verzweiflung getrieben. Aus meiner Kindheit erinnere ich mich noch an Kisten voller ungeordneter Fotos, die
wochen- oder monatelang wie ein materialisiertes schlechtes
Gewissen unten im Kleiderschrank oder weit hinten unterm
Bett lagerten. Doch während die Fotos im Album etwas waren,
worauf wir bei besonderen Gelegenheiten zurückgriffen, ist die
zeitgemäße Form der Chronik, die Timeline, ständig sichtbar, sobald wir online sind. Kein Bett in Sicht, unter dem wir
unsere Lebenserzählung vorübergehend verstecken könnten.
Die Timeline ist immer da, sie wird von allen gesehen, die unser
Facebook-Universum besiedeln, sie ordnet das Leben von Kindern heute schon vom Babyalter an. Das Entscheidende: Die
Kommentare, Likes, die Postings, Statusmeldungen und Bilder
der Timeline zeigen uns nicht nur, wie wir sind oder sein möchten – sie bekräftigen und begründen immer mehr unser Gefühl,
überhaupt da zu sein. Sich entwickeln heißt immer weniger,
sich aus sich heraus, aus seinen eigenen Erfahrungen zu entfal-
ten und immer wieder neu zu verstehen. Stattdessen wird Entwicklung tendenziell immer mehr zum Abhaken von Erfahrungen, die zu einer Facebook-Timeline nun mal gehören: Erst
süße Kinderfotos mit bekleckertem Lätzchen, dann ein Schnapp-

schuss am Klavier bei der ersten privaten Musikstunde, es folgen Fotos von betrunkenen Schaumpartys mit 17, vom Auslandsjahr im peruanischen Regenwald mit 19, vom ersten Job bei der Werbeagentur mit 25, von der Hochzeit mit 31, vom Baby mit 35, vom Einsatz für eine NGO zur Überwindung der Midlife-Crisis mit 42. Das ständige Sich-Vergleichen wird so von Anfang an zur lustvoll-quälenden Norm für jeden, der in dieser Welt heranwächst. Läuft alles nach Maß? Darf ich beruhigt meine Fotos anschauen und mit den Bildern vergleichen, die meine Freunde und Kollegen hochladen? Muss ich dringend meinen Look verändern? Oder zumindest einen neuen Filter verwenden, weil die Fotos leider noch immer mein ganz normales Ich zeigen? Dass hinter der jubelnden Teilnahme an diesem Rennen auch eine tiefe Verzweiflung steckt, eine das echte Leben lähmende Angst, nicht mehr mithalten zu können, liegt nahe.[24]

Denn die Logik der Vergleichsrallye, ob nun auf Facebook oder im echten Leben, ist die des Narzissmus der minimalen Differenzen. Kleine Unterschiede im Vergleich mit unseren Freunden sorgen dafür, dass wir uns besser oder schlechter fühlen. Doch wo es Gewinner gibt, da finden sich natürlich auch Menschen, die sich mit Niederlagen arrangieren müssen. Und die Gewinner von heute können die Verlierer von morgen sein. Die charakteristische Form der Angst in den narzisstischen Wettkämpfen unserer Zeit rührt daher, dass es offiziell gar kein Rennen gibt. Schließlich sollen alle eigentlich zusammenarbeiten, Teamgeist und Empathie beweisen – Rivalität ist verpönt. Die Teilnehmer sind sich deshalb oft gar nicht bewusst, dass sie gegeneinander kämpfen, sie zweifeln daran, dass es überhaupt ein Rennen gibt und was die Ziele sind. Weshalb die Gewinner sich am Ende oft noch nicht einmal darüber freuen können, dass sie die entscheidenden kleinen Unterschiede für sich verbucht haben.

Mein digitaler Selbstmord – Tag 3
Später Vormittag. Fast hätte ich das Interview versäumt, das ich heute führen soll. Die Person, mit der ich verabredet bin, hat mir eine Mail geschrieben und unser Treffen um eine halbe Stunde verlegt – eine Mail, die ich natürlich nicht gelesen habe. Offenbar vergessen es die Leute schnell wieder, wenn man ihnen sagt, dass man das Internet nicht nutzt – es ist einfach zu unwahrscheinlich. Immerhin: Als ich nach einer halben Stunde Warten das Café verlassen will, taucht mein Interviewpartner gerade auf.

Ansonsten: viel freie Zeit. Erstaunlich. Fressen all die kleinen Nachrichten, die ich den Tag über schreibe und beantworte, im Ganzen wirklich so viel meiner Zeit? Noch weiß ich allerdings nicht so richtig, was ich mit der freien Zeit tun soll. Statt in den Park zu gehen oder einen Text zu schreiben, schaue ich drei Folgen meiner Lieblingsserie hintereinander an. Statt einen Freund im Café zu treffen oder meiner Freundin ein Liebesgedicht zu schreiben, starre ich eine halbe Stunde auf dem Balkon ins Leere.

Abends. Langeweile. Ich hatte fast vergessen, wie sich das anfühlt.

Mein digitaler Selbstmord – Tag 4
Immer noch Langweile. Super. Vom Balkon aus beobachte ich einen Nachbarn, wie er unten im Hof einen Stuhl repariert. Er

stellt sich so ungeschickt an, dass nur eine Schlussfolgerung möglich ist: Absicht. Offenbar macht auch er eine Pause vom Optimierungsdenken. Als er meinen Blick wahrnimmt, grinst er. Ich grinse zurück. Kurz darauf stehe ich neben ihm in der Sonne, und wir unterhalten uns gemütlich, während er weiter so tut, als würde er arbeiten.

Als mein Handy klingelt, sprechen wir gerade über alte Tomatensorten und neue Filme. Eine Freundin ruft mich an. Ob ich etwas gegen sie habe? Warum ich nicht zu der Aktion kommen wolle, mit der sie heute ihren neu eröffneten Laden bewirbt? Als ich bedauernd mitteile, dass ich meinen Facebook-Account nicht mehr nutze, ist da erst mal nur Stille. »Und jetzt?«, fragt sie schließlich. »Soll ich dir jedes Mal eine Mail schicken, wenn ich etwas spontan organisiere? Der Herr will wohl was Besonderes sein?«

»Meine Mails lese ich leider auch nicht mehr«, antworte ich mit vor Scham ersterbender Stimme. Füge aber gleich hinzu, dass es gut sei, dass sie anrufe – ich könne ja noch vorbeikommen. »Wo genau ist dein Laden nochmal?« Wieder Schweigen. Vermutlich überlegt sie, wie sie mir per Brieftaube eine Google-Map-Stecknadel zukommen lassen kann. Oder ob es möglich ist, mir per Smartphone-App den Hals umzudrehen.

Eine halbe Stunde später kehrt mein Nachbar in seine Wohnung zurück. Ich bleibe noch ein bisschen in der Sonne sitzen. Und denke über Peinlichkeit nach – im echten Leben und in der digitalen Welt. Die Timeline auf Facebook ist ja nicht zuletzt quasi ein Peinlichkeitsarchiv – zumindest kann sie dazu geraten. Vielleicht ist deshalb die App »Snapchat« erfunden worden. Snapchat ist in gewissem Sinne das Gegenteil der Timeline.

Man verschickt Bilder, meist von sich selbst, die nur ein paar Sekunden lang sichtbar sind und dann automatisch gelöscht werden. Warum ist Snapchat so erfolgreich? Man kann darin einen Versuch sehen, in einer Welt der Bilderflut das einzelne Bild wieder kostbar zu machen. Wie nötig eine »Kunst des Vergessens« sei, davon hat schon Friedrich Nietzsche gesprochen.[25] Was nicht vom Vergessen bedroht ist, bedeutet nichts. Was ewig ist, ist ewig … gleichgültig. Snapchat führt das Vergessen automatisch herbei, wie ein eifersüchtiger, unendlich kluger Technikgott. Wer vergessen wird, kann sich im Moment frei fühlen, sich zeigen, ohne von den eigenen Bildern erpresst zu werden. Wenn wir nur kurz aufscheinen, dann muss der andere unser Bild ergänzen, erfinden, mit seinem eigenen Begehren füllen – das ist das Geheimnis jeder Verführung. Doch wie könnte es anders sein, de facto scheitert die unzeitgemäße Technik des Vergessens an der Leittechnik der Verewigung. Denn jeder, der will, kann das kurz auf dem Display des Smartphones aufscheinende Foto natürlich selbst wieder mit einer Kamera fotografieren – und es so in die immer weiter wachsende Bildersammlung überführen, zu der die Welt geworden ist.[26]

Nietzsches Kunst des Vergessens ist so nötig und zugleich so unzeitgemäß wie nie. Und es ist ein unbarmherziges Nicht-Vergessen-Können, zu dem wir uns verurteilt haben. Der Gedanke beschäftigt mich plötzlich sehr. Ich muss an Twitter denken – an eine Geschichte, die ich neulich darüber gelesen habe. Auch Twitter war einmal ein Ort, wo Menschen sich zeigen konnten, unzensiert, unkontrolliert, so wie sich in ihrem eigenen Umfeld eben nicht zeigen konnten oder wollten. »True voice« nennt das der britische Autor Jon Ronson, selbst seit den Anfängen von

Twitter mit einem eigenen Account dabei. Doch in der Twitter-Welt ist nichts mehr, wie es war. In seinem Buch *So you've
been publicly shamed* schildert Jon Ronson den Fall Justine
Saccos, einer jungen amerikanischen PR-Beraterin.[27] Sacco
ruinierte mit einem einzigen Tweet ihre bis dahin nicht unerfolgreiche Karriere. Sacco schickte den Tweet an ihre rund
100 Follower, bevor sie ein Flugzeug nach Südafrika bestieg.
»Going to Africa. Hope I don't get AIDS. Just kidding. I'm white!« Übersetzt: »Auf dem Weg nach Afrika. Hoffe, ich kriege
kein Aids. Nur'n Witz. Ich bin weiß!« Wie Sacco später erklärte,
hatte sie den Tweet als Scherz gemeint, als Parodie eines rassistischen Kommentars – aber das interessierte dann auch schon
niemanden mehr. Justine Sacco hatte einen elfstündigen Flug
vor sich. Während sie im Flugzeug saß, ohne Internet, wurde
ihr Tweet in den sozialen Medien weitergereicht. Ein bekannter
Blogger hatte ihn entdeckt und an seine eigenen Follower getweetet. Statt 100 Personen aus dem Bekanntenkreis hatten ihn
jetzt 15 000 Twitter-Nutzer gelesen. Eine Hetzjagd auf die »Rassistin« Sacco begann, mit Zehntausenden von gehässigen Kommentaren. Niemand bat Sacco um eine Stellungnahme. Sie
wurde beschimpft, beleidigt, ein Nutzer drohte damit, sie umzubringen. Andere Nutzer forderten Saccos Arbeitgeber auf, sie
zu feuern. Ein Tweet dazu: »We are about to watch this @Justine
Sacco bitch get fired. In REAL time. Before she even KNOWS
she's getting fired.« Übersetzt: »Gleich werden wir erleben, wie
diese Justine-Sacco-Schlampe gefeuert wird. In Echtzeit. Sie
weiß von nichts, und ist schon ihren Job los.« Als das Flugzeug
schließlich in Kapstadt landete, stand jemand bereit, um ein
Foto von Sacco zu machen und es an die digital versammelte

Hetzgemeinde weiterzuleiten. Justine Sacco schaltete da gerade
erst ihr Smartphone ein. Niemand machte sich die Mühe, sie zu
fragen, ob ihr Tweet vielleicht ironisch gemeint gewesen war.
Sie hatte ihre Arbeit verloren – ohne Gelegenheit, sich zu vertei-
digen. Löschen, wie es ihre beste Freundin noch während des
Flugs versucht hatte, konnte Sacco den Tweet übrigens auch
nicht mehr. »Sorry @JustineSacco«, schrieb ein Twitter-User,
»your tweet lives on forever.« Übersetzt: »Tut mir leid, Justine
Sacco. Aber dein Tweet wird weiterleben, für immer.«

In seinem Buch deutet Jon Ronson die Ereignisse als einen
strukturellen Wandel der sozialen Medien. Wo sich Menschen
früher zeigen durften, wie sie sind, werden heute diejenigen
vorgeführt, die den Fehler begehen, sich spontan, ohne Selbst-
zensur, zu äußern. Normale Menschen – keine Politiker oder
Institutionen mit Pressesprecher, die Macht repräsentieren und
Kritik aushalten müssen. Selbstoptimierung in den sozialen
Medien heißt heute deshalb immer öfter, sich selbst unangreif-
bar zu machen. Abweichen, das ja – schließlich will man Origi-
nalität beweisen, aber nur in Form harmloser Eigenheiten, In-
sektenessen in Thailand zum Beispiel oder ein neues Tattoo
nach der letzten Sub-Szenen-Mode. Ansonsten besteht virtuelle
Selbstoptimierung für viele darin, sich der Hetzjagd auf die Justine Saccos dieser Welt anzuschließen.

Natürlich, das sei deutlich gesagt, muss man manchmal gemeinsam die Stimme erheben. Zum Beispiel, wenn Flüchtlings-
heime angegriffen oder Demonstranten willkürlich zusammen-
geschlagen und weggesperrt werden. Aber in den typischen
Fällen, wie bei Justine Sacco, geht es vor allem um eins: zeigen,
dass man selbst auf der richtigen Seite steht. Das ist die zutiefst

konservative Seite der digitalen Selbstoptimierung. Dass der selbstgerecht moral-perfektionistische Twitter-Mob blind ist, wie jeder Mob, zeigt übrigens schon, dass ein Tweet, in dem dazu aufgerufen wurde, Sacco zu vergewaltigen, von der Community nicht einmal beanstandet wurde. Man war eben schon dabei, jemand anderen zu lynchen.

All die Energie, die wir in unsere Selbstoptimierung investieren, der harte Blick auf uns selbst, den wir uns antrainieren – all das projizieren wir auf andere Menschen: als mitleidlose Härte, als wohliges Schaudern hervorrufende Lust am virtuellen Schauprozess.

Mein digitaler Selbstmord – Tag 6

Abends im Park mit Freunden. Der Mond schräg, riesig, gelb. Wir lachen, trinken, ein Pärchen fängt an, Tango zu tanzen. Meine Freunde zücken ihre Smartphones, für Fotos, die sie sofort bei Facebook hochladen. Ich mache keine Fotos. Schon deshalb, weil ich sie nicht online stellen kann. Vielleicht auch besser so.

Zwei Tage noch, dann darf ich wieder ins Internet. Erstes Fazit meines digitalen Selbstmords: Zu wissen, dass man nicht erreichbar ist, ist ein dringend zu empfehlendes positives Gefühl. Was nervt: dass man für all die anderen plötzlich eine Extrawurst ist. Die müssen einen anrufen, statt einfach den Facebook-Verteiler zu informieren. Auch nervig: Weil ich oft reise, schon beruflich, habe ich viele Bekannte, die in Ländern leben, aus denen sich schlecht mal eben so anrufen lässt. Von denen höre ich jetzt nichts mehr.

Kann man maßvoll mit dem Web 2.0 umgehen? Es wäre schön, die sozialen Netzwerke zu nutzen, ohne den ganzen

Selbstoptimierungsscheiß mitzumachen. Ich denke an Dieter Willinger von *ausgestiegen.com*. Willinger nutzt Facebook inzwischen wieder, zumindest beruflich. Die Kunden, für die er arbeitet, verlangen es. Was die sozialen Netzwerke als solche betrifft, hat Willinger mir gesagt, ist er ernüchtert. Wenn einzelne aussteigen, sagt er, sei das ohnehin nur das Hintergrundrauschen einer großen Maschine, die sich immer weiterdreht. Fast anderthalb Milliarden Menschen nutzen Facebook heute. Seine Website *ausgestiegen.com* betreibt Willinger nicht zuletzt deshalb nur noch mit halber Kraft. Sich über Ausstiegswege informieren, das geht immer noch, doch eigene Ausstiegsmeldungen hinterlassen kann man nicht mehr. Privat bleibt Willinger allerdings außerhalb der Facebook-Welt. Es hat ihm gutgetan. Unmittelbar. Der Stress war weg, sagt er, das Gefühl von Überforderung. Und er hat seine Freunde endlich wieder gesehen, statt mit ihnen zu chatten. Natürlich, sagt er, hatte er auch Angst, etwas zu versäumen. Aber da er nicht wusste, was, hat sich das dann auch gelegt.

Genau.

Mein digitaler Selbstmord – Tag 8 – letzter Tag
Als ich nach sieben Tagen mein Smartphone wieder einschalte und den Facebook-Account reaktiviere, bin ich deprimierend aufgeregt. Wie viele ungelesene Nachrichten warten auf Line und WhatsApp auf mich – wie sehr bin ich vermisst worden? Was ist mir alles entgangen?

Doch noch ehe ich die Nachrichten gelesen habe, lege ich mein Smartphone wieder zur Seite. Mich nervt, wie schnell ich in alte Reflexe verfalle – einfach weil das Gerät wieder da ist, die gewohnte Situation. Ich muss an ein Meditationsseminar denken, das ich vor ein paar Jahren besucht habe. Zehn Tage lang meditierten wir, zugleich sollten wir schweigen. Erst war das Schweigen furchtbar. Und am Ende war es furchtbar, wieder reden zu sollen. Denn als wir wieder anfingen zu reden, begannen auch die Selbstdarstellungswettkämpfe wieder. Noch furchtbarer, als wieder zu reden, war allerdings, dass ich mir schon wenig später überhaupt nicht mehr vorstellen konnte, je über einen längeren Zeitraum geschwiegen zu haben.

Und die Erfahrungen mit meinem digitalen Selbstmord? Ich hoffe sehr, dass es mir damit nicht so ergehen wird.

Ich werde mich wohl wieder in meine Accounts einloggen und auch Facebook wieder nutzen. Und natürlich werde ich wieder auf meine Mails antworten. Aber gemäßigter, reflektierter – möglichst ohne mein Selbstwertgefühl davon abhängig zu machen. Diese Woche hat mir einen Vorgeschmack gegeben, dass das möglich ist – und was ich dabei gewinnen kann. Ganz praktisch werde ich zum Beispiel die Notifikationen für alle Chats ausstellen. Auch für die Mails. Und dann nur zu bestimmten Zeiten draufschauen. Und ich nehme mir vor, Facebook wirklich vor allem zur Information zu nutzen.

Weniger Online-Ich – mehr Wirklichkeit. Etwas mehr digitales Schweigen kann der Welt nur guttun.

Oder: Etwas mehr digitales Schweigen kann der Welt nur guttun. Weniger Online-Ich – mehr Welt.

3
Die Liebe als Optimierungsprojekt.
Warum nichts möglich ist,
wenn alles möglich ist

In Zagreb, der Hauptstadt Kroatiens, gibt es ein erstaunliches Museum, das sich, sehr zum Missfallen vieler konservativer Kroaten, größter Beliebtheit erfreut, insbesondere bei Touristen: Das *muzej prekinutih veza*, das Museum der zerbrochenen Beziehungen. Nur ein paar Schritte von Parlament und Kathedrale entfernt, mitten in der Altstadt, findet man hier das Strandgut untergegangener Lieben von Sarajevo über Berlin bis nach Kalifornien. Menschen aus der ganzen Welt haben Ausstellungstücke an das Museum geschickt. Man spaziert durch untergegangene Träume, zerbrochene Lebensprojekte, zerschlagene Liebespläne. Manchmal lacht man, zum Beispiel vor den Strumpfbändern eines Mädchens aus Sarajevo mit dem Kommentar: »Ich habe die Reizwäsche nie angezogen. Die Beziehung hätte möglicherweise länger gehalten, wenn ich es getan hätte.« Oft ist man traurig. Zum Beispiel vor den Papiermaché-Brüsten, die eine Frau tragen musste, weil ihrem Geliebten ihr Busen zu klein war. Es ist vielleicht das beste Beispiel – gemein, direkt, vulgär – für den Widerstreit, in dem die Liebe heute steht: ein letztes Zeichen einer Liebe, an deren Trümmern noch einer herumbastelt, um den anderen seinen Vorstellungen anzupassen – bis der irgendwann nicht mehr da ist.

Olinka Vištica und Dražen Grubišić, ein Künstlerpaar aus Kroatien, haben sich das Museum ausgedacht, 2004, nachdem ihre eigene Beziehung zerbrochen war. »Wir lebten zusammen und waren auch sonst ständig gemeinsam unterwegs«, so schildert es Olinka, als ich bei einem Besuch in Zagreb mit ihr durch das Museum gehe. »Und plötzlich wussten wir: Es ist vorbei. Jeder musste sich ein neues Leben aufbauen. Und dann waren da auch noch all die Dinge, die wir gemeinsam angeschafft hatten. Wir sind Künstler, wir glauben an Kreativität. Da kam uns die Idee mit dem Museum: ein Ort, wo man diese Dinge aufbewahren kann. Und mit ihnen die eben noch so unglaublich wertvollen Emotionen, für die sie stehen.«

Ganz zu Beginn mussten Olinka und Dražen noch ihre Freunde bedrängen, dem Museum doch Gegenstände aus zerbrochenen Beziehungen zu spenden; doch inzwischen werden ihnen Woche für Woche so viele neue Exponate aus der ganzen Welt zugeschickt, dass ein Teil davon nur in Sonderausstellungen gezeigt werden kann. Das Museum hat einen Nerv getroffen, ein neues Bedürfnis, für das die passenden kulturellen Formen erst gefunden werden müssen. »Es ist wie ein Ritual, eine Katharsis«, erzählt Olinka. »Ich schenke dem Museum einen Teil meines Lebens. Und kann jetzt sagen: Das war's, vorbei. Und gleichzeitig kann dieser Teil doch weiterleben, fortbestehen.«

Genau dieses selbstverständliche »Jetzt ist es vorbei« ist der
Teil der Geschichte, der meine kroatische Familie in Zagreb zur
Weißglut treibt. Ich erinnere mich noch, wie ich meiner Tante
(einer mäßig konservativen Cousine meines Vaters) begeistert
von dem Museum erzählt habe, davon, wie einzigartig das sonst
bisweilen provinzielle Kroatien damit in Europa dastehe. Meine
Tante sah mich nur fassungslos an. In unnachahmlich balkanisch-dramatischer Empörung begann sie, in der Küche herumzuwerkeln, stieß Türen auf, Teller zur Seite und rief mit heiserer Stimme: »Das ist doch nur wieder so ein Trick« (ächzt
laut) » … um sich vor der Verantwortung für eine echte Beziehung zu drücken, die ein Leben lang hält.« (klappert mit Töpfen) »Du schickst etwas an das Museum …« (schlägt eine
Schranktür zu) »… und dann machst du einfach weiter mit deinen eigenen Plänen« (setzt sich, zündet sich genüsslich eine Zigarette an und beginnt, über ihren Rücken zu jammern).

Wie immer hat meine Tante recht. Tatsächlich stehen Olinka
und Dražen genau dafür, wie die Liebe heute optimiert wird.
Eine Zeitlang scheint sie ein perfekter Fluchtort, an dem wir uns
von der Kälte erholen, die in der Welt der Selbstoptimierung
herrscht. Von der Liebe erwarten wir den Einbruch der Leidenschaft in unser Leben, sie soll unsere Sehnsucht nach Kontrollverlust und Ich-Auflösung stillen, nach authentischen Gefühlen, aber auch nach Geborgenheit, nach fragloser Nähe, nach
bedingungsloser Anerkennung. Doch unter dem Druck der
Vorstellungen, die wir uns von der Liebe machen, zerbricht die
echte Liebe. Wenn sich schließlich abzeichnet, dass der andere
doch nicht der perfekte Partner ist, dass die Liebe nicht Erlösung, sondern Arbeit ist – dann haben wir, ein Glück, den

Übergang zur nächsten Liebe schon vorbereitet, gedanklich (»Lebensabschnittspartner, serielle Monogamie«) und emotional (»Aus jedem Scheitern lernen«). Olinka Vištica und Dražen Grubišić verkörpern die Leichtigkeit dieser Bewegung mit ihrer eigenen Geschichte perfekt. Aus den Trümmern ihrer Liebe haben sie ein ganzes Museum erbaut – das sie jetzt partnerschaftlich und hauptberuflich leiten, während sie beide schon wieder neue Beziehungen führen.

Wir haben uns zu Profis gemacht, in der Liebe und im Scheitern der Liebe. Für die Liebe gibt es Ratgeber wie *Der Liebes-Code. Wie Sie Ihren Traumpartner finden* oder *Liebe! Acht Schritte zu einem erfüllteren Leben.* Und falls die Beziehung dann scheitert – auch kein Problem. Im selben Regal stehen schon die passenden Ratgeber parat: *Ich verlasse dich. Ein Ratgeber für den, der geht* oder *Trennung als Aufbruch.*

Doch genau das macht uns die ganze Sache so schal: dass dieser Bereich in unserem Leben, der frei sein soll von allen Optimierungszwängen, von allen Masken, Erwartungen und Checklisten, genau das eben nicht ist. Dass sich an unseren Bedürfnissen eine ganze Beratungsindustrie emporrankt, die uns einreden will, die Liebe könne als Projekt begriffen werden, das es zu perfektionieren gilt. Und wenn sie scheitert, dann perfektionieren wir eben den Übergang zur nächsten Liebe.

Was die Liebe als Optimierungsprojekt kennzeichnet, ist ihre Entzauberung, ihre Rationalisierung. Wir wissen so viel darüber, wie die Liebe funktioniert, dass wir an unseren Beziehungen arbeiten wie an allem anderem in unserem Leben: methodisch, gründlich, bewusst – und völlig an uns selbst vorbei. Jede Folge *»Sex and the City«* zeigt das zur Genüge: Frauen, die jeden Beziehungstrick kennen, alles reflektieren – und sich nur das nicht trauen, wonach sie sich doch immer explizit sehnen: einfach draufloslieben, ohne im Kopf ständig jeden Schritt mit 500 anderen (eigenen und fremden) Beziehungen abzugleichen. Es ist zum Verzweifeln: Hat der Perfektionierungswahn, der ständig vergleichende Blick der Selbstoptimierung, jetzt wirklich auch noch die Liebe erreicht? Geht es nicht ein bisschen entspannter? Müssen wir jetzt auch noch die perfekte Beziehung führen?

Nachdem ich selbst in einer festen Beziehung lebe, liegt ein weiterer Selbstversuch nahe. Dabei will ich mich auf die Optimierung der Liebe konzentrieren. Für die perfekte, ein Leben lang andauernde Liebe gibt es schließlich ein vom Einzelfall unabhängiges Rezept. Man muss es nur befolgen (und natürlich dafür bezahlen) – dann ist auch die Optimierung des Übergangs zur nächsten Beziehung unnötig, das ganze Museum in Zagreb kann abgerissen werden, und statt ins Museum können alle geretteten Paare zu meiner Tante gehen, auf einen Glückwunsch-Kaffee. Dann haben wir sie: die perfekte, lebenslang erfüllende Beziehung zu dem Menschen, den wir verdienen – besser noch, zu einem Menschen, der vielleicht sogar einen Tick besser ist als wir selbst. Etwas klüger, etwas hübscher, etwas sozial gewandter, schließlich wollen wir auch etwas zum Herzeigen haben. Eben der Mensch, mit dem wir »beim Aufwachen feststellen, dass es kein Traum ist«.

Wie lautet denn nun aber dieses Rezept? Beispielsweise so: »dreimal 90 Sekunden täglich die ungeteilte Aufmerksamkeit.« So teilt es uns der »Sex & Love«-Ratgeberteil eines Online-Forums mit. Wow, denkt man da, das sind dann immerhin viereinhalb Minuten jeden Tag. Ob da der Sex schon drin ist?

Begibt man sich auf die Suche nach etwas weniger beschleu-
nigten Anleitungen zur Optimierung der Liebe, stößt man in
den Ratgebern immer wieder auf ein Thema: kommunizieren
lernen. Daran scheint es irgendwie zu mangeln, immer. Gemeint ist: beschreiben statt bewerten, interessiert nachfragen,
mehr über die eigenen Gefühle sprechen, Kritik in sogenannte
»Ich-Botschaften« verpacken, wertschätzend kommunizieren,
also zunächst loben, wenn einem etwas nicht passt, und dann
erst kritisieren. Irgendwie klingt das auch alles gut. Umgekehrt:
Kennen Sie das Gefühl, wenn Sie vor lauter Harmoniesäuseln
in der Stimme das Gefühl haben, Sie wissen überhaupt nicht
mehr, was Sie eigentlich in Ihrer Beziehung wirklich wollen?
Und dass es der andere irgendwann auch nicht mehr weiß? Weil
alles immer so gut und kontrolliert ist und harmonisch, obwohl
beide natürlich ziemlich deutlich, wenn auch unausgesprochen,
spüren, dass sie sich auf einem Minenfeld bewegen? All das Lob,
das man pflichtbewusst kommuniziert, hilft auch irgendwie
nicht – weil natürlich sowohl Sie selbst als auch Ihr Partner fühlen, dass Sie eigentlich auf etwas ganz anderes hinauswollen.
Und was soll das eigentlich: sich für etwas zu interessieren, das
einen nicht interessiert? Das Resultat liegt doch auf der Hand:
Statt allein einsam ist man dann eben – zu zweit allein.

Es kann doch nicht sein, dass wir vor lauter ständig auf uns
einprasselnder Beziehungsideale verlernen, uns natürlich zu
verhalten! Wie sollen wir so die Liebe leben, die möglich ist –
nicht die, von der uns die Ratgeber, die Werbung und vielleicht
noch die beste Freundin erzählen?

Heute und in den nächsten Tagen werde ich das Gegenteil
von nett und harmoniebemüht sein. Ich werde aussprechen,

was mir durch den Kopf geht, ohne Filter zwischen Gehirn und Mund. Mehr noch: Ich werde mich bewusst un-nett, unhöflich, unverstellt benehmen – und schauen, was aus meiner Beziehung wird, wenn ich die Regeln, mit denen wir unser modernes Liebesglück erzwingen wollen, einmal bewusst missachte. Vielleicht wird das ja die Unverstelltheit in der Beziehung wiederbeleben!

Und da die Zwangsregeln für eine optimierte Kommunikation heutzutage nicht nur in der Liebe gelten, werde ich meinen Selbstversuch auch auf die Menschen ausweiten, die mir heute begegnen: Freunde, Bekannte, Kollegen, Fremde.

Tagebuch aus der Welt der Anti-Selbstoptimierung

Dritter Selbstversuch: Einen Tag lang alles sagen,
was mir durch den Kopf geht.

Kombiniert mit:

Vierter Selbstversuch: Einen Tag lang taktlos sein,
unhöflich, grob, ungehobelt – jedenfalls nicht nett
und um die Beziehung bemüht.

7.20 Uhr: Es beginnt nicht gut. Morgens, in unausgeschlafenem Zustand, ist meine Freundin niemand, den sich ein um Gesundheit und Harmonie bemühter Mensch zum Feind machen will. Sie wankt durch die Wohnung, ihre Augen sind halb geschlossen, halb von dunklen Träumen verklebt. Sie spricht nicht, sie grunzt eher. Erst nach 10.00 Uhr morgens verwandelt sie sich schlagartig in das ausgeschlafene Engelwesen, in das ich mich jeden Tag neu verliebe.

Es ist noch vor 10.00 Uhr morgens. Meine Freundin wirft mir böse Blicke zu. Ich habe sie nachts aufgeweckt, zischt sie und bleibt im Flur schlaftrunken drohend vor mir stehen.

7.30 Uhr: »*Wenn Sie Kritik üben, kommunizieren Sie: ›Du bist mir wichtig, ich mag dich sehr. Deshalb würde ich dir gerne etwas über dein Verhalten sagen.‹*« Wollte ich diesen Ratschlag wirklich befolgen, dann hieße das, unfreundliche Gefühle jetzt gar nicht erst aufkommen zu lassen, aufmunternd zu lächeln – und liebevoll-konstruktiv zu hinterfragen, warum meine Freundin mich gerade anraunzt.

7.32 Uhr: Zumindest erinnere ich mich jetzt. Stimmt, da war was. Ich habe sie nachts geweckt und gebeten, sich umzudrehen. Sie hat geschnarcht, ich konnte deshalb mal wieder nicht schlafen. Jetzt erinnere ich mich auch an den Rest: »Frauen schnarchen nicht«, hat sie im Halbschlaf gemurmelt, gegrunzt – und sich zufrieden geweigert, eine schnarchlose Seitenhaltung einzunehmen. Danach habe ich bis 5.00 Uhr morgens wachgelegen.

7.33 Uhr: *Nicht werten, nur beschreiben. Nicht verallgemeinern, konkret bleiben. Nicht andere zitieren, nur die eigene Wahrnehmung schildern.* Das sind so die Standardformulierungen in den Beziehungsratgebern. »Wie du mich gerade anschaust, das löst irgendwie so ein negatives Gefühl bei mir aus. Können wir darüber mal sprechen?« So etwas in der Art würden die Autoren wohl gerade angemessen finden.

7.35 Uhr: Ich atme tief durch. »Frauen schnarchen doch«, sage ich und schaue der Frau, die ich liebe, direkt in die schlafverklebten Augen. »Du schnarchst. Frag die Nachbarn über uns. Oder die Nachbarn auf der anderen Straßenseite. Noch besser: Frag den Therapeuten, den ich demnächst brauchen werde, wenn ich nicht endlich mal wieder durchschlafen kann. Frag ihn schon deshalb, weil ich *dir* die Rechnung für die Therapie schicken werde, wenn du nicht endlich zugibst, dass du schnarchst, und zwar regelmäßig, jede Nacht und in einer Lautstärke wie ein fettleibiger Bauarbeiter nach dem zehnten Bier.«

7.35 Uhr: Es war wirklich nur ein bisschen übertrieben. Trotzdem, noch bevor meine Freundin Zeit hat, zu antworten oder auch nur die Augen weit genug zu öffnen, um sich zu vergewissern, dass ich es wirklich bin, ja, ich, ihr sonst so netter Freund – bevor es also zu diesem fatalen, möglicherweise sogar letalen Ereignis kommen kann, bin ich schon aus der Haustür. Ich beschließe, meine Kombination aus Unhöflichkeit und Alles-sagen-was-mir-durch-den-Kopf-geht erst einmal draußen zu praktizieren. Sicher ist sicher.

8.05 Uhr: Im Supermarkt um die Ecke will ich mir eine Flasche Limonade kaufen. Ich finde sie aber nicht. Natürlich könnte die Verkäuferin mir helfen, die gerade Dosen mit Bohnen und Karotten in ein Regal einsortiert. Könnte sie. Doch sie tut es nicht. Ihre Antwort auf meine Frage, ob sie wisse, wo die spezielle Limonade sei, die ich suche, lautet schlicht und einfach: »Nö.« Nö? Ich zucke zusammen. NÖ?!! So sanft ich der Welt sonst im Großen und Ganzen entgegentrete, bestimmte Verhaltensmuster durchstoßen in mir ein dünnes inneres Eis, unter dem ein dunkler See aus angestauter Wut bedrohlich wabert. Zugegeben. Doch was viel schlimmer ist: Die Verkäuferin hat

sich schon wieder abgewandt, mit einer aufreizend langsamen
Bewegung, die vor allem kommunizieren soll, dass alles, aber
auch alles in ihrem Leben wichtiger ist als die Anwesenheit eines Stammkunden, der es wagt, ihr eine offenbar unfassbar un-
passende Frage zu stellen. Es gab noch nie einen besseren Moment, un-nett zu sein. Was das soll, frage ich die Dame mit der
sanft schmeichelnden Stimme, die mir offenbar zu eigen ist,
kurz bevor ich das Messer meiner Wut in das Stück Welt ram-
me, das sich mir in die Quere stellt. »Seit fünf Jahren kaufe ich
hier ein, Tausende von Euro habe ich hier ausgegeben – und
jetzt das? Bitte?! Soll ich den Chef rufen? Die Sittenpolizei? Den
Papst? Was kann denn so wichtig an den Dosen vor Ihnen sein,
dass Sie einen Stammkunden dazu bringen, für immer einen
Bogen um die Kasse Ihres Arbeitgebers zu machen?«

8.12 Uhr: Erstaunlich. Es funktioniert. Nur ein paar Wut-
schreie später habe ich meine Flasche Limonade, eine Entschuldigung des Filialleiters und noch dazu ein frisch gebackenes
Croissant, das die Verkäuferin sich so gut wie freiwillig von ihrem Gehalt abziehen lässt. Wahnsinn. Ich fühle mich aufge-
wühlt, erleichtert, zufrieden, gewissenlos – irgendwie fast
glücklich.

(Erinnerung für morgen: Nach dem Ende des Selbstversuchs
sicherheitshalber noch einmal in die Filiale zurückkehren und
nachfragen, ob die Verkäuferin nicht nur einfach einen schlechten Tag hatte.)

9.05 Uhr: Im Park, mit meiner Limonade. Ich sitze auf einer
Parkbank, blinzle in die Morgensonne, nehme einen großen
Schluck aus der Flasche. Und blättere in einem der Beziehungs-
ratgeber, die ich von zu Hause mitgenommen habe. Warum,

frage ich mich – warum enttäuscht die Liebe uns heute eigentlich so oft?

Eine Antwort: Weil wir völlig überzogene und noch dazu widersprüchliche Erwartungen an sie haben. Die Liebe soll bleibend leidenschaftlich sein (dafür hatte man früher Affären), sie soll unserem Leben Sinn geben (früher tat das Gott), die Liebenden sollen sich gegenseitig bei der seelischen, geistigen und intellektuellen Entwicklung helfen (früher Priester, Eltern und Lehrer) und sich dabei auch noch im gleichen Rhythmus entwickeln. Sie sollen sich zusammen totlachen, Abenteuer erleben, aber auch mal einfach schweigend ein Bier trinken können (früher war das Freunden überlassen) – und natürlich sollen sie sich gegenseitig Geborgenheit und finanziellen Schutz bieten (früher war dafür die Großfamilie zuständig). Ach ja, und dann sollen die beiden Liebesaspiranten auch noch Kinder kriegen und einen Haushalt führen. Die To-do-Liste der Liebe ist lang, und wir müssen alle Punkte auf ihr optimieren, wenn wir perfekt lieben wollen! Noch bis in die Neuzeit war eine Ehe: ein Hausstand mit Kindern und Erbfahrplan – das war's. Im Mittelalter suchten die Eltern von Kindern im heiratsfähigen Alter nach einer anständigen Person, die sozial ähnlich gestellt war. Das Ziel war, das eigene Kind finanziell abzusichern und, wenn eben möglich, eine totale Fehlbesetzung bei der Wahl des Partners zu vermeiden.[28] Alles andere ist eine Erfindung provenzalischer Minnesänger, die sich vor ein paar Jahrhunderten die Liebe als Passion ausdachten – allerdings die Liebe zu einer unerreichbaren Dame, die gerade deshalb eine ganze Dichterexistenz lang äußerste Sehnsucht wecken konnte, weil sie weder werktags über hochgeklappte Toilettensitze klagte (kein gemeinsamer Putzalltag), noch sich am Wochenende unverstanden fühlte (kein Anspruch auf Romantik, wenn gerade Fußball läuft).

Die Liebe, es ist offensichtlich, ist in unserer Epoche an die Stelle getreten, die früher Gott innehatte. Wer sonst außer Gott könnte all die Ansprüche erfüllen, die wir an die Liebe stellen? Und selbst der wäre nach ein paar Monaten vermutlich überfordert …

Doch die Ratgeber und Paartherapeuten, die ganze Beraterindustrie, sie alle flüstern uns etwas anderes ein: Eine perfekte Beziehung, die alles bietet, was euch Fernsehen und Werbung vorgaukeln, ist möglich! Nur was, wenn's doch nicht klappt? Dann sind nicht etwa die widersprüchlichen Anforderungen schuld, die unsere Gesellschaft heute an uns stellt und die wir verinnerlicht haben. Wir selbst sind schuld. Wir haben schlicht nicht genug an uns und unseren Beziehungen gearbeitet. Das redet uns zumindest die Beraterindustrie erfolgreich ein. Das Muster ist ähnlich wie in der Diätindustrie: Wenn du keine Traumfigur hast, hast du einfach noch nicht hart genug gearbeitet. Also tun wir pflichtschuldig, was von uns verlangt wird: Wir arbeiten an den fatalen Beziehungsmustern, die wir von unseren Eltern übernommen haben (Psychoanalyse), an unseren konfliktträchtigen Denkmustern (kognitive Psychologie), an unserer Art zu kommunizieren (Ratgeber, Paartherapie). Wir arbeiten – und bezahlen dafür.

Was für ein Paradox! Die Liebe soll uns von der ewigen Arbeit an uns selbst erlösen, vom Schwindel, der uns befällt, weil wir uns ständig um uns selbst drehen. Wie der Frosch im Märchen wollen wir uns durch einen Kuss verwandeln: in einen Prinzen, eine Prinzessin, in eine Zweisamkeit, die uns zugleich bewahrt, erlöst und steigert. Doch um derart in einem anderen Menschen aufgehoben zu sein, müssen wir erst einmal, so die Ratgeber, genau das tun, was wir sterbenstief leid sind: noch mehr an uns arbeiten.

»Die heterosexuelle romantische Liebe«, schreibt die israelische Soziologin Eva Illouz in ihrem Buch *Warum Liebe weh tut*, »ist heute geprägt von den »beiden wichtigsten kulturellen Revolutionen des 20. Jahrhunderts. Zum einen die Individualisierung der Lebensstile (…), zum anderen die Ökonomisierung sozialer Beziehungen, das Umsichgreifen ökonomischer Modelle zur Gestaltung des Selbst und sogar seiner Gefühle.«[29] Aus der Sprache der Soziologen übersetzt heißt das: Erstens ist die Liebe heute zu einem *Projekt* geworden, einem von zahlreichen Versuchen, unserem Leben einen Sinn zu geben. Und zweitens muss sich, wer eine Beziehung will, heute verkaufen können. Nicht nur der Finanzmarkt ist entfesselt, die Liebe ist es auch. Ein Sex- und Liebesmarkt ist entstanden, auf dem man für sich werben muss – mit den richtigen Bildern, den richtigen Kommentaren, der richtigen Haltung. Zugleich schaut man sich selbst um, man prüft, verwirft, vergleicht, berät sich – wie beim Shoppen. Man investiert Zeit, Energie, Geld. Die Anmeldegebühr für einen Online-Datingservice, die Kosten der Therapie, die Botoxoperation, das neue Kleid. Für seinen Einsatz erwartet man etwas. Wenn man beim ersten Treffen dann merkt, dass die Person vor uns nicht wie ein Photoshop-Bild aussieht und nicht redet wie eine perfekte Chat-Nachricht, wenn man nicht bekommt, was man sich erhofft hat, dann fühlt man sich betrogen. Man würde die Ware gerne reklamieren, weiß aber nicht so recht, wo. Bei den Eltern des Partners? Bei dessen Therapeuten?

Also beklagt man sich beim Partner selbst. »Machst du dir eigentlich klar, was ich …?« Kurz: Man will seinen Einsatz zurück.

Ein Bekannter, der ein halbes Jahr lang eine Frau hofierte, fühlte sich nicht nur zurückgewiesen, als sie sich schließlich für einen anderen – den Ex – entschied, sondern auch um das Geld betrogen, das er investiert hatte. In einem Augenblick kalter Empörung stellte er eine Rechnung auf, kalkulierte Einladungen zum Essen, kleine und größere Geschenke, vergeudete Zeit. Sie habe ihm falsche Hoffnungen gemacht, warf er ihr in einem letzten Gespräch vor – und verlangte sein Geld zurück. Was in einer anderen Zeit kaum vorstellbar gewesen wäre: Die Frau war damit einverstanden – und bezahlte.

Da möchte man einen beliebten Internetspruch zitieren: »Liebe ist ausverkauft, aber wir hätten da noch Wodka.«

Wie in allen Supermärkten, so ist auch im Discounter der Liebe nicht der Mangel das Problem, sondern die übergroße Auswahl. Es gibt einfach so unfassbar viele Angebote. Heutzutage steht uns potenziell jeder über 18 als Partner zur Verfügung. Doch je größer die Möglichkeiten, desto schwieriger die Entscheidung – und desto größer die Reue. Paradoxerweise schmälert eine große Zahl an Optionen den Genuss dessen, was wir auswählen – einfach, weil wir den Gedanken an all die verpassten Optionen nicht loswerden.[30] Permanent verfolgt uns die Frage: Ist er oder sie wirklich der oder die Richtige? Woher weiß ich das? Kommt nicht vielleicht noch jemand Besseres … morgen, nächstes Jahr? Statt uns mit dem zufriedenzugeben, was »gut genug« ist, streben wir danach, unsere Ausbeute zu maximieren – und stehen am Ende mit leeren Händen da.

Doch wenn die Liebe scheitert, greifen wir nicht zur Pistole, sondern melden uns bei der nächsten Flirtbörse an. Das zeigt noch etwas anderes: Für Drama ist keine Zeit. Der nächste Kick ist nur einen Klick entfernt. Die Wahl selbst ist zur Sucht geworden. Sich zu binden, schreibt Eva Illouz, ist immer auch ein Glaubensakt. Ein Risiko – dem wir aus dem Weg gehen, in dem wir das Wählen wählen, statt uns zu entscheiden.

Und das Risiko der Liebe ist größer denn je. Denn natürlich haben wir es mit Menschen zu tun, nicht mit Produkten. Die Schokoladensorte, für die wir uns nach langem Überlegen entscheiden, wird nicht nein sagen, wenn wir mit ihr zur Kasse streben. Unser Partner in spe vielleicht schon. Er wählt uns, wie wir ihn wählen. Doch weil wir heute für das geliebt werden wollen, was wir sind, für unser Innerstes, unsere *Persönlichkeit*, fürchten wir uns entsetzlich davor, zurückgewiesen zu werden. *Wir* werden dann verworfen, nicht etwa die zu geringe Mitgift, das arme Elternhaus, der soziale Stand. Die Liebe ist heute *der* Selbstwertgarant, von der ersten SMS bis zum Ehering; der Weg der modernen Liebe ist gesäumt von Objekten und Momenten, die uns versichern, dass wir etwas wert sind. Doch was unsere Ängste beruhigen kann, ist eben auch imstande, sie hervorzurufen. Darum sind Dating-Apps wie Tinder so verführerisch: Wir selbst dürfen per Fingerwischen gnadenlos Flirtkandidaten verwerfen oder küren – doch wir selbst werden nie verworfen. Denn angezeigt werden nur die »Matches«. Der Rest ist digitales Schweigen.

Der absurdeste all dieser Widersprüche besteht vielleicht darin, dass wir zwar selbst auswählen wie in einem Warenhauskatalog, doch sobald wir merken, dass der andere es mit uns genauso macht, geht für uns eine Welt unter. Zwar wollen wir selbst Beziehungen jederzeit aufkündigen, uns immer weiter entwickeln dürfen, auf keinen Fall unser Individualitätsprojekt opfern. Der andere aber soll rauschhaft lieben, sich aufgeben, hingeben. *So* wollen wir geliebt werden. Wie sollen wir sonst die Angst betäuben, nicht ein für alle Mal aufgefangen zu sein?

Man merkt: Wir machen es uns nicht leicht mit der Liebe.

Tagebuch aus der Welt der Anti-Selbstoptimierung

10.15 Uhr: Mein Handy klingelt. Ich greife danach, dann lasse ich die Hand sinken. Nicht immer erreichbar sein!

10.16 Uhr: Wieder mein Handy. Nein.

10.17 Uhr: Es klingelt zum dritten Mal. Diesmal hebe ich sofort ab. »Keinen Bock«, sage ich, ohne auch nur auf dem Display nachzusehen, wer da angerufen hat. »Auch nicht darauf, mich dafür zu entschuldigen, dass ich keinen Bock habe.« Ich lege auf.

Extrem unhöflich gewesen *und* die ständige Erreichbarkeit verweigert – Wahnsinn, gleich zwei Anti-Selbstoptimierungs-Taten!

Andererseits: Ist das mein wahres Ich? Ich hoffe nicht. Trotzdem, trotz aller Gewissensbisse, die sich einstellen – als ich in mich hineinhorche, fühlt es sich drinnen gar nicht so schlecht an. Irgendwie lebendig. Undiszipliniert. Einfach mal so »Keinen Bock« sagen, statt sich aus lauter Nettigkeit auf ein Gespräch einzulassen, auf das man überhaupt keine Lust hat? Tut definitiv gut!

10.20 Uhr: Andererseits: Wen habe ich da eigentlich gerade beleidigt? Meine Freundin?

10.25 Uhr: Ich will gerade in der Anrufliste in meinem Handy nachschauen, damit ich weiß, bei wem ich mich entschuldigen muss, da klingelt es wieder. Ich schaue aufs Display, es ist ein guter Bekannter, ein junger Marokkaner, Farid.[31] Diesmal gehe ich ran. Anfängerfehler. Wie ich dazu komme, einfach aufzulegen, wenn er anrufe?! Und was das mit »Kein Bock« solle? Ich kämpfe gegen den dringenden Wunsch, mich zu entschuldigen, da tippt mir von hinten jemand auf die Schulter. Ich drehe mich um. Es ist Farid. Er grinst. Er hat die ganze Zeit auf einer Bank ein paar Meter weiter gesessen.

10.40 Uhr: Ich erzählte Farid von meinem Experiment. Seine Antwort: Das sei ja wohl mal wieder nur ein Versuch meinerseits, einen tiefsitzenden psychischen Defekt meiner süddeutschen Seele durch einen an den Haaren herbeigezogenen pseudosoziologischen Grund zu legitimieren.

10.50 Uhr: »Du hast Zähne wie die Sterne am Himmel – so gelb und so weit auseinander.« Farid interessiert sich für den Teil des Selbstversuchs, in dem es um Unhöflichkeit geht. Da will er mitmachen.

10.51 Uhr: »Das fängt ja gut an … Ich hatte schon interessantere Gespräche mit Wollpullis.«

10.52 Uhr: »Krummbirne!« – »Ackerfresse!«

10.53 Uhr: »Schöne Zähne hast du – gibt's die auch in Weiß?«

10.54 Uhr: »Zähne, schon wieder? Wie schaffst du es eigentlich, so verblüffend schnell deine eigene Dummheit zu beweisen? Du musst wohl einen Abschluss in Ignoranz haben. Glückwunsch, du wirst bestimmt Karriere in deinem Fach machen.«

Wir schlendern durch den Park, genießen den Geruch nach frisch gemähtem Gras, versuchen, ein paar grölende spanische Touristen zu ignorieren – und benehmen uns ansonsten wie zwei Teenager auf Entdeckungsreise in einem unbekannten Land, dem Land der gepflegten Beleidigungen. Da ist eine richtige Freiheit drin: sich wie Feinde zu benehmen und sich dadurch irgendwie wie Freunde zu fühlen.

11.05 Uhr: »Wie hat deine Freundin eigentlich reagiert«, fragt Farid mich plötzlich, »als du ihr angekündigt hast, dass du heute alles sagen willst, was dir durch den Kopf geht? Jetzt mal abgesehen von der Unhöflichkeitsnummer …«

»Positiv«, antworte ich nach kurzem Nachdenken. »Sie meinte, dann erfährt sie ja endlich, was ich wirklich von ihr denke.«

»Und davor hast du keine Angst?«, fragt Farid und zieht ironisch die Augenbrauen hoch.

11.06 Uhr: Ist es plötzlich kälter geworden? Wir gehen schweigend durch den Park.

11.10 Uhr: »Sag doch mal«, sagt Farid, »was du von *mir* denkst.«

»Bitte?«

»Denkst du, ich bin intelligent? Denkst du, ich mache etwas aus meinem Leben?«

Es gibt Studien, die zeigen, dass jeder Mensch etwa 200-mal am Tag lügt. Auf einmal verstehe ich gut, warum.

»Du bist nicht völlig blöd«, sage ich. »Und du hast den Mut, dein Leben zu hinterfragen. So wie jetzt.«

»Das«, sagt er, »war jetzt aber nicht, was dir durch den Kopf gegangen ist. Das war zensiert.«

11.25 Uhr: Ich sage ihm, was ich wirklich von ihm halte, und er starrt mich fassungslos an. Dann lacht er. »Ruf heute bitte nicht beim Finanzamt an«, sagt er. »Sonst darfst du kräftig nachzahlen.«

Um das Thema zu wechseln, halte ich ihm den Beziehungsratgeber unter die Nase und wedle so übertrieben wie möglich damit: »Bitte wende, wenn du mit mir sprichst, doch die ›Sandwichtechnik‹ an. Zuerst fragt man, ob man dem anderen etwas sagen darf ... Dann kommt das, was man sagen will. Und dann endet man mit: Danke, dass ich dir das sagen durfte.«

»Darf ich dir etwas sagen?«, fragt Farid.

Ich nicke.

»Du bist ein Trottel. Danke, dass ich dir das sagen durfte.«

11.35 Uhr: Allein. Auf einer Bank vor dem Park. Vor mir, an einer Hausfront, ist ein wandgroßes Werbeplakat aufgehängt. Ein junges Paar hält sich an den Händen und spaziert in blütenweißen Klamotten durch ein Kornfeld, einer unbeschwert glücklichen Zukunft entgegen. Versandhaus? Lebensversicherung? Auf jeden Fall wirkt alles darauf so künstlich, dass man sich fragt, wer solche Szenen eigentlich mit seinem Leben verwechseln soll.

Eine der schönsten, absolut berührenden und vor allem echten Liebesszenen, die ich je erleben durfte, stammt weder aus der Werbung noch aus meinem eigenen Liebesleben. Sie hat sich zwischen meinem geistig behinderten Bruder David und einem ebenfalls geistig behinderten Mädchen abgespielt, auf der Rückbank eines Autos.

Keine ewige Liebe wurde geschworen, keine leidenschaftlichen Küsse ausgetauscht, selbst die schmachtenden Blicke fehlten. Mein Bruder und das Mädchen, das er so sehr mochte, saßen auf der Rückbank nebeneinander – und machten Tierstimmen nach. Ich fuhr die beiden gerade in ein Restaurant, eins in einem bekannten Möbelhaus, wo die Schnitzel genau die Größe haben, die mein Bruder gut findet. Mein Bruder, der das Down-Syndrom hat kläffte und jaulte wie ein toller Welpe. Das Mädchen beschwor ihn erst aufzuhören, flehentlich übertrieben, dann kläffte auch sie begeistert. Mittendrin wechselte sie die Rolle und begann zu miauen. Mit einem Mal war ein Augenblick unglaublicher Nähe und Ausgelassenheit entstanden. Mein Bruder kicherte wie wahnsinnig, miaute ebenfalls, verstummte, als sie ihm kurz eine Katzenpfote auf die Schulter setzte. Leise, laut, hoch, tief, und immer alle beide, durcheinander und am Sichtotlachen. Ach ja, ein paar Minuten lang iahten sie auch genüsslich.

Wenn mein Bruder mich ärgern will, gibt er mir oft einen dicken Schmatzer, so lange, bis ich verzweifelt um Hilfe rufe. Das ist nicht völlig gespielt, denn er hat ganz schön fiese Bartstoppeln. Jetzt rief er mitten im schönsten Miauen und Iahen plötzlich seiner Freundin zu, sie solle mich küssen. »Küss ihn! Hier ...« Er meinte damit: Schmatz ihm auf die Backe – um ihn zu ärgern. Das Mädchen hielt inne, suchte nach Worten, überlegte. Irgendetwas stimmte nicht. Dann hob sie den Kopf und sagte: »Das geht nicht. Ich bin deine Freundin.«

Im Rückspiegel sah ich den Gesichtsausdruck meines Bruders: Er war so ergriffen, plötzlich ernst, auf eine so einfache Art glücklich. Er konnte nicht mehr anders, es gab kein Halten mehr: Er nahm ihre Hand. Und er streichelte ihre Nase.

Als ich später allein nach Hause fuhr, wollte mir das Bild nicht mehr aus dem Kopf. War ich in meinen eigenen Beziehungen je so unbefangen glücklich und zufrieden gewesen? So völlig ohne Gedanken daran, wie die Situation sein *soll*? Keine Zukunft, keine Vergangenheit – nur der Augenblick, ausgelassen, völlig präsent?

Behinderte stellen unsere Vorstellungen von Perfektion infrage. Natürlich stellen auch unsere Vorstellungen die Behinderten infrage. Mein draufgängerisch liebender Bruder kann auch sehr schüchtern sein, ängstlich, hin- und her gerissen. Nicht zuletzt, weil er in eine Welt gestellt ist, die auf seine Möglichkeiten und Grenzen oft keine Rücksicht nimmt.

Lothar Sandfort hat kurzes, helles Haar, er sitzt ein wenig in sich zusammengesunken und mustert sein Gegenüber mit einem aufmerksamen, leicht ironischen Blick. Sein Tonfall ist weich, das, was er sagt, sehr direkt, manchmal fast scharf. Lothar Sandfort ist Psychologe, er hat in Trebel im Wendland das »Institut zur Selbst-Bestimmung Behinderter« aufgebaut. Liebe und Sexualität aus Behindertenperspektive, darum geht es in Trebel. Körperlich und geistig behinderte Menschen dürfen hier Erfahrungen mit Sexualität machen, über ihre Wünsche und Ängste sprechen und mit sogenannten »Sexualbegleitern« schlafen. Lothar Sandfort ist selbst seit einem Unfall vor über 40 Jahren querschnittsgelähmt. »Wenn man sich mit Maßstäben misst, die nicht zu einem passen, dann ist es für alle Menschen sehr schwer. Hier in Trebel nehmen wir die Selbstoptimierungsforderungen ernst und arbeiten an uns, oft erfolgreich. Der Mensch muss wissen, wofür er Anerkennung bekommt. Fatal ist, dass es heute keinen nährenden Erfolg mehr gibt, kein ›Erreicht!‹ und keinen verdienten Ruhestand. Alles ist ein Spielkasino geworden. Was ich gewonnen habe, setze ich sofort wieder ein, und am Ende gewinnt immer die Bank.«

Natürlich arbeiten auch Behinderte an sich, schwitzen, ängstigen sich, begeistern, scheitern oder entwickeln sich im steten Ringen mit Idealen. »Wir alle kämpfen uns mit Maßstäben ab«, sagt Lothar Sandfort, »die vielleicht nicht unsere eigenen sind. Menschen, die dem Ideal perfekt entsprechen, die schön sind, schlank, intelligent, haben es manchmal zu leicht. Wir Behinderten sind sehr krisenerfahren, manche Nichtbehinderte natürlich auch, es kommt aufs Schicksal an. Aber wir Behinderten haben Krisen schon erfahren und sind dadurch stärker geworden, wir haben dadurch Charakter entwickelt. Das merke ich auch am Feedback, das ich selbst erfahre. Vor allem haben wir gelernt, dass es gut ist, sich ein Ziel zu setzen, das Ziel dann aber auch zu genießen und nicht gleich zum nächsten zu wollen.«

Ich denke an meinen Bruder. Der ist geistig behindert und damit natürlich in einer anderen Situation als Lothar Sandfort. Mein Bruder ist ein kleiner Meister im Sich-feiern-Lassen. Seine Erfolge, seine kleinen und größeren Siege genießt er deutlich besser als ich, unverkrampft, stolz, zugleich uneitel, ohne im Kopf immer schon beim nächsten Ziel zu sein. Nicht zuletzt, weil seine Grenzen klarer gesetzt sind. Weil er sich nicht an seinen Beschränkungen abarbeitet, sondern an dem, was innerhalb der Grenzen möglich ist.

»Die Angst vor Ablehnung ist genauso groß wie bei Nichtbehinderten«, sagt Lothar Sandfort. »Aber wir lernen, mit Zurückweisungen besser umzugehen. Wir sind alle verlassen, misshandelt, ausgenutzt worden oder haben einfach nicht genügend Komplimente erhalten. Wie alle anderen auch. Wenn es an Sexualität geht, da habe ich mich sehr alleingelassen gefühlt nach meinem Unfall. Deshalb habe ich auch das Institut gegründet. Als Behinderter bist du nicht sexuell attraktiv, vom Körper her. Deshalb musst du einen anderen Weg gehen. Du musst als Mensch attraktiv sein, beispielsweise, eben weil du mehr Krisenerfahrung hast. Dann wird plötzlich auch der fehlerhafte Körper erotisiert, weil man verliebt ist. Dann will man Sex mit den Dicken, den Behinderten, den Mittelmäßigen.« Er lacht, es klingt herausfordernd. »Dann bist auch mit einem künstlichen Darmausgang erotisch.«

Gelingt es den meisten Behinderten, aus Krisen zu lernen? »Es kommt sehr darauf an«, sagt Lothar Sandford, »wie man vorher in der Familie mit Krisen umgegangen ist. Wenn man vorher davon ausgegangen ist, dass das Leben immer besser wird und man ein Recht darauf hat, und dann hat man einen Unfall und ist plötzlich behindert – dann wird es sehr schwer.«

Tagebuch aus der Welt der Anti-Selbstoptimierung

14.00 Uhr: Selbstversuch Ehrlichkeit. Ich sitze im Restaurant, notiere Gedanken zu dem Gespräch mit Lothar Sandfort – und warte auf meine Freundin, mit der ich zum Essen verabredet bin.

Ein Motorradfahrer, Lederjacke, Stiefel, bullig, geht mit dem Helm in der Hand an meinem Tisch vorbei und versetzt mir im Gehen einen Stoß mit dem Helm. Vermutlich unabsichtlich. Trotzdem – eine Entschuldigung gibt's natürlich nicht.

Es dauert einen Moment, bis ich mich überwinde. Das sei ja wohl ziemlich unverschämt, rufe ich ihm schließlich hinterher, mit leicht brüchiger Stimme. Einfach weitergehen, ohne sich zu entschuldigen, wo er mich gerade ziemlich angerempelt habe!

Der Motoradfahrer reibt sich den Nacken, dann dreht er sich langsam um. Verdammt. Kann der nicht zumindest kleiner sein als ich? Kein Filter zwischen Gehirn und Mund? Ausgerechnet jetzt?

Er habe mich nicht mal gestreift, ruft der Motorradfahrer quer durch das Restaurant, das hätte er ja wohl gemerkt!

»Doch«, rufe ich zurück. »Mit dem Helm.« Weil ein Helm nun mal aus Kunststoff ist, habe er es vermutlich nicht registriert. Warum er sich nicht einfach entschuldige, das müsse doch möglich sein?

Statt mir für meinen Mut zu applaudieren, zischt eine Dame am Nebentisch, ich solle die Sache doch einfach auf sich beruhen lassen, das sei doch eine Kleinigkeit, ich sei doch offensichtlich unverletzt.

»Ist heute«, fragt gleichzeitig der Motorradfahrer, »dein mutiger Tag oder was?«

Er geht einen Schritt auf mich zu und starrt mich an, wobei er den Kopf leicht schräglegt wie ein Pitbull, der sich überlegt, ob er erst noch spielen oder doch schon zubeißen soll. Zumindest ist das mein Eindruck der Szene.

Bin ich jetzt an den Restaurant-Psychopathen geraten? Was ist das – ein Showdown? All der Stress, das Adrenalin – wofür? Dafür, dass der mir jetzt eine reinhaut? Und auch noch alle zufrieden gucken?

Das Einzige, was mich davon abhält, den Helden zu spielen, ist die Angst vor dem, was so passieren kann, wenn man den Helden spielt.

»Sich entschuldigen«, presse ich mühsam hervor, »hat noch keinem geschadet.«

Noch drei Schritte. »Manchmal merkt man's nicht.« Noch zwei. Er kommt immer näher. »Und ist trotzdem schuld.«

Er hebt die Hand, ich denke, das war's, jetzt musst du dich an das erinnern, was du mit 16 im Taekwondo-Training gelernt hast; Straßenkampf, wie ging das nochmal? Doch plötzlich winkt der Typ einfach ab. »Hab's nicht gemerkt«, murmelt er, »der Helm, ja genau, die verdammte Helmpflicht, eh was für Affen.« Er nuschelt etwas, was ein wohlmeinender Beobachter als »Sorry« interpretieren könnte. Dann verlässt er das Restaurant.

Hat er durch das Fenster die Polizei gesehen? Egal. Yeah!

Ich fühle mich deutlich mutig. Und da mir schon so zumute ist, sage ich gleich auch noch der Frau am Nebentisch, die sich eben eingemischt hat, dass sie eine feige, unfreundliche Person ist, und dem Mädchen zwei Tische weiter teile ich mit, dass man halbstündige Handy-Privatgespräche am besten draußen führt, wo man niemanden durch seine schrille Stimme und die ekstatische Wiederholung nervtötender Nichtigkeiten stört.

Na also. Geht doch.

14.12 Uhr: Als meine Freundin sich ein paar Minuten später zu mir an den Tisch setzt, ist meine innere Automatik immer noch im forschen Ehrlichkeitsmodus.

14.13 Uhr: Sie sieht gehetzt aus. Ich sage es ihr, noch während sie sich setzt. Jetzt wirkt sie gestresst. Oder ist »abgekämpft« das bessere Wort? Ich sage ihr das ebenfalls.

Knallhart alles aussprechen, was mir durch den Kopf geht, ich bin der König der Aufrichtigkeit!

14.15 Uhr: Die Sonne scheint leicht schräg durch das breite Fenster neben uns. Es ist ein perfekter Sommermoment. Nur meine Freundin sieht plötzlich aus, als würde sie gleich anfangen zu weinen. Sie hat einen schlechten Vormittag gehabt. Die Kollegen haben gespottet, der Chef hat sie kritisiert, weil sie Entscheidungen getroffen hat, ohne sich mit ihm abzusprechen.

14.21 Uhr: Ich gebe dem Chef recht, Absprachen müssen sein. Und sage ihr noch etwas, was mir gerade auch durch den Kopf geht, nämlich, dass ich ihr neues Kleid nicht so toll finde. Eher hässlich, ehrlich gesagt.

14.22 Uhr: Meine Freundin amtet durch. Ganz frisch, entgegnet sie und blickt mir herausfordernd in die Augen, sähe ich, ehrlich gesagt, heute auch nicht aus. Es folgt eine Tirade zum Thema schlechter Geschmack und Männeregoismus. Sehr konkret. Sehr ehrlich. Sehr auf mich bezogen. Wir sehen uns wütend an. Spielerisch ist nichts mehr. Konstruktiv auch nicht.

Aus irgendeinem Grund hatte ich gedacht, dass es hilft zu wissen, dass meine Ehrlichkeit heute nur ein Spiel ist, ein Selbstversuch für einen Tag. Es hilft nicht. Absolute Ehrlichkeit hat keinen Kontext, sie beleuchtet gnadenlos alles.

Die Tür öffnet sich. Der Motorradfahrer betritt erneut das Restaurant. Diesmal hält er den Helm vorm Bauch, ungläubig nehme ich es zur Kenntnis. Ein bisschen stolz sogar. Gut, dass ich ihm die Meinung gegeigt habe! Dann fällt mein Blick auf meine erschöpfte Freundin. Der Kommentar zu ihrem Kleid, war das wirklich nötig? Mir kommt der Gedanke, dass der Schmerz, den Aufrichtigkeit zufügen kann, sich lohnen muss. Eine Wahrheit, die uns weiterbringt, die etwas verändert – darum muss es gehen.

14.30 Uhr: Ich schlucke. Und dann sage ich ein paar Dinge zu ihr, die mir wirklich durch den Kopf gehen – genauer: durchs Herz. Darüber, wie ich sie und uns erlebe, im Alltag. Was mir schwerfällt in unserer Beziehung und warum.

Das Restaurant hallt von klapperndem Geschirr und den Gesprächen der anderen Gäste wider. Ich bin so ehrlich, dass ich mir sicher bin, dass ich heute Nacht auf dem Sofa schlafen werde.

Erst als meine Freundin gegangen ist, fällt mir ein, dass ich ihr noch etwas anderes erzählen wollte. Die Originalversion des *Froschkönigs*.

Bis vor kurzem war mir gar nicht klar, dass die Prinzessin in der Nicht-Disney-Version den Frosch nicht küsst – sie wirft ihn gegen die Wand, aus Wut. Kein Kuss, keine perfekt ausbalancierte Liebeserklärung verwandelt den Frosch in einen Prinzen – sondern ein Gefühlsausbruch! Verwendet die Prinzessin die Sandwichtechnik? Macht sie ein ausbalanciertes Kommunikationsangebot im Sinne von: »Darf ich dir etwas sagen? Ich ganz persönlich, aber wirklich nur ich, finde, dass du ein eher grünes und irgendwie widerlich-schleimiges Lebewesen bist. Danke, dass ich dir das sagen durfte …«? Nein! Echte, unverstellte Gefühle.

So weit das Märchen. Und die Wirklichkeit?

Als ich das Restaurant verlasse, komme ich an einer Gruppe Raucher vorbei, einer schnippt gerade eine Kippe weg. Ich muss an die berühmte »Zigarette danach« denken. Die ist ein treffendes Bild für den Zustand der Liebe heute. Die Zigarette danach soll darüber hinwegtäuschen, dass auch in einer gelingenden Liebe immer wieder zwei da sind, wo eben, einen Augenblick lang, einer war.[32] Dass wir zurückgeworfen sind in eine Welt, in der keine Beziehung unkündbar ist, nicht einmal die Liebe – schon gar nicht die Liebe.

Das Grundproblem der Liebe heute ist die Art, wie wir Freiheit begreifen: als Möglichkeit, sich von etwas zu lösen und neu anzufangen – als negative Freiheit. Dagegen ist positive Freiheit, also die Bereitschaft, sich aus freien Stücken zu binden, nichts, worin wir modernen Projekt-Menschen sehr gut wären. Belagert von Möglichkeiten, haben wir verlernt, dass Liebe die Entscheidung voraussetzt, auf weiteres Blättern im Katalog zu verzichten.

Was tun? Abgesehen davon, dass wir dringend das Wort »bestmöglich« aus unserem Beziehungsvokabular streichen sollten?

Eins ist jedenfalls klar: Wie im *Froschkönig* müssen wir Raum für das Wirkliche, Unkontrollierte schaffen. Niemand kann leidenschaftlich lieben und dabei gleichzeitig ständig vernünftig diskutieren. Egal, ob in der Patchworkfamilie oder in der polyamourösen Beziehung, egal, ob homo- oder heterosexuell: Wir müssen einander ermöglichen, ehrlich und spontan zu sein, widersprüchlich, offen, großzügig, faul, eitel, verletzlich. Lieben, wie wir sind – nicht wie wir sein wollen – ist das nicht das Entscheidende? Es ist ein bisschen wie ein Tanz im Dunkeln. Man könnte das Licht einschalten, aber es ist wunderschön, den Atem, die Wärme, die leisen Bewegungen des anderen im Dunkeln zu spüren. Die Tänzer sehen sich nicht, sie fühlen sich nur. Und nur wenn sie sich auf dieses Fühlen einlassen, statt dauernd die Augen ihres Verstands einschalten zu wollen, können sie tanzen.

Die Liebe, auch darum werden wir wohl nicht herumkommen, wird immer von Ängsten begleitet sein. Ohne den Schmerz der Liebe gibt es auch ihre Schönheit nicht. Die Alternative wäre ein betäubtes Leben, ein leerer Traum von Ego und Wunscherfüllung, ohne Möglichkeit, sich zu überschreiten, durch einen anderen zu sich selbst zu finden. »Ohne Schmerz durchs Leben zu kommen, heißt, nicht gelebt zu haben«, schreibt der amerikanische Schriftsteller Jonathan Franzen.[33] Wer Wut, Angst, Verletzbarkeit, Langeweile, Enttäuschung vor dem anderen versteckt, versteckt sich selbst, den Eindruck habe ich. Wer sich dauerhaft in bessere Versionen seiner selbst flüchtet, die dann ein perfektes Harmonie- und Kommunikationstheater aufführen – der sieht sich irgendwann nur noch aus der Ferne zu und versinkt am Ende traurig und einsam im Sessel. Da habe ich zugegebenermaßen auch schon öfter gesessen – aber muss das sein?

Tagebuch aus der Welt der Anti-Selbstoptimierung

19.00 Uhr: Ich betrete die Wohnung und bin mir sicher, dass ich auf dem Sofa schlafen werde. Doch es kommt anders. Meine Freundin hat gekocht.

19.45 Uhr: Draußen bricht die Dämmerung herein, drinnen haben wir eine Flasche Wein aufgemacht. Zu meinem Erstaunen blickt meine Freundin mich deutlich zärtlich an. Sie sei schon ziemlich gekränkt gewesen, sagt sie, als ich ihr gesagt habe, was mich an ihrem Verhalten stört, in unserer Beziehung. Aber sie habe darüber nachgedacht. »Sonst bist du oft so darum bemüht, nett zu sein«, fährt sie fort. »Manchmal habe ich das Gefühl, du willst um alles in der Welt verhindern, dass wir uns streiten.« Die meisten Paare wollten das ja heute, sagt sie, in so perfekter Harmonie leben, dass sie sich sogar noch harmonisch und bewusst streiten. Sie grinst. Nicht dass sie etwas gegen Komplimente habe. Aber etwas Ehrlichkeit sei ihr gar nicht so unlieb. »Da weiß ich immerhin, mit wem ich's zu tun habe.«

Kann eine Kränkung ein erster Schritt sein, um sich neu kennenzulernen?

»Soll das heißen«, frage ich, »du gibst endlich zu, dass Frauen schnarchen?«

»Frauen ja«, antwortet sie. »Nur ich nicht.« Sie lächelt auf eine derart charmante Art, dass mir klar ist, dass das Thema damit beendet ist.

Wie hat es Marie von Ebner-Eschenbach gesagt: »Wenn du durchaus nur die Wahl hast zwischen einer Unwahrheit und einer Grobheit, dann wähle die Grobheit; wenn jedoch die Wahl getroffen werden muss zwischen einer Unwahrheit und einer Grausamkeit, dann wähle die Unwahrheit.«[34]

Offenbar hat sie den gleichen Selbstversuch gemacht wie ich heute.

Meine Freundin und ich stoßen an. In vino veritas.

4
Schöner, gesünder, fitter. Oder: Wie wir über Muskeln und straffer Haut vergessen, warum wir eigentlich leben

Neulich hatte ich eine Vision. Nichts Großes, es spielten nur ein Paar Turnschuhe, zwei Mädchen und der Tod eine Rolle.[35] Der Tod, der Herr mit der Sense, genau. Also, meine Vision: Ich sah mich selbst mit zwölf, dreizehn Jahren auf einem Parkplatz im Sauerland, 100 Meter vom Haus meiner Großeltern entfernt. Ich renne. Runde um Runde, einen ganzen Nachmittag. Ich trainiere für den Tausendmeterlauf, 400 Kilometer weiter südlich, in Karlsruhe, soll der Wettkampf nach den Ferien stattfinden. Ich laufe, Runde um Runde, der Schweiß strömt; ich zähle die Rillen zwischen den Bordsteinen, um mich abzulenken. »Ich bin ein Kämpfer«, murmele ich, »ein Soldat des Asphalts, ein Durchhalter.« Es ist furchtbar anstrengend, aber ich merke es kaum. In meiner Vorstellung laufe ich durch Steppen und Wälder, durch weite, stille Landschaften, durch Eis und Schnee, durch Canyons voller Licht und Luftspiegelungen. Und natürlich laufe ich einmal pro Runde auf der federn-

den Tartanbahn eines Olympiastadions direkt auf das Sieger-
treppchen zu.

Als ich mich gerade einer bestimmten Einfahrt nähere, sehe
ich, dass ich nicht mehr allein bin. Am Straßenrand haben sich
zwei Mädchen auf eine Bank gesetzt. Sie trinken Capri-Sonne
und beobachten mich. Ihre Füße stecken in übergroßen Nike-
Turnschuhen, und natürlich haben sie schlimme 80er-Jahre-
Haarsprayfrisuren. Als ich das in meiner Vision sehe, erinnere
ich mich, dass es die zwei Mädchen wirklich gegeben hat, eben-
so wie das, was jetzt passiert. Als ich an ihnen vorbeilaufe, spüre
ich den Blick der Mädchen wie eine Hand, die mich festhält.
Plötzlich habe ich einen Körper, der nicht einfach ist, wie er ist,
plötzlich wird er gesehen und beurteilt. Ich sehe mich, wie die
Mädchen mich sehen, und ich sehne mich danach, so auszusehen, wie sie es sich wünschen. Meine Haare sind von meiner
Mutter geschnitten worden. Ich trage eine alte Jogginghose. Ich
schwitze. Ich will mich duschen, meine Haare beim Friseur
schneiden lassen, mir andere Turnschuhe kaufen. Es ist, als
würde sich der Übergang von der Kindheit zur Adoleszenz in
diesem einen Moment abspielen, wie unter einem Brennglas.
Ohne es zu merken, habe ich angehalten. Keuchend stütze ich
die Hände auf die Knie. Ich will weiterlaufen, aber wozu? Was
bedeutet Laufen in dieser neuen Welt, in der mein Körper gesehen wird? Ist das, was ich hier tue, vielleicht nur ein idiotischer
Zeitvertreib für Menschen wie mich, mit denen die beiden
Mädchen nie reden werden? Eben habe ich noch in einer Welt
trainiert, in der alles meine kindliche Vorstellung ist: Wälder,
Steppen, ein Olympiastadion, das so groß wie eine ganze Stadt
ist. Jetzt bin ich aus dieser Welt vertrieben – hineingeworfen in

eine andere Welt, in der etwas Undefinierbares zählt, dessen
man sich nie sicher sein kann, das man in Worten und Blicken
suchen muss. Die Mädchen kichern, zufrieden, weil sie einen
Eindruck hinterlassen haben; dann stehen sie auf, wie plötzlich
gelangweilt von allem, und verlassen den Parkplatz, ohne mich
noch einmal anzuschauen. Ihr Blick bleibt, eingebrannt in mein
pubertierendes Gedächtnis. Es ist der Blick, der mich in die
Facebook-Welt begleiten wird, in die sozialen Medien und ihren
aufgeregten Wettkampf um Aufmerksamkeit. Es ist der Blick,
der meinen Körper und meine Arbeit an ihm prägen wird: der
Wunsch, einem Bild zu entsprechen. Der Wunsch zu gefallen.

In meiner Vision steht kurz darauf der Tod vor mir. Er hat
keine Sense, er sieht eigentlich ziemlich normal aus, eher ele-
gant gekleidet, vielleicht ein bisschen zu sehr. Fast etwas eitel. Er
kommt vom Supermarkt her, geht langsam über den Parkplatz,
in einem angedeuteten Bogen, als wolle er sich über die Runden
lustig machen, die ich vorher um den Parkplatz gedreht habe. In
einer Hand hält er eine Plastiktüte; er trägt sie, denke ich in der
Vision, mit der gleichen Geste, wie meine Mutter ihren Stoff-
beutel getragen hat, wenn sie mich als Kind zum Einkaufen mit-
nahm. Aber dann sehe ich, dass das nicht stimmt, denn seine
Hände sind leer. Der Tod kauft nicht ein, er braucht nichts.

Direkt vor mir bleibt er stehen.

»Warum läufst du nicht weiter?«

Was sollte ich antworten? Dass es plötzlich keinen Sinn mehr
macht, um den Parkplatz zu rennen, weil ja die beiden Mädchen
nicht mehr da sind? Dass ich noch nicht gelernt habe, für sie zu
trainieren, auch wenn sie nicht da sind – weil ich gerade erst angefangen habe, die Blicke anderer Menschen zu verinnerlichen?

Der Tod schnippt lässig mit den Fingern. Offenbar hat er ein Lied im Ohr, vielleicht hat er es eben im Supermarkt gehört. Er grinst, blickt mich nochmal an, dann geht er weiter. Er ist nicht mein Tod, noch nicht. Als er fast um die Ecke verschwunden ist, in derselben Richtung wie die zwei Mädchen, schaut er sich noch einmal um. Ironisch, als wüsste er genau, was sein Blick in mir auslöst. Etwas in mir ändert sich durch diesen Blick. Ohne darüber nachzudenken, fange ich wieder an zu laufen. Ich laufe so schnell wie noch nie. Ich sehe keine Wälder mehr, keine Prärien, kein imaginäres Olympiastadion. Zu laufen ist die einzige Möglichkeit, nicht an seinen Blick zu denken. Also laufe ich. Ich laufe, um nicht stillzustehen.

Bis heute.

Wie gesagt – neulich hatte ich eine Vision. Ich habe mich selbst auf dem Parkplatz hinter dem Haus meiner Großeltern gesehen, mit zwölf, dreizehn.

Aber bei Visionen soll man bekanntlich zum Arzt gehen.

Fakt ist: Noch nie haben wir mehr Zeit und Energie darauf verwendet, unseren Körper zu optimieren. Nichts ist mehr selbstverständlich: was und wie oft wir essen, wann und wie oft wir uns bewegen, wie sich unsere Haut verändert und was dagegen zu tun ist. Wann wir gesund sind und wann krank, wann schlank und wann fett, wann jung, wann alt. Wir reden uns ein, dass wir uns all die Arbeit an unserem Körper nur machen, um uns wohlzufühlen, um unser Leben zu genießen, um gesund zu sein. Aber wenn es uns wirklich um ein *gutes* Leben ginge, würden wir uns dann Woche für Woche in steril klimatisierte Räume zwingen, voller fremder Menschen, die mit angestrengten Gesichtern auf Bildschirme starren – statt uns einfach dann zu bewegen, wenn wir Lust darauf haben? Mit Freunden spazieren zu gehen, Natur zu *genießen*, statt in Fitnessstudios zu *trainieren*? Würden wir solch maßlose empörte Angst vor etwas Zigarettenqualm empfinden, vor einem Glas Wein zu viel, vor nicht entrahmter Milch, vor zu wenig Schlaf wegen einer durchzechten Nacht? Lauter Dingen, die vor ein paar Jahren noch *Genuss* versprachen, die zu den Gründen zählten, warum es sich überhaupt zu leben lohnt!

Wir sind besessen davon, schlank, gesund, attraktiv zu sein – und haben vergessen, wozu wir das alles tun.

Optimierte Körper haben nichts mit einem guten Leben zu tun. Für unsere Karriere brauchen wir einen störungsfreien Körper ohne Krankheitsfehlzeiten. Um an der Front der To-do-Listen zu bestehen, im Büro, aber auch im Dickicht unseres Alltags, brauchen wir einen Körper, der diszipliniert ist, nicht plötzlich Bedürfnisse anmeldet. Um die Art Blicke auf uns zu ziehen, die uns sagen, dass wir zumindest äußerlich *wertvoll* sind, muss unser Körper attraktiv sein. Nicht zuletzt: Wenn wir die leise Stimme des Todes im Hinterkopf ignorieren wollen, brauchen wir einen Körper, der sein Alter verbirgt – der uns ewige Jugend vorgaukelt, zumindest eine Zeitlang.

In der Welt der Selbstoptimierung ist der Körper unser Grundkapital. Zugleich arbeiten wir unsere Ängste an ihm ab. Indem wir ihn panzern, sichern wir uns gegen die Welt – wir flexiblen Menschen, deren Freiheit vor allem darin besteht, unsere Angst vor Vergänglichkeit und Ausgrenzung durch immer neue Formen der Selbstoptimierung zu bändigen.

Es ist empörend: Statt zu genießen, dass wir einen Körper haben, statt ihn zu spüren, warm, lebendig, euphorisch, verletzlich, widerständig; statt unseren Körper zu leben, machen wir ihn zum Objekt der Optimierungsarbeit. Wir balsamieren uns bei lebendigem Leibe ein und wundern uns anschließend, dass das Leben keinen Spaß mehr macht.

Elena stammt aus dem Norden Italiens. Sie ist 28 und trägt gerne ausgeleierte Männerpullis. Sitzen ihre schrägstehenden grünen Augen womöglich eine Spur zu hoch in ihrem strahlend schönen Gesicht? Man weiß nicht recht, wo man bei ihr nach Schönheitsfehlern suchen soll. Sie selbst weiß es genau. Elena arbeitet heute in einem Museum. Bis vor ein, zwei Jahren war sie Model. Schönheit ist harte Arbeit, so sagt es Heidi Klum immer gerne, und Elena hat das wörtlich genommen. Sie hat sich in eine Idee verwandelt und so ihren widerständigen Körper gezähmt. Jahrelang – seit ihrem 14. Geburtstag – hat sie Nahrungsmittel immer in einer genau durchdachten Reihenfolge zu sich genommen, nämlich so, dass sie sich kurz darauf beim Erbrechen mit möglichst wenig Schmerz die Kalorien aus dem Leib zwingen konnte – den Finger im Hals, auf dem Klo der Universität, in den Toiletten der Clubs. Elena führte Tabellen über minimale Schwankungen in ihrem Körpergewicht wie andere Bilanzen über den Wert ihres Unternehmens. Und wenn sie sich beim Kotzen leicht und echt und warm fühlte, wenn sie noch heute insgeheim der strengen, aber klaren Ordnung dieser Zeit nachtrauert, dann zeigt das auch, wie sehr sie Kontrolle über ihren Körper und Sinn in eins setzt – ein Betrug, dem wir alle aufsitzen.

Vor zwei Jahren hat Elena aufgehört zu modeln. Seit einem Jahr isst sie, worauf sie Lust hat. Meistens. Ihre Beine sind fett geworden, sagt sie. Dabei muss der schlabbrige Männerpulli nur einen Moment verrutschen, zum Beispiel wenn sie aufsteht, dann sieht man ihre Hüftknochen. Manchmal hat sie Angst vor sich selbst. Etwa, wenn sie abends, nach einem letzten Glas Wein mit Freunden, ihre stilsicher möblierte Einzimmerwohnung betritt. Sie hat Angst vor der inneren Leere, die zehn Jahre Kampf gegen sich selbst hinterlassen haben. An ihrer Magersucht fürchtet Elena nicht das, was schlecht daran war; sie fürchtet das, was *gut* war. Wie hat es Kate Moss gesagt? »Nichts schmeckt so gut, wie es sich anfühlt, dünn zu sein.«[36]

Angeblich sind in Deutschland 16 Millionen Menschen übergewichtig. Das ist nicht einfach eine Feststellung – es ist ein Urteil, ein Aufruf zum Kampf, zur Rebellion gegen die eigene Leibesfülle. Wehrt euch gegen euer Gewicht!, wird denen gesagt, die den Sprung über die immer höher gehängten Messlatten nicht mehr schaffen – und plötzlich *adipös* sind. Das klingt medizinisch und also irgendwie nach Krankheit, und gegen eine Krankheit muss man vorgehen. Eine neue Fettflut durchspült angeblich das Land, mit immer neuen Wasserstandmeldungen, aber noch ist nichts verloren: Ihr *könnt* aussehen, wie ihr es euch immer gewünscht habt, wird den Dicken gesagt – ihr müsst nur wollen! Das gaukelt ihnen zumindest die Diätindustrie vor. Und Heidi Klum. Und die Weight Watchers. Und die Kosmetikindustrie. Und die Lifestyle-Magazine. Und die Pharmahersteller. Und die Ernährungscoaches. Und wer eigentlich nicht? Acht bis zehn Wochen, so wird den Dicken, die wir potenziell alle sind, eingeredet – acht bis zehn Wochen, dann hast du dein Idealgewicht.

Elena könnte ihnen sagen, dass es nicht so ist: dass der Kampf ein Kampf ohne Ende ist. Dass er unbarmherzig und freudlos ist. Dass er ein Leben lang dauert. Bin ich erst mal schlank, wird alles besser sein – so denkt nicht nur Elena. Es ist verführerisch, alle Ängste an etwas festzumachen, was so sehr in unserer Macht zu stehen scheint wie unser Körper. Doch die wahre Selbstoptimierung endet nie. Und wer sich weigert oder aufgibt, der hat nicht nur die nagende Gewissheit, sich selbst gegenüber versagt zu haben, für den muss am Ende auch noch die Gesellschaft bezahlen, wenn er zivilisationskrank wird, also zum Beispiel einen Diabetes entwickelt oder herzkrank zusammenbricht. Das bringt dann noch ein ganz neues Moment ins Bild, nämlich ein Schuldgefühl gegenüber den anderen.

Aber will man ihn überhaupt gewinnen, diesen Kampf gegen sich selbst? Diejenigen, die den Kampf bis zu Ende führen, sehen aus wie Elena auf dem Höhepunkt ihrer Magersucht – ein Knochenmädchen. Oder wie der »Mann, der nie aufgab«, ein junger Latino in den USA, der in einem Youtube-Video Bilder collagiert, die zeigen, wie er es geschafft hat, 90 Kilogramm abzunehmen.[37] »Manche Leute träumen davon, reich zu werden oder berühmt. Mein Traum ist, Gewicht zu verlieren«, sagt er zu Beginn. Am Ende des kurzen Videos sehen wir den »Mann, der nie aufgab« 90 Kilo leichter: Sein Körper ist ein Ineinander von Falten und nutzlos hängenden Hautlappen, ein Sinnbild leiblichen Leerstands. Trotz perfekter Kilozahl wirkt er weder gesund noch schön, noch nicht einmal schlank. Stimmig ist in dem Video allein die Art der Erzählung: die dramatisch aufpeitschende Hintergrundmusik, die Vorher-Nachher-Obsession, die sich crescendoartig überschlagende Stimme des Erzählers. So erzählt man den Optimierungswahn als Heldengeschichte. Alles ist möglich, sagt der »Mann, der nie aufgab«. Denn: »Ich habe nicht einfach einen starken Willen. Ich *bin* mein starker Wille.« Er schreit es – kann er sich eigentlich selbst noch hören?

Zeit für einen Selbstversuch.

Wie viele andere Menschen nehme auch ich mir regelmäßig gesunde Dinge vor: weniger Schokolade, keine Chips, weniger Wein und Bier, bei den Mahlzeiten kleinere Portionen. Wochenlang gelingt es, dann fresse ich mir die verlorenen Kilos in ein paar Tagen wieder an und trinke abends aus Trotz statt des einen Glases Wein gleich wieder eine halbe Flasche. Und fühle mich danach furchtbar. Mein Selbstversuch soll darin bestehen, die Messlatte einmal nicht so hoch anzusetzen. Mehr noch: ganz ohne Messlatte auszukommen. Ich werde einfach essen, was ich will, und zwar so viel und wann ich will. Wenn ich mir *erlaube* zu essen, was ich will – vielleicht gehe ich ja dann gelassener und deshalb klüger mit meinem Heißhunger um? Vielleicht finde ich ja einen *natürlichen* Rhythmus? Vorher mache ich allerdings noch ein anderes Experiment, und auch dieser Selbstversuch klingt vermutlich erst mal sehr einladend: Weil ich sonst ständig *aktiv* bin – um in Form zu bleiben, um meine To-do-Listen abzuarbeiten –, ist es dringend an der Zeit, einmal einen Tag lang *nichts zu tun*. Damit meine ich nicht, entspannt am Baggersee abzuhängen und danach in die Sauna zu gehen. Das wären auch Aktivitäten, die man sich *vornimmt*. Heute will ich verstehen, was mit mir, mit uns passiert, wenn wir endlich mal buchstäblich *NICHTS* tun.

Tagebuch aus der Welt der Anti-Selbstoptimierung

Fünfter Selbstversuch: Einen Tag lang werde ich NICHTS tun. Ich werde 24 Stunden lang in einem Sessel sitzen – und an die Wand starren.

9.30 Uhr: Seit einer Stunde im Sessel. Meine Freundin ist nicht da, das Telefon ausgestöpselt. Kein Laptop, kein Fernseher, keine Bücher, nichts. Auf einem Tablett neben dem Sessel: Brot, Wasser, Saft, Marmelade, etwas Obst. Nur wenn ich aufs Klo muss, darf ich meinen Sessel verlassen, sonst nicht.

Okay, Notfalloption: Falls es brennt, darf ich auch raus.

Ich lehne mich zurück. Und atme durch. Vor mir die Wand.

Ein Nickerchen? Nein, ein Nickerchen wäre gegen die Regeln.

10.30 Uhr: Sehr entspannt.

11.00 Uhr: Nicht schlecht. Wirklich.

11.15 Uhr: Panik. Soll ich wirklich einen ganzen Tag lang im Sessel sitzen und an die Wand starren? Bin ich des Wahnsinns? Falls ich es noch nicht bin – werde ich es heute?

Es ist Donnerstag. Das heißt, ich verpasse das wöchentliche Picknick im Park, meinen Tangokurs, einen Film im Open-Air-Kino. Gar nicht zu reden von all der Arbeit, die sich auf meinem Schreibtisch stapelt.

12.00 Uhr: Durch den Park? Oder irgendwo ans Wasser? Ich könnte doch zumindest rausgehen? Dann wäre es immerhin ein schöner Tag.

12.30 Uhr: Essen. Endlich etwas tun. Auch wenn man ein Marmeladenbrot zum Mittagessen nicht unbedingt als Mahlzeit bezeichnen kann.

13.00 Uhr: Langweilig.

13.50 Uhr: Langweilig.

14.12 Uhr: Langweilig.

14.17 Uhr: Wer denkt sich eigentlich diese Selbstversuche aus? Eine gute Frage, die ich mir gerne notieren würde – wenn ich mir nicht verboten hätte zu schreiben!

Immerhin – während ich an die Wand starre, fange ich an nachzudenken.

Woher kommt eigentlich dieser Drang, ständig an sich zu arbeiten, sich zu perfektionieren?

Liegt es an der modernen Technik? In einer Welt, in der mein Smartphone nach einem Jahr ein Auslaufmodell ist, gerate ich unter Druck, nicht selbst zum Auslaufmodell zu werden. Computer verdoppeln alle zwei Jahre ihre Speicherleistung – und wir? In Forschungslaboren vom Silicon Valley bis zu den Helmholtz-Instituten in Deutschland arbeiten Ingenieure und Techniker nach dem Motto: »Alles *kann* besser werden, also *muss* es besser werden.« Verinnerlichen wir also die Idee, dass Stillstand Rückschritt wäre? Das wäre ironisch. Denn all die neuen Erfindungen sollen uns das Leben ja erleichtern, nicht schwerer machen!

Eine andere Erklärung: Statt in eine bessere Welt wie noch die 68er Generation lassen wir unsere Energien heute in das Projekt »Ego« fließen. Vielleicht liegt es ja am Scheitern der Utopien, der großen gesellschaftlichen Hoffnungen, dass wir so egoistisch geworden sind – und uns nur noch mit uns selbst und unserem persönlichen Optimierungsfortschritt beschäftigen? Statt an einem schöneren Gemeinwesen arbeiten wir an einem schöneren Körper.

Doch die Wurzeln unserer westlichen Selbstoptimierungs-kultur reichen weiter zurück. Schon Aristoteles schreibt, dass der Mensch dann glücklich und zufrieden ist, wenn er seine eigene Natur perfektioniert.[38] Auch der auf sich selbst gewendete, vermessene Blick hat eine lange philosophische Tradition. Die berühmte Inschrift am Apollo-Tempel von Delphi lautete: »Erkenne dich selbst.« Das kann man als Aufforderung interpretieren, die eigenen Grenzen zu erkennen, wie es stoische Philosophen taten. Oder, in platonischer Tradition, als dringende Empfehlung, den eigenen Entwicklungsmöglichkeiten nachzuspüren – sein *Potenzial* zu erkennen, würde man heute sagen. Der Gedanke, dass wir an uns arbeiten müssen, hat also von Anfang an zwei Seiten. Sich selbst gegenüber aufmerksam zu sein, sich um sich selbst zu sorgen – diese positive Seite spielte in der Antike eine große Rolle. Nicht umsonst lautet ein anderer berühmter Satz, der mit dem Orakel von Delphi in Verbindung gebracht wird: »Nichts im Übermaß.« Einen Weg beschreiten, der das Mögliche im Auge behält und die Grenzen abwägt. Maßvoll sein, auch in der Selbstbezüglichkeit. Dieser positive Aspekt der Arbeit an sich selbst rückte in den Hintergrund, als, zuerst in Westeuropa, das moderne Individuum mit seiner Lust am Eigenen, Besonderen auf die Bühne der Welt trat. Eine »Pflicht zur Besonderheit« lag plötzlich in der Luft, schon seit der Renaissance, spätestens seit der Aufklärung. Mit einem Mal war es wichtig, man selbst zu sein, besonders im Sinne von *anders*. Jean-Jacques Rousseau war einer der Ersten, die sich – vor den Augen der Leser – prüfend mit anderen verglichen und zufrieden feststellten, dass sie niemand anderem auf der Welt glichen.[39] Über 200 Jahre später stellen wir fest, dass es nicht nur ein Privileg ist, sich *be-*

sonders zu fühlen – sondern auch eine Quelle permanenten Drucks zur Selbstoptimierung. Denn natürlich muss man sich mit anderen vergleichen, um zu wissen, ob man tatsächlich der *besondere* Mensch ist, der man gerne sein möchte. Da aber heute bei uns niemand mehr aus gesellschaftlichen Gründen benachteiligt wird, zumindest auf dem Papier, müssen wir uns nicht nur mit einigen Frauen und Männern aus unserer Gruppe oder unserem Stand vergleichen, sondern potenziell mit allen. Dank Internet sogar in globalem Maßstab. Ein Bauer des Mittelalters war weder neidisch auf den Reichtum eines Menschen auf einem fernen Kontinent noch auf den des Adligen auf dem Hügel gegenüber. Wenn es ihm im Verhältnis zu anderen Bauern in seinem Dorf betrachtet gut ging, war er zufrieden – das war sein Platz. Der Vergleich aller mit allen erzeugt heute den besonderen Druck der Selbstoptimierung. Bei dem großen Klassentreffen, zu dem die Welt geworden ist, vergleichen wir uns nicht nur alle zehn Jahre, sondern jeden Tag miteinander: beängstigt, jubelnd, verstört. Asfa-Wossen Asserate, der kluge Manierenforscher und Großneffe des letzten äthiopischen Kaisers, hat mir in einem Gespräch über den Selbstoptimierungswahn gesagt, dass ihm gerade dies als ein Merkmal unserer Zeit erscheint: dass es kein Recht mehr gibt, sich mit dem Mittelmaß zufriedenzugeben, gemächlich zu leben, nach seinen eigenen Maßstäben. Weil der maßvolle, hilfreiche Aspekt der Arbeit an uns selbst verlorengegangen ist, hat sich die Arbeit an uns selbst in einen Fluch verwandelt. Wir *müssen* an uns arbeiten, uns in die beste Version unserer Selbst verwandeln, weil wir glauben, dass wir *nichts* sind, wenn wir nicht *besonders* sind. Mit Selbstaufmerksamkeit oder Selbstsorge hat das wenig zu tun. Wir glauben, die wichtigste Kreatur im Universum zu sein, der Mittelpunkt – aber wissen wir noch, wer wir wirklich sind? Und welchen Stellenwert haben eigentlich andere Menschen noch für uns, wenn wir ständig dem Ideal einer besseren Version unserer selbst hinterherjagen? Letztlich, so Asserate, leidet unter dem Drang zur Selbstoptimierung unser guter Umgang miteinander. Wer Manieren hat, kennt sich selbst – und fühlt sich in den anderen ein. Und schafft es so, dem anderen den Vortritt zu lassen, ohne die eigenen Interessen aufzugeben.

Tagebuch aus der Welt der Anti-Selbstoptimierung

15.35 Uhr: Ich starre wieder an die Wand vor mir.

15.50 Uhr: Immer noch keine neuen Gedanken.

16.30 Uhr: Wahnsinn – die Maserung des Holzes ist wunderschön! Ein Fleck eine Handbreit über dem Fenster sieht aus wie eine lässig langgestreckte Wolke mit einem dunkel glänzenden Schimmer in der Mitte, wie ein Auge. Je länger ich auf die Wolke blicke, desto entspannter werde ich. Wenn ich meditiere, schweifen meine Gedanken sonst immer sehr schnell ab. Jetzt atme ich ein, atme aus – und bin zu meiner eigenen Überraschung sofort völlig auf meinen Atem konzentriert und dabei absolut klar! Acht Stunden auf eine Wand starren, das ist offenbar die perfekte Vorbereitung auf eine Meditation.

16.51 Uhr: Mir fällt ein, dass ich noch eine Rechnung bezahlen muss.

16.53 Uhr: Rechnung? Statt mich aus dem Gleichgewicht zu bringen, wie sonst, verschwindet der lästige Gedanke einfach.

17.30 Uhr: Ommmm.

18.10 Uhr: Mir fällt eine vergessene Szene aus meiner Kindheit ein. Ein Nachmittag im Garten eines Freundes, wir zimmern aus Brettern eine Hütte, es gibt sogar eine Tür, die wir verriegeln können. Spätabends sitzen wir vor der Hütte und träumen davon, im Garten Tiere zu halten, Schweine, Hasen, einen Wolf. Dass es einen nächsten Tag geben würde, war an solchen Abenden unvorstellbar. Wie heute Wochen oder Monate, so fühlten sich solche Abende an.

18.14 Uhr: Der Wolf und die Hasen wären wohl keine Freunde geworden.

18.15 Uhr: Mir fällt ein, was damals passiert ist. Wir haben nicht nur von Tieren geträumt. Am zweiten Abend kam die kleine Schwester eines Freundes, sie wollte mitspielen. Wir haben sie in unserer Hütte eingesperrt. »Wir lassen dich erst wieder raus«, sagten wir ihr, »wenn du uns alle Fragen beantwortest, die uns einfallen.« Ihr Weinen stachelte uns nur noch mehr an. Eine der Fragen: Kannst du dir vorstellen, deinen Bruder zu küssen? Ihrem Bruder gefiel die Frage nicht. Also stießen wir ihn ebenfalls in die Hütte und sperrten sie gemeinsam ein, als Experiment. Ich befürchte, dass wir die beiden überredeten, sich auszuziehen, bevor wir sie wieder herausließen.

Wenn ich sonst an dunkle Momente in meiner Kindheit denke, erinnere ich mich an Szenen, in denen *mir* übel mitgespielt wurde. Offenbar, der Eindruck drängt sich auf, war ich nicht immer nur ein netter Junge. Bin ich meinem eigenen Opfermythos aufgesessen?

18.10 Uhr: Was heißt das eigentlich, kein Kind mehr zu sein? Man weiß es so genau, dass man es eigentlich gar nicht weiß.

Als Erwachsener verwaltet man sein Leben, als Kind lebt man es?

18.25 Uhr: Schatten klettern die Wand hoch. Die Sonne steht schon tief.

19.00 Uhr: Immer noch entspannt.

19.30 Uhr: Entspannt.

20.00 Uhr: Eine Idee: Ein Ort, an den ich im Herbst gerne mit meiner Freundin reisen will. Innere Bilder dazu.

20.04 Uhr: Mehr Ideen: Worüber ich demnächst schreiben will, was ich mit einem guten Freund unternehmen möchte. Wie ich das Nichtstun von heute in meinen Alltag einbauen kann.

20.30 Uhr: Ich wippe mit den Zehen, nicht aus Ungeduld, eher ein Tanzschritt.

22.45 Uhr: Alle Pläne umgeworfen. Neue Pläne.

Als ich am nächsten Morgen aufwache, tut mir der Rücken weh. Ansonsten fühle ich mich voller Tatendrang.

Kein Wunder, schließlich habe ich gestern nichts getan, wirklich nichts.

Erst mal raus, denke ich – und mache mich auf den Weg. Vielleicht im Café frühstücken?

Von meinem Platz im Bus aus sehe ich hinter der Glasfassade eines Bürohauses ein paar Frühmotivierte in einem Fitnessstudio trainieren. Unser moderner Körperkult hat viel mit der besessenen Suche nach dem perfekten Glück zu tun, denke ich, während ich zwei junge Frauen beobachte, die sich mit verzerrten Gesichtern auf Crosstrainern abmühen. »Es ist nicht leicht, das Glück in sich selbst zu finden, aber es ist unmöglich, es in einem anderen zu finden.« Einer dieser Sätze, die in Aphoris-

mensammlungen im Internet ganz oben erscheinen.[40] Jetzt
kommt mir der Satz plötzlich in den Sinn. Klingt gut und
stimmt sicher auch. Aber dann sucht man in sich nach dem
Glück und weiß nicht recht, wo genau – und fängt eben beim
eigenen Körper an. Den sieht man immerhin. Und andere sehen ihn auch. Man baut sich einen Körper, der aussieht wie der
Körper eines glücklichen Menschen. Ich fühle mich leer? Kein
inneres Glück in Sicht? Kein Problem, nach dem Besuch im Fitnessstudio bin ich immerhin dem äußeren Panzer wieder ein
Stück näher gekommen, der Muskelschicht, die mich vor den
Blicken anderer schützt. Plötzlich denke ich daran, wie ich als
Jugendlicher jahrelang eine Sportart nach der anderen ausprobiert habe: Tischtennis, Tennis, Fußball, Leichtathletik, sogar so
etwas Absurdes wie Ringtennis. Machte auch wirklich alles
Spaß. Aber – fünf Tage die Woche, und am Wochenende dann
die Meisterschaftsspiele? War das nicht doch etwas obsessiv? Im
Grunde, denke ich heute, wollte ich vor allem eines: nicht mit
mir allein sein. Weil irgendetwas fehlte und ich nicht lange genug unbeschäftigt sein wollte, um mich zu fragen, was eigentlich. Stattdessen: Arbeit am Körper. Obsessiver Sport. Der natürlich auch als Business hervorragend funktioniert. Über acht
Millionen Deutsche sind Mitglied eines Fitnessstudios und bezahlen gutes Geld dafür, ihren Körper dort auf Crosstrainer und
Laufbänder zu stellen oder unter Hanteln zu legen.[41]

Dabei soll der Körper heute nicht nur attraktiv wirken, er
muss auch gesund sein – oder zumindest so erscheinen. Alles,
was auch nur verdachtsweise der Gesundheit schadet, gerät unter Rechtfertigungszwang. Ziel ist das Bild einer umfassenden
Gesundheit, die von den Muskeln und Sehnen aus bis in die

Tiefe ausstrahlt, bis ins Geistige, Seelische hinein, das sich wiederum an der Oberfläche in glänzenden Augen und funkelnder Lebensfreude auszudrücken hat.

Der perfekte Ausdruck all dessen ist der Yogawahn.

Mein guter Freund Klaus Lüber hat vor ein paar Jahren mit dem Yoga angefangen, in einem Berliner Studio. Die Übungen hat er, wie so viele andere Menschen auch, hingebungsvoll und mit Begeisterung aufgenommen. Und mit einer erstaunlichen Disziplin. »Gummimatte ausrollen, Vorbeuge, Rückbeuge, Atmen, am besten jeden Tag eine Stunde«, hat Klaus darüber in einem Artikel für die *Welt* geschrieben, den ich für dieses Buch noch einmal gelesen habe.[42] »Eigentlich merkwürdig«, fährt er fort. »Selbst das gesunde, erfüllte, glückliche Leben wird immer mehr zu einer Frage der Disziplin.«

Yoga ist in unseren Städten längst zum festen Bestandteil des urbanen Lifestyles geworden, über vier Millionen Deutsche rollen täglich ihre Matte aus. »Der Geist wird ruhiger, der Körper gesünder, das Dasein sinnvoller«, so hat Klaus es mir gesagt, als wir uns über Yoga unterhalten haben. »Aber irgendwie bin ich den Eindruck nicht losgeworden, dass das alles eine merkwürdige Mischung aus Spiritualität, Leistungskult und Marketing ist. Und mitten in mein Grübeln hinein habe ich dann Rückenprobleme bekommen.«

Rückenprobleme? Beim Yoga? Noch dazu mein Freund Klaus, der jede neue Sportart schon ausprobiert hat, bevor ich davon überhaupt höre?

»Nach einem Jahr, fünfmal die Woche eine Stunde täglich. Ich habe mich erst gewundert, schließlich ist das alles doch so gesund. Aber dann habe ich mit mehr und mehr Leuten gesprochen, und es hat sich herausgestellt, dass sogar Yogalehrer immer öfter zum Arzt müssen, weil sie unter massiven Gelenkproblemen leiden. Einfach, weil sie exzessiv Yoga machen.«

Hatha-Yoga zum Beispiel ist sehr körperbetont. Klaus hat nachgeforscht und herausgefunden, dass diese Art von Yoga mit einer gezielten Marketingstrategie beworben wird. Das Wort »Hatha«, hat mir Klaus erklärt, wird von den Veranstaltern und Lehrern als harmonische Zusammenführung von Sonne (Ha) und Mond (Tha) angepriesen. In Wahrheit heiße »Hatha« im Sanskrit aber »Zwang, Gewalt und Anstrengung«.

Yoga soll uns von den Auswirkungen des Wettbewerbsdrucks erlösen, der unsere Körper zeichnet – dabei ist die Yoga-Welt selbst ein Markt, ein Kampf von Anbietern um das Recht, uns zu entspannen. Regelrechte Marken entstehen, die sich immer weiter ausdifferenzieren. »Trademark-Yoga«, nennt Klaus das. »Man kombiniere Altes und Neues zu einem besonders gut zu vermarktenden Produkt. Zum Beispiel die Idee, in aufgeheizten Räumen zu trainieren, wie beim Bikram-Yoga. Oder Muskelmasse zuzulegen wie beim Power-Yoga. Das traditionelle Yoga, von dem alle immer sprechen, gibt es eigentlich schon seit über 100 Jahren nicht mehr. Das war einmal ein Übungssystem für religiöse Vollprofis, um sich aus der materiellen Welt herauszulösen, ihr Ego zu überwinden – und heute wird das als Übungsprogramm für gestresste Großstädter benutzt, die sich einfach für den nächsten Tag im Job fitmachen wollen. Und die da auch noch die gleiche Disziplinwut mit reinnehmen.«

Natürlich kann Yoga auch helfen, den Druck des Selbstoptimierungswahns durch Entspannungsübungen, Stärkung des Körpergefühls und Versenkung in den Augenblick zu mildern.

Doch in einer paradoxen Verkehrung der Ziele werden eben die Körpertechniken, die uns Befreiung von den Zwängen der Leistungsgesellschaft versprechen, oft selbst zu einem Werkzeug der Selbstoptimierung. Klaus hat deshalb mit dem Yoga aufgehört: weil er sich dabei ertappt hat, dass er selbst auf der Yogamatte verbissen an sich arbeitete.

Natürlich ist es nicht nur Yoga. Und Yoga vielleicht noch weniger als andere Sparten der Körper- und Wohlfühlindustrie. Die entwickelt sich ständig weiter. Monatsweise wird eine alles verändernde Einsicht verkündet. Zunächst wird die neue Idee von einigen wenigen aufgegriffen, den Trendsettern; wenn sie sich bewährt hat, wird sie an den Massenmarkt gebracht, in Lifestyle-Magazinen beworben und von Promis vorgelebt. Nach diesem Muster verbreiten sich die neuesten Kunstgriffe der Schönheitschirurgen, Wellnesstrends, Yoga-Subdisziplinen mit immer ausgefalleneren Namen, die neuesten Mittel fürs Gehirndoping und natürlich, ganz altmodisch, die aktuellsten Diäten. Die Industriezweige, die dabei entstehen, sind oft ähnlich breit aufgestellt und verzweigt wie die Automobilindustrie. An den (vermeintlich) Adipösen verdienen zum Beispiel nicht nur die Anbieter von Diätmitteln, sondern auch die Hersteller von Light-Lebensmitteln, die Pharmafirmen, Nischennutznießer wie die Anbieter von Bürsten zum »Wegrubbeln des Fetts«, Therapeuten und Coaches, die Autoren von Diätratgebern und deren Verlage sowie zum Beispiel Biotech-Firmen, die Gentests erstellen, um beim Abnehmen zu helfen. Und natürlich gibt es Unternehmen, die gleich an mehreren Stellen in der Diätkette Geld verdienen. Zum Beispiel die Veteranen der Diätindustrie, die guten alten Weight Watchers. Die organisieren nicht nur

Treffen von Gleichgesinnten und vermitteln Betreuer und Coaches. Die Weight Watchers sind auch ein Unternehmen mit Millionenumsätzen, das selbst Lebensmittel mit eigenem Logo verkauft, vom Joghurt bis zur Fertigpizza.[43]

Das Paradoxe dabei ist: Wir sollen ein perfektes Bild von Vitalität verkörpern – und gleichzeitig auf wirklichen Genuss verzichten. Was tun wir mit all der Fitness und Gesundheit? Meist nur das, was von uns erwartet wird: Leistung bringen.

»Die reichsten Bevölkerungen der Welt«, schreibt der österreichische Philosoph Robert Pfaller, haben verlernt, »sich die Frage zu stellen, wofür es zu leben lohnt.«[44] Statt uns zu fragen, wozu wir leben, sind wir nur noch damit beschäftigt, zu funktionieren und möglichst lange zu leben. Es ist ein Klima der »maßlosen Mäßigung«[45] entstanden, in dem Dinge wie Feiern, Alkohol, Rauchen, Faulsein, ja selbst Schlafmangel, Sarkasmus oder schwarzer Humor verdächtig geworden sind – anstößig.

Das perfekte Symbol unserer Zeit ist deshalb das sogenannte »Year-Zero-Gesicht«. So wird ein Gesicht bezeichnet, das mit Botox und anderen schönheitschirurgischen Mitteln auf einem bestimmten Alterstand eingefroren ist, dem 36. Lebensjahr. Das »Year-Zero«-Gesicht ist der Versuch einer neuen Landmarke der Schönheitsindustrie. Alterslos sei dieses Gesicht, so wird es zumindest behauptet – »Year-Zero« eben, die Stunde null der biographischen Schönheitskurve. Der Pegel, um den herum unsere Bemühungen um Schönheit und Gesundheit sich einpendeln sollen. Ein Gesicht um die Mitte 30, ein Mittelwert, Durchschnittswert, ein minimaler, auf die Zahl gebrachter Spielraum, in dem sich die gebändigte und uns ständig neu zu verkaufende Individualität noch ausdrücken, soll heißen: optimieren darf.

Die Null ist die neue Sehnsucht. Weil sie alles verspricht und nichts ist.

Der Rest ist Botox.

Tagebuch aus der Welt der Anti-Selbstoptimierung

Sechster Selbstversuch: Einen Tag lang alles essen, worauf ich Lust habe. Egal, was. Egal, wie viel.

9.45 Uhr: Endlich im Café. Zwei Cappuccino, Brötchen, ein Omelett, ein Croissant, ein Marzipanhörnchen, ein Schoko-hörnchen. Frisches Obst. Noch ein Croissant. Joghurt. Das ist offenbar das Frühstück, das ich zu mir nehme, wenn ich essen darf, wie und was ich will.

10.00 Uhr: Erstes wirkliches Problem: Weil ich mich nicht einschränke, kriege ich ganz andere Gelüste. Ich habe Bock, eine zu rauchen. Nach fünf Jahren Abstinenz.

10.05 Uhr: Muss man heutzutage wirklich draußen rauchen? Immerhin ist mir jetzt die Lust auf eine Kippe vergangen.

10.31 Uhr: Nutella gab es in meiner Kindheit nicht. Stattdes-sen servierte meine Mutter eine Schokoladencreme, die mora-lisch und gesundheitlich empfehlenswert war. Selbstverständ-lich selbstgemacht. Ich bestelle eine Crêpe. Mit Nutella.

10.40 Uhr: Nochmal Crêpe mit Nutella.

10.45 Uhr: Als Kind klingelte ich in den Ferien fast täglich bei einem Freund, der aus einer Arbeiterfamilie kam. Daran muss ich jetzt denken. Dort gab es die teure Nutella. Und lecke-res Weißbrot.

Wir Kinder wohlbestellter 68er-Akademikerfamilien! Ich war nicht der Einzige, der aus Gesundheitsgründen zu Hause keine Nutella bekam.

11.30 Uhr: Nutella?

11.35 Uhr: Ja!

Ich sitze im Café, esse meine dritte Crêpe und blicke nach draußen. Mir fällt eine Nachricht aus der Welt der Zahnärzte ein, die mich vor einiger Zeit erschüttert hat. Erschüttert, weil ich ein sehr obsessives Verhältnis zur Gesundheit meiner Zähne pflege. Seit ein Zahnarzt zum ersten Mal sanft lächelnd einen Bohrer in meinem vorderen Mundraum ansetzte und mir durch das, was folgte, ein für alle Mal klarmachte, dass die Welt böse ist – seitdem putze ich mir regelmäßig die Zähne. Manisch regelmäßig, wie gewisse Mitglieder meiner Familie lästern. Und immer direkt nach dem Essen – selbst wenn ich im Flugzeug zwischen zwei Sumoringern eingeklemmt sitze oder bei der Neujahrsparty eigentlich gerade zum Knutschen mit der Freundin übergehen wollte. Aber so ist es nun einmal: Nach dem Essen, zum Beispiel nach meinem morgendlichen Müsli mit viel gesundem, frischem Obst, denke ich immer nur an eins: Weg mit den bösen Bakterien, so schnell wie möglich.

Jetzt habe ich gelesen, dass ich auf diese Weise einen fatalen Fehler begehe, und zwar Tag für Tag seit etwa meinem sechsten Lebensjahr. Wie inzwischen offenbar jeder weiß, darf man sich nach dem Verzehr von Obst auf keinen Fall sofort die Zähne putzen. Man soll mit Milch gurgeln, 30 Minuten warten – und erst dann putzen, keinesfalls früher. Denn die Fruchtsäure weicht den Zahnschmelz auf. Statt meine Zähne zu schützen, habe ich sie also in all den Jahren systematisch beschädigt!

Ist das nicht furchtbar? Man hält sich strikt an einen essentiellen Optimierungsratschlag in Sachen Gesundheit – und plötzlich wird das genaue Gegenteil empfohlen! Was wird als Nächstes kommen? Wird sich herausstellen, dass Vollkornbrot die Magenschleimhaut zerstört? Dass Brokkoli das Gehirn auflöst?

Tagebuch aus der Welt der Anti-Selbstoptimierung

12.30 Uhr: Inzwischen sitze ich in einem Restaurant. Genauer: in meinem Lieblingsrestaurant. Wenn ich heute schon reinhauen darf, dann hier, beim Inder.

12.35 Uhr: Ich habe keinen Hunger. Scheiße.

12.45 Uhr: Fassungslos starre ich auf die Speisekarte. All die tollen sahnelastigen Gerichte, die ich mir heute erlauben kann! Und mir ist immer noch schlecht von all der Nutella-Creme.

Während ich auf den Hunger warte, starre ich auf ein paar Zahnstocher. Die Wissenschaft, denke ich plötzlich, ist einfach nicht die höhere Macht, zu der wir sie in Abwesenheit anderer höherer Mächte so gerne machen möchten. Allein das Beispiel Zahnhygiene. Erstaunlicherweise wissen wir noch immer nicht, wie man sich am besten die Zähne putzen sollte.[46] Kein Witz. Wir sind auf dem Mond gelandet; wir wissen, wie man Atome spaltet; wir können unsere eigenen Gefühle mit Computeralgorithmen messen – aber was die Frage betrifft, wie man sich die Zähne richtig putzt, steht die Wissenschaft noch immer vor einem Rätsel. Zweimal am Tag, am besten mit Zahncreme, die Fluor enthält – so weit sind sich die Experten einig. Doch welche Putztechnik, wie lange, mit wie viel Druck? Natürlich empfiehlt jeder Zahnarzt eine bestimmte Technik, aber ist es wissenschaftlich belegt, dass eine davon die beste ist? Nichts. Nada. Niente.

Jeder Ratgeber strotzt vor neuen, unser Weltbild erschütternden Forschungsergebnissen – doch die zugrunde liegenden Wissenschaften, die Gesundheitswissenschaften zum Beispiel oder die Psychologie, sind nichts als große Sammelbecken von Theorien. Die Theorien widersprechen sich und beruhen auf Forschungsergebnissen, die meist nur bestätigen, was die Forscher sich vorher zu beweisen vorgenommen haben, weil sie sonst Forschungsgelder verschwendet hätten. Und die Statistiken? Trau keiner Statistik, die du nicht selbst gefälscht hast, wie Winston Churchill gesagt hat. Wobei selbst dieser Satz offenbar erfunden ist – ein Versuch des deutschen Propagandaministeriums unter Goebbels, den Kriegsgegner Churchill zu diskreditieren.[47]

Ganz besonders unzuverlässig sind die Statistiken, wenn es um die richtige Ernährung geht. Plötzlich muss ich an eine Geschichte denken, die mir ein etwa 45-jähriger Mitreisender auf einem Flug nach Italien erzählt hat. Ich habe mir damals im Flugzeug ein paar Notizen gemacht, weil ich es sehr interessant fand, was mein Sitznachbar sagte; jetzt versuche ich, die ganze Rede für mein Buch über den Selbstoptimierungswahn zu rekonstruieren, im Restaurant, auf dem noch immer leeren Tisch. Wie fing der Mann damals nochmal an?

Bericht eines verzweifelten Ernährungsoptimierers

Lange Zeit war ich das, was man einen Ernährungsfanatiker nennt. Soll heißen: Auf Blogs, in Bücherregalen und Zeitschriften habe ich jede neue Ernährungsregel aufgespürt und befolgt, und sei sie noch so absurd. Den »heiligen Gral« der Ernährung habe ich jeden Monat neu gefunden – und nach der Lektüre der jeweils nächsten Ernährungsbibel an der nächsten Ecke wieder abgegeben. Das Fazit war immer: »Du isst ungesund – ändere etwas, sonst wirst du fett, krank und stirbst früh!« Doch leichter gesagt als getan. Ich musste bald herausfinden, dass es zu jedem Ernährungstipp eine andere genau entgegengesetzte Empfehlung gibt. Vor allem wird vieles, was heute glänzt wie Gold, morgen als Katzengold entlarvt. Nehmen wir Rohkost. Angeblich eine Wunderdiät. Und was war der Fall? Zwei Monate lang habe ich mich nur von Rohkost ernährt – und irgendwann festgestellt, dass ich vor allem eins hatte: Blähungen. Warum? Ich brauchte nur ein klein wenig Recherche! Rohkost ist gar nicht so gesund. Wer zu viel davon isst, bekommt Verdauungsstörungen. Viele Nahrungsmittel werden vom Körper einfach besser verwertet, wenn sie gekocht sind – deshalb haben die Steinzeitmenschen ja auch so begeistert damit angefangen.

Aber wir essen ja nicht, nur um gesund zu sein. Wie steht es etwa, um nur ein Beispiel zu nehmen, mit der Regel »Joghurt macht schlank«? Ich hab's versucht. Bin ich schön? Bin ich schlank? Na also. Zugegeben: Ein Becher Naturjoghurt mit 1,5 Prozent Fettanteil enthält nur wenig Kalorien – aber die gleiche Menge Joghurt mit Früchten beglückt uns mit der doppelten Kalorienanzahl. Und ohne süße Früchte, was ist da ein

Joghurt? Doch das höchste der Gefühle in Sachen gesunder Ernährung sind natürlich die Gurken, Tomaten, Äpfel und Oran-
gen – all das Obst und Gemüse, mit dem wir uns ins Paradies zu
essen glauben. Die These lautet: Je mehr Pflanzenkost, desto
gesünder. Am besten, wer kennt die Kampagne nicht, sollte
man fünfmal am Tag Obst und Gemüse essen. Auch daran habe
ich mich gehalten – wochen- und monatelang. Und die Folge:
Wieder Blähungen, diesmal bereichert durch Verstopfung und
Aufstoßen. Tatsächlich gibt es keinen Beweis, dass der Genuss
von viel Rot-, Gelb- oder Grünzeug gesund ist – das weiß
ich heute. Es existiert auch kein Nachweis, dass fünf Gemü-
seportionen am Tag die Gesundheit fördern. Dass sich seit dem
Beginn der Obst- und Gemüsekampagne die Fälle von Verstopfung und Durchfall, Aufstoßen und Blähungen vervielfacht
haben, könnte daran liegen, dass bei Ernährungssensiblen
wie mir die vielen Ballaststoffe, der Fruchtzucker und andere
schwer verdauliche Bestandteile für Rumor im Darm sorgen.
Könnte, wohlgemerkt, denn auch hier gilt: »Nichts Genaues
weiß man nicht.«

Aber was wir *nicht* essen sollten – das zumindest ist doch
wohl glasklar? Fleisch zum Beispiel! Fleisch ist böse, nicht
wahr? Und wer Fleisch isst, auch? So denken viele, die Steak,
Wurst und Schnitzel für ungesund halten – und lange Zeit war
ich einer von ihnen. Aber Achtung – zu jeder Studie gibt es eine
Gegenstudie! Das gilt auch für das böse Fleisch. So hat eine österreichische Universität inzwischen herausgefunden, dass Fleisch-
esser weniger Krankheiten haben als Vegetarier.[48] Und eine
Analyse der Universität Cambridge hat ergeben: Tierische Fette
haben keinen Einfluss auf Herzkrankheiten.[49] An dem Tag, an

dem ich das gehört habe, habe ich in einem Supermarkt all das gekauft, worauf ich Lust hatte: Obst, Gemüse, aber auch Schokolade, eine Putenbrust, einen Sahnejoghurt und zwei Flaschen Wein. Es war ein guter Tag.

Und jetzt? Wo bin ich jetzt? Mein Fazit habe ich mir hart ergessen. Meine neue Philosophie ist: Wenn wir wollen, dass uns unser Körper glücklich macht – dann müssen wir unserem Körper wieder vertrauen. Nur der weiß, welches Essen für ihn gesund ist. Die Alternative zum Essen nach pseudowissenschaftlichen Erkenntnissen lautet: Ich esse nur noch, wenn ich echten Hunger habe – und zwar nur das, worauf ich Lust habe, was mir schmeckt und gut bekommt. Wir Menschen sind unterschiedlich, auch in unserer Verdauung. Also sollten wir auch unterschiedlich essen.

Tagebuch aus der Welt der Anti-Selbstoptimierung

13.30 Uhr: Ich schiebe meinen Laptop zur Seite. Inzwischen hat sich wieder Hunger eingestellt, na also. Und immerhin habe ich jetzt sogar ein wenig gearbeitet.

13.33 Uhr: Ich entscheide mich für das Büfett. Erstaunlich: Zum ersten Mal in meiner Büfett-Karriere staple ich das Essen nicht auf meinem Teller. Soll heißen, ausnahmsweise verhalte ich mich wie ein normaler Mensch. Der Grund: Ich *darf* ja heute. Ich muss weder mich selbst noch meine Begleiter betrügen, indem ich »nur« einen Teller nehme, den dann aber mit so viel Essen fülle, dass eigentlich drei Teller dafür noch zu wenig wären.

13.50 Uhr: Zwei Samosa, zwei Naam-Brote mit Käse. Ein Kokoscurry. Ein gebratener Käse. Ein halber Teller »Murgh Bhunna« Hähnchencurry.

14.20 Uhr: Immerhin, den Salat lasse ich liegen.

14.35 Uhr: Insgesamt dreimal am Büfett. Lecker! Jetzt zahlen – und dann erst mal spazieren gehen.

15.30 Uhr: Ein Kiosk. Nachtisch? Ja! Ich kaufe Schokolade und süßsaure Gummicolafläschchen.

15.40 Uhr: Immer noch nichts von der Schokolade gegessen.

15.50 Uhr: Nichts. Erstaunlich.

16.15 Uhr: Eine neue Ära, offensichtlich.

16.45 Uhr: Mir ist schlecht. Von der Tafel Schokolade und den Gummicolafläschchen, die ich in einer plötzlichen Fressattacke verschlungen habe.

17.00 Uhr: Warum? Warum?

17.05 Uhr: Meine These: Der Heißhunger, der mich ständig quält, kommt daher, dass ich als Kind das Gefühl hatte, bestimmte Speisen einfach nicht zu bekommen. Nutella, Gummibärchen, Cola, Pommes... all diese ungesunden Dinge, die mir als Kind als der Inbegriff von leckerem Essen erschienen. Offenbar will mein erwachsener Magen das nachholen, wann immer sich die Gelegenheit bietet. Nach dem Essanfall fühle ich mich dann allerdings derart entwürdigt, dass ich mir nur mit Selbsthass und fürchterlich genusslosen Vorsätzen zu helfen weiß. Und so wieder meinen Platz auf der Heute-vernünftig-morgen-komplett-unkontrolliert-Wippe einnehme.

Und jetzt? Soll ich eine App auf mein Smartphone laden, die mich per Vibrationsalarm warnt, wenn ich mein Essen zu hastig hinunterschlinge? Oder nur noch mit speziellen Gabeln essen, die per Sensoren mein Esstempo überwachen?[50] All das gibt es inzwischen. Aber solche Gadgets stellen ja auch wieder nur eine Form von Entmündigung dar. Was ich brauche, ist ein gesundes Verhältnis zur Gesundheit. Ein aufmerksames, widerspenstiges Verhältnis zu meinem Körper. Weder zu viel noch zu wenig auf meinen Körper achten, das wär's!

Es ist Nachmittag, ein leicht bewölkter Sommertag. So ein Tag, an dem die Menschen nicht richtig wissen, ob sie die Jacken zu Hause lassen können, weil es ja eigentlich warm genug sein sollte – oder sie lieber doch mitnehmen, weil es ja eventuell doch regnen wird. Ein sehr typischer Tag in Deutschland also. Ich stehe an einer Bushaltestelle und starre auf eine junge Frau mir gegenüber, die sich definitiv gegen ihre Jacke entschieden hat. Auf ihrem größtenteils nackten Rücken sehe ich einen tätowierten Schriftzug. In schnörkeliger schwarzer Schrift prangt da ein zentraler Satz der Selbstoptimierung: »Carpe diem«, »Nutze den Tag«. Erstaunlich viele junge Deutsche aus allen sozialen Schichten lassen sich heute ihr Lebensmotto auf den Körper stechen. In der letzten Zeit sehe ich solche Tätowierungen auf Ober- und Unterarmen, auf Rücken und Nacken, kurz: auf so ziemlich allen beschriftungsfähigen Hautflächen. »Gib jedem Tag die Chance, der beste deines Lebens zu werden«, steht da dann beispielsweise. Oder: »Wer kämpft, kann verlieren. Wer nicht kämpft, hat schon verloren.« Was mich daran fasziniert: Es ist ein bisschen, als sei die Optimierung des Körpers in diesem neuen Trend selbst perfektioniert. Wenn wir unseren Körper optimieren, ob nun unter dem Messer eines Schönheitschirurgen oder auf einem Crosstrainer im Fitnessstudio, dann auch und gerade, um ihn optimiert vorzuzeigen. Im Blick der anderen sehen wir uns selbst, bestätigen uns. Doch Schönheit liegt bekanntlich im Auge des Betrachters; der Eindruck, den wir mit unserem Körper erzielen, ebenfalls. Die in die Haut gestochenen Sprüche heben diese Spannung auf. Sie befreien von der Uneindeutigkeit der Interpretationsarbeit. Wer wissen will, wer ich bin, der kann es lesen, schwarz auf Hautfarbe. Was ich mit meinem Körper ausdrücken will, ist ihm mit der Nadel eingeschrieben – quasi als Zusammenfassung. Das Spannende daran: Der Trend ist widersprüchlich. Denn es gibt nicht nur die eintätowierten Grundformeln der Selbstoptimierung. Andere Hautinschriften spielen mit Doppeldeutigkeiten, haben Humor, setzen die Unwägbarkeiten des Lebens dem Perfektionswahn entgegen. Zum Beispiel ein Tattoo, das einfach aus dem Wort »Tattoo« besteht. Oder auch das etwas altbackene »Errare humanum est« – »Irren ist menschlich.«

Ich denke an Andy Schmidt, mit dem ich für dieses Buch gesprochen habe. Andy Schmidt ist Tätowierer, sein Studio in Willich-Neersen am Niederrhein hat er vor über 20 Jahren gegründet. Auf den Fotos seiner Website, über die ich auf ihn gestoßen bin, grinst Andy Schmidt derart entspannt und auf eine fast herausfordernd sympathische Art, dass es einen Moment dauert, ehe man den Blick vom Gesicht auf die ganze Person wendet und die Tätowierungen an seinen Armen überhaupt wahrnimmt. Tätowierungen sind ein lukrativer Markt geworden, Andy Schmidt ist der Erste, der das zugibt, schließlich verdient er daran. Jeder zweite mittlere Angestellte trägt inzwischen ein Tattoo[51], über sechs Millionen Deutsche sind tätowiert.[52] Es ist eindeutig: Die selbstoptimierende Arbeit am perfekten Körperbild hat die Tattoo-Welt erreicht. Das ist durchaus nicht selbstverständlich. Denn ursprünglich stellte man sich durch Tätowierungen *außerhalb* der Gesellschaft. In der Gefängniskultur etwa dienten und dienen Tätowierungen den Gefangenen dazu, sich einen Rest Freiheit zu bewahren. Die Wärter mögen über die kleinsten Details im Leben der Gefangenen bestimmen, bis hin zum Gang aufs Klo. Doch ihre Tätowierungen kann den Gefangenen keiner nehmen. Wer heute zu Andy Schmidt ins Studio kommt, sucht allerdings oft etwas völlig anderes. »Was nimmt man denn so?«, fragen die Kunden ihren Tätowierer heute schon mal, als wollten sie eine Hose kaufen oder ein T-Shirt. Dass ein bisschen Schmerz dabei ist, nimmt man in Kauf, wenn es darum geht, den nächsten Strandurlaub im Bikini zu planen. Denn das Eigentliche ist der Auftritt danach. Im Augenblick sind in Andy Schmidts Studio Unendlichkeitszeichen sehr gefragt, liegende Achten oder wegfliegende Vögel, gerne auch mal eine Pusteblume. Alles Zeichen von tiefliegenden Wünschen nach Unabhängigkeit und Bestand – die aber vor allem dazu dienen, einander zu zeigen, dass man die gleichen Wünsche hat, das heißt, den gleichen Maßstäben entspricht wie die anderen aus der Gruppe oder wie die Vorbilder in den Lifestyle-Magazinen und Internetvideos. Nach bestimmten TV-Shows, in denen Tätowierungen eine große Rolle spielen, wissen sie in Andy Schmidts Studio schon am Abend zuvor, mit welchen Wünschen die Leute am nächsten Tag zu ihnen kommen werden.

Sich tätowieren, um gesehen zu werden, das kann bizarrerweise dazu führen, dass die Tätowierungen am Körper nach außen wandern, an die sichtbaren Stellen, zum Beispiel die Hände oder den Nacken. Wenn dann das T-Shirt fällt, zeigt sich: Der

Rest des Körpers ist nicht tätowiert. Andy Schmidt selbst ist noch zu einer Zeit aufgewachsen, als es genau umgekehrt war. In der Rockabilly-Szene der 80er-Jahre wurden die Körper an Stellen tätowiert, die man mit einem T-Shirt verdecken konnte, um sie vor Eltern und Arbeitgebern zu verstecken. Schriftzüge waren damals die Ausnahme. Andy Schmidt erinnert sich nur an »FTW«, »Fuck the world«, ein Kürzel, das man sich schon in den 70er-Jahren in die Haut stach, um zu rebellieren. Heute sieht man die Sprüche überall.

Doch selbst ein »Carpe Diem«-Tattoo kann zu einem Zeichen *gegen* die Selbstoptimierung werden: Wenn der Besitzer des Tattoos den Mut hat, es auch dann noch offen zu tragen, wenn das Tattoo außer Mode gekommen ist. Die ersten Tätowierungen, denen dieses Schicksal widerfahren ist, sind die vielgeschmähten »Arschgeweihe«, gerne auch »Schlampenstempel« genannt. Spätestens, als die Bild-Zeitung titelte »Keine Macht dem Arschgeweih«, war einer ganzen Generation von tätowierten Frauen ihr eben noch so cooles Tattoo plötzlich peinlich. Viele standen dann irgendwann beim Tätowierer, zum Beispiel vor Andy Schmidts Tür – und ließen sich ihr Arschgeweih mit Blumen verranken oder sonstwie in Richtung Unkenntlichkeit modifizieren.

Doch andere hatten den Mut, ihr Tattoo zu behalten, zu sich und ihrer Geschichte zu stehen. Ein wenig wie der Mann, der den auf seinem Arm eingestochenen Namen seiner ehemaligen Geliebten nicht per Laser wegbrennen, sondern ihn durchstreichen ließ. Und darunter, ebenfalls als Tätowierung, der klassische Satz der humorvollen Anti-Selbstoptimierung: »Shit happens.«

Tagebuch aus der Welt der Anti-Selbstoptimierung

18.20 Uhr: Es wird dunkel, die Bäume werfen schon Schatten quer über die Straße. Ich stehe vor dem nächsten Restaurant. Diesmal will ich meine Lizenz zum Schlemmen beim Italiener nutzen. Bleibt nur eine Frage: Wo sind die anderen?

18.30 Uhr: Da sind sie.

18.45 Uhr: Meine Freunde sehen mich auffordernd an, als ich den Finger über die Speisekarte wandern lasse. Schaulust, du Freude kleiner Geister! Sie wissen, dass ich heute alles essen darf – und freuen sich auf ein Schlemmspektakel.

18.50 Uhr: Nudeln, Knoblauch, Zwiebeln. »Penne all'arrabbiata« ist so ziemlich das einfachste Gericht der Welt. Nein, ich will wirklich nichts anderes. Sorry.

19.40 Uhr: Auf die Gefahr hin, alle Anwesenden zu enttäuschen: Will sich jemand ein Tiramisu mit mir teilen?

19.50 Uhr: Espresso, ohne Zucker. Kurzes Fazit am Ende der Mahlzeit: Wenn ich darf, wie ich will, will ich offenbar nicht viel. Weil ich dann nicht tief drinnen das Gefühl habe, quasi auf Vorrat schlingen zu müssen? Vielleicht stimmt das ja wirklich? Das wäre wunderbar.

22.00 Uhr: Auf dem Nachhausweg, allein. Ich könnte in einem Spätkauf noch etwas Schokolade kaufen …

Nö. Ich gehe weiter.

23.00 Uhr: Zu Hause, am Küchentisch. Anstoßen mit mir selbst. Wein oder Whisky? Wein! Und ein kleines bisschen Whisky. Es war ein guter Tag! Vielleicht liegt es auch an den vielen Selbstversuchen, die ich in der letzten Zeit gemacht habe, dass ich so gut gelaunt bin. Keiner davon wird, für sich genom-

men, mein Leben ändern. Aber alle zusammen geben mir gerade das Gefühl, einen neuen Blick auf mein Leben zu entwickeln.
Neue Möglichkeiten zu sehen. Dafür, wie ich mein Leben verändern kann, indem ich näher an mir selbst bin, an meinen Bedürfnissen.

Wo wir gerade bei grundsätzlichen Dingen sind … eines noch:
Neulich hatte ich eine Vision. Noch eine, ja. Der Tod kommt mir
entgegen, genau, der Sensenmann, und wie beim letzten Mal, so
geht er auch diesmal wieder quer über den Parkplatz hinter dem
Haus meiner Großeltern. Diesmal bin ich in meiner Vorstellung
so alt, wie ich jetzt bin: 40 Jahre, mit Bauchansatz und ersten Falten, aber zugleich auch stolz auf meinen doch sehr leistungsfähi-
gen Körper, den ich ja auch Tag für Tag durch ein ausgeklügeltes
Fitnessprogramm zwinge.

In meiner Vision sitzen auf der Bank diesmal nicht die zwei
Mädchen, sondern ein älterer Herr hat sich dort niedergelassen,
um die 80, vielleicht auch noch älter. Einer von diesen Alten, die
es kaum noch zu geben scheint, mit Stock und Hut und Leder-
weste, nicht als ewiger Jugendlicher verkleidet wie so viele der
jüngeren Alten heute. Ich bleibe stehen und starre ihn an. Wartet der Alte auf den Tod, der gerade über den Parkplatz schrei-
tet? Warum starrt der Alte dann mich an? Erst jetzt merke ich,
dass er raucht. Er zieht an seiner Zigarette, genüsslich, hustet,
mit einem kaum hörbaren Rasseln, nimmt noch einen Zug,
hustet wieder. Neben ihm auf der Bank steht ein kleiner Flach-
mann, aus dem nimmt er einen langen Schluck. Er leckt sich die
Lippen. Dann steht er auf. Blickt mich noch einmal an, zuckt
mit den Achseln und geht auf den Tod zu. Seine Füße schleifen
leicht, die Hüfte ist steif, aber in seinem Gang ist kein Zögern.

Der Tod grinst mir zu und deutet mit einer Kopfbewegung auf den Alten. So, scheint er zu sagen, hat man das früher gemacht: rauchen, trinken, sich nicht schonen – und irgendwann ist dann gut. So ist das nun mal.

Und du?, fragt mich der Tod, ohne dass er sprechen müsste. Wie wirst du zu mir kommen? Joggend? Mit Bauchmuskelsixpack? Nach einem letzten Teller veganer Kost vom Bio-Inder? Dazu ein letztes alkoholfreies Bier? Prüde bis zum Ekel, aufgeklärt bis zur Mutlosigkeit? Wirst du überhaupt kommen? Oder werde ich dich finden und hinter mir herziehen müssen mit aller sanften Gewalt, die ich habe? Deinen perfekten, leeren, alterslosen Körper. Konserviert für ein Leben, zu dem dir der Mut fehlte.

Oder?

5
Freizeit als Arbeit. Die Optimierung von Genuss und Spontanität

Neues vom Dauerzustand heißt ein Stück von René Pollesch. Der moderne Dauerzustand, um den es darin geht, lässt sich auf eine banale Formel bringen: »Dieser Tag muss einfach dir gehören!« Einige Bereiche, in denen dieses Mantra der Selbstoptimierung in die Tat umgesetzt wird, haben wir bereits ausgeleuchtet: Gut drauf sein (auch wenn es uns scheiße geht), digital optimal auftreten (auch wenn unser nichtdigitales Leben deutlich suboptimal ist), unsere Beziehung harmonisieren (bis es kracht), und natürlich so lange gut und gesund leben, bis wir ganz vergessen haben, wozu.

In diesem und dem nächsten Kapitel geht es um das, was die Selbstoptimierer »Work-Life-Balance« nennen: Karriere machen (siehe nächstes Kapitel) – und neben der Arbeit noch ein Leben haben (dieses Kapitel). Natürlich nicht irgendein Leben. Wo man früher einfach mal gucken konnte, was man mit der freien Zeit anfangen wollte, müssen wir heute nach Büroschluss und am Wochenende von einer erfüllenden Aktivität zur nächsten hetzen: Inline-Skaten, Ausstellungen besuchen, meditieren. Mit der besten Freundin über die Beziehung reden, mit den Kindern Sandburgen bauen, das eigene innere Kind wiederentdecken. Achtsamkeit üben. In einer A-cappella-Gruppe singen. Im Park sitzen und Natur genießen, dabei Demut lernen. Ein romantisches Dinner absolvieren, davor klettern gehen, am nächsten Tag Chinesisch lernen, im Stadttheater Ballett angucken, vorm Insbettgehen noch die Selbstporträts für den Fotokurs bearbeiten. Bis wir dann am Sonntagnachmittag weinend zusammenbrechen. Viel Zeit bleibt dafür allerdings nicht – wir wollen ja nicht zu spät zu unserem teuren Shiatsu-Massage-Kurs kommen … Jeder Programmpunkt für sich ist gar kein Problem, aber alles zusammen und dann immer mit vollem Einsatz und perfekt?

Man sieht schon: Die Freizeit ist auch nicht mehr das, was sie einmal war. Frei jedenfalls nicht. In der »Dieser Tag muss dir gehören!«-Welt macht die Freizeit oft mehr Arbeit als die Arbeit, weshalb sich manche zwischen Chinesischkurs und Triathlon-Training schon auf ihren Schreibtisch im Büro freuen, weil einem da zumindest jemand anderer den Spaß verdirbt – und nicht man selbst.

Früher, vor der Erfindung des geregelten Arbeitstages, gab es überhaupt keine »Freizeit«. Urlaub auch nicht. Wenn etwas zu tun war in Haus und Hof, dann tat man es – wenn nicht, dann nicht. Zumindest außerhalb der Erntezeit konnte es auf dem Land durchaus gemächlich zugehen. Im Mittelalter waren im Kalender so viele kirchliche Feiertage vermerkt, dass zusammengenommen fast ein halbes Jahr Urlaub herauskam. Das ist so viel Zeit, dass manche Historiker argumentieren, der Kapitalismus habe überhaupt erst in Fahrt kommen können, als Luther und andere protestantische Spaßbremsen es sich zur Aufgabe machten, die schönen Feiertage einen nach dem anderen abzuschaffen. Und die Pilgerfahrten? Da konnte schon mal ein halbes Jahr draufgehen, bis der Nachbar wieder aus Santiago de Compostela in Nordspanien zurückgewandert war und endlich wieder bei der Aussaat mithalf: braungebrannt und mit einem seligen Lächeln. (Dass ihm zum perfekten Lächeln ein paar Zähne fehlten, weil er auf dem Rückweg im Wald von Räubern mit äußerst flexiblen Arbeitszeiten überfallen worden war, war gleichfalls eher normal – wir wollen nichts beschönigen.)

Jedenfalls: Freizeit. Die ursprüngliche Idee steckt im Wort: freie Zeit. Als im 19. Jahrhundert die Besitzer der ersten Fabriken feststellten, dass die Arbeitskraft ihrer gerade erst vom Land in die Städte gewanderten Arbeiter wider Erwarten nicht unbegrenzt war, wurde die »Freizeit« eingeführt – die kostbaren Stunden außerhalb der Arbeitszeit, in der die Arbeitskraft wiederherzustellen war. Viel Zeit blieb dazu anfangs nicht: Nach einem 13- oder 14-Stunden-Tag bestand die Freiheit der freien Zeit vor allem darin, todmüde ins Bett zu fallen und das Geschrei der Blagen zu ignorieren, bis man am nächsten Morgen um 5.00 Uhr schon wieder aufzustehen hatte. Die Industrialisierung bedeutete nämlich zunächst vor allem eins: *viel mehr Arbeit*. Nur zögernd verschob sich die Work-Life-Balance in Richtung Freizeit. In einem langwierigen, keineswegs stets friedlichen Aushandlungsprozess zwischen Arbeitgebern (»Arbeitet gefälligst!«) und Arbeitnehmern (»Wir wollen aber auch leben!«) wurde die Arbeitswelt allmählich reformiert. Bis wir zum Acht-Stunden-Tag und der 35-Stunden Woche gelangten – Regelungen, die sich für uns heute normal anfühlen, de facto aber ganz erstaunliche Errungenschaften des modernen Sozialstaats sind.

Zumindest die Angestellten unter uns verfügen so heute über erheblich mehr freie Zeit. Nur – was tun damit?

Ein Tag, der mir gehören soll – den muss ich nutzen! Sprich: optimieren. Dass Fitnesshetze, Gesundheitswahn und Beziehungsmanagement uns viel Selbstoptimierungsenergie abverlangen, darüber haben wir bereits gesprochen. Doch das ganz spezielle Selbstoptimierungsgeschmäckle der Freizeit ist noch ein wenig anders gelagert. Es setzt eine Ebene tiefer an. Heute sollen und wollen wir alles optimieren – sogar unsere Erfahrungen. Soll heißen: Wenn wir unsere Freizeit optimieren, dann geht es nicht einfach darum, möglichst viele der Dinge zu erledigen, die auf unserer To-do-Liste für die freie Zeit stehen. Neu ist, dass wir in unserer Freizeit auch eine ganz besondere Art zu erleben üben. Wir wollen nicht einfach essen – wir wollen das Essen *genießen*. Wir wollen den Wein nicht nur trinken, wir wollen ihn *schätzen,* besser noch*: goutieren*. Wir machen nicht einfach Urlaub – wir wollen *entdecken, erfahren, erleben, uns hinreißen lassen, endlich zu uns kommen* und gleichzeitig *für immer jemand anderer werden*. Das sind nur einige der Schlagworte, mit denen wir uns selbst optimale Erfahrungen und Reaktionen abverlangen. Und natürlich fordern wir von uns und anderen die *maximale* Entspannung, die *erstaunlichsten* Entdeckungen, die *authentischsten* Begegnungen. Verzweifelt bemühen wir uns, das zu optimieren, was uns über der ganzen Optimiererei zwischen den Händen zerrinnt: den lebendigen

Augenblick – unsere Fähigkeit, spontan zu sein, uns überraschen zu lassen, unser Gefühl, am Leben zu sein. Was für ein
Paradox, dass wir dazu eben die Mittel der Selbstoptimierung
einsetzen, die unser Leben ohnehin zur abzuarbeitenden Re-
zeptur austrocknen! So hat unsere Suche etwas von einem ab-
surden Theaterstück, in dem die Mittel und die Zwecke einfach
nicht zueinander passen wollen: Wir sehnen uns so sehr nach
Spontanität, dass wir sie uns verordnen – jeden Samstag um
13.30 Uhr. Nachmittags nehmen wir uns und unsere Umgebung dreimal fünf Minuten mit allen Sinnen bewusst wahr, natürlich ohne die Situation vorschnell zu bewerten. Zwischen
16.00 und 16.30 Uhr finden wir das Leben lebenswert. Und
Punkt 19.00 Uhr fordern wir von unserem Partner eine mindestens 90-sekündige spontan-innige Umarmung ein. Den Augenblick wahrnehmen? Kein Problem, wir achten einfach darauf,
ständig achtsam zu sein – so sehr, dass wir auf alles achten, nur
nicht darauf, dass Achtsamkeit als Habachtstellung nun mal
nicht funktioniert.

»Kann man Genuss planen?«, wird Lebensfreude-Coach Ka-
rima Stockmann auf einer Genuss-Website gefragt.[53] Antwort:
»Auf jeden Fall. Einfach regelmäßig eine Stunde für den puren
Genuss reservieren.«

Purer Genuss auf Knopfdruck? Geht's noch? Können wir
nichts mehr sich selbst überlassen? Müssen wir alles planen,
kontrollieren – optimieren?

Ein berühmte paradoxe Aufforderung lautet: »Sei spontan!«
Das ist logischerweise ähnlich unmöglich zu befolgen wie die
dringende Bitte »Entspann dich!«. Oder der Beziehungsklassi-
ker: »Kauf mir endlich Blumen – aber bitte nicht, weil ich dich

jetzt darum bitte.« (Gerne folgt dann: »Und wo wir schon dabei sind: Mach es mir nicht dauernd recht!«) Bestimmte Dinge kann man sich aber nun mal nicht verordnen. Wenn wir das Unbekannte, Spontane suchen, sind Vorsätze und Methodik Gift.

Mein nächster Selbstversuch setzt genau hier an. Nein, keine Fotos mit Löwen in Afrika. Auch kein Kitesurfen bei Windstärke zehn in San Diego.

Einfacher. Zufälliger. Genau: der Zufall!

Einen Tag lang werde ich mich nur vom Zufall leiten lassen – auf dem Weg durch die Stadt. Was wird aus meiner Freizeit, wenn ich sie nicht plane, optimiere – sondern der Zufall für mich entscheidet?

Klingt bescheuert, unsinnig, absurd? Genau das soll es ja auch sein! Ständig treffe ich Grundsatzentscheidungen, um mich und mein Leben zu optimieren; heute werde ich einmal nicht besser wissen als das Leben, was gut für mich ist.

Tagebuch aus der Welt der Anti-Selbstoptimierung

Siebter Selbstversuch: Einen Tag lang zufallsgeleitet (m)eine Stadt entdecken.

9.15 Uhr: Marseille, Südfrankreich, Rue Curiol. Meine Freundin und ich leben zwischen Deutschland und Frankreich, deshalb haben wir in Marseille eine Wohnung gemietet. Allerdings noch nicht lange, und so kennen wir Marseille vor allem von der offiziellen Seite her: Die Museen und Buchten, die Restaurants am Hafen, die Villen an der Küste. Kurz: Wir kennen die Stadt von der idyllischen, aber doch etwas oberflächlichen Seite, die uns von anderen Menschen empfohlen worden ist. Der Selbstversuch ist eine gute Gelegenheit, Marseille besser kennenzulernen. Heute folgen wir statt Reiseführern oder Tipp-Listen dem Zufall.

9.17 Uhr: Was wir zuerst entdecken, als wir die Wohnung verlassen: Der Zufall ist zu Hause geblieben. Wir haben den Würfel vergessen, der die Zufallsentscheidungen für uns treffen soll.

9.18 Uhr: Zurück in der Wohnung. Wo ist der Würfel? Zum Glück gibt es direkt um die Ecke einen Laden, der auch Spiele führt.

9.35 Uhr: Das erste Mal würfeln. Drei Möglichkeiten: links (1, 2), geradeaus (3, 4) oder rechts (5, 6). Meine Freundin hält ein kleines Brett vor sich, ich werfe den Würfel, der herausfordernd langsam über das Brett rollt. Eine 5. Also rechts den Boulevard rauf.

9.39 Uhr: Rechts.

9.43 Uhr: Rechts.

9.47 Uhr: Rechts.

9.51 Uhr: Erstaunlich, aber wahr: Wir stehen wieder vor unserem Haus. Meine Freundin möchte gerne kurz etwas im Internet nachschauen, in der Wohnung. Kein Internet, murmele ich und werfe dem Würfel einen bösen Blick zu. Keine Sightseeingtipps, keine Karten, keine Routen!

9.58 Uhr: Boulevard de la Libération.

10.04 Uhr: Rue Louis Grobet.

10.10 Uhr: Wir verlassen unser Viertel, das 1. Arrondissement, das Zentrum Marseilles. Der Würfel schickt uns eine Unterführung hinunter, sie markiert die Grenze zum benachbarten Arrondissement, einem Arbeiterviertel. Viel Zeit zum Erkunden bleibt nicht: Fünf Minuten später treibt uns der Zufall schon wieder durch die Unterführung zurück, diesmal bergauf.

10.20 Uhr: An einer Seitenwand der Unterführung entdecken wir ein Graffito, etwas versteckt, das uns fasziniert. Meine Freundin macht zehn Minuten lang Fotos, offenbar sind unterschiedliche Winkel und Objektive unabdingbar. Sonst nervt mich ihre Fotomanie, weil sie uns aufhält. Heute ist das anders. Da wir nirgendwo ankommen müssen, sind alle Beteiligten sehr entspannt. Mit »alle« meine ich vor allem mich.

10.50 Uhr: Wir sind noch immer im Zentrum, etwas näher am Hafen, die Gegend kenne ich gut. Dachte ich. Jetzt stehen wir vor einem Haus, das ich zwar schon gesehen, aber offenbar noch nie wirklich wahrgenommen habe. Die Fassade ist extrem ungepflegt, man merkt erst auf den zweiten Blick, dass das Gebäude im Haussmann-Stil errichtet ist. Im Hinterhof entdecken wir eine kleine Galerie. Sofas im Hof, Lampen, überall Blumen. Wir setzen uns auf eines der Sofas, blicken die bemalten Innenwände des Hofs empor und nicken dem Würfel anerkennend zu.

11.15 Uhr: Rue de la République.

11.45 Uhr: Boulevard des Dames.

12.15 Uhr: Hunger?

12.25 Uhr: Hunger!

12.30 Uhr: Restaurant?

12.32 Uhr: Restaurant! Da vorne ist auch schon eins …

12.35 Uhr: Eine der Regeln heute lautet: An jeder Querstraße müssen wir würfeln. Das hat jetzt eine fatale Konsequenz.

Das Restaurant liegt knapp hinter einer Kreuzung. Jedes Mal wenn wir uns dem Restaurant nähern, zwingt uns der Würfel wieder in eine andere Richtung. Anschließend führt er uns in einem Bogen wieder bis zu der Kreuzung vor dem Restaurant.

12.45 Uhr: Gibt es hier in der Ecke wirklich nur Geschäfte, Galerien – und *ein einziges* Restaurant?

12.50 Uhr: Ich hasse dich, Würfel!

12.55 Uhr: Hunger! Verdammt!

13.05 Uhr: Lieber Würfel, eine Bitte. Wenn du meine Beziehung ruinieren willst, ist das okay. Aber lass uns zuerst noch etwas essen, ja …?!

Um mich abzulenken, denke ich an ein Gespräch, das ich vor kurzem mit Falko Löffler geführt habe, einem Schriftsteller und Computerspielautor. Falko Löffler kennt sich mit den Strapazen der Freizeit gut aus. Sein Spezialgebiet: die Qualen des modernen Urlaubs. *Bin ich blöd und fahr in Urlaub? Zuhausebleiben ist der beste Tipp* – so heißt Löfflers Buch dazu.

»Urlaub«, hat mir Falko Löffler gesagt, »heißt, eine Fiktion kaufen. Im Katalog hat alles fünf Sterne, darauf fällt man rein. Und de facto ist dann schon der Weg von A nach B so anstrengend, dass man sich die ersten Tage nur von der Hinreise erholen muss.« Als Löffler einmal mit Frau und Kindern zum Familienurlaub in die Türkei reisen wollte, hatten sie so gebucht, dass sie familienfreundlich tagsüber fliegen konnten. Gut gedacht. Doch dann wurde die Abreise von der Fluggesellschaft auf den Abend verlegt. Am Reisetag selbst verzögerte Platzregen den Abflug. Als sie morgens um fünf endlich in der Türkei ankamen, war nicht nur den Kindern zum Heulen zumute.

Wie heißt es so schön? Urlaub ist die organisierteste Form, sich seine freie Zeit zu verderben.

Ich kenne das von mir selbst: In den letzten Jahren und Jahrzehnten hat es mich in etliche Länder und teils entlegene Ecken der Welt verschlagen. Klingt aufregend. War es auch, selbst wenn es in meinem Fall viel mit Arbeit zu tun hatte. Aber die fixe Idee, dass Reisen etwas mit Entdecken, Abenteuern, mit außergewöhnlichen Erlebnissen und überraschenden Begegnungen zu tun haben sollte, diese Idee kann einen auch ganz schön auf Trab halten. Mit Erholung ist dann nicht viel, höchstens in den letzten Tagen, und wenn man dann, endlich entspannungswillig, das Hotelfenster öffnet, hat garantiert über Nacht eine Baustelle direkt vor dem Hotel ihr fröhliches Dezibel-Lager bezogen.

Dass es mit dem Entspannen im Urlaub oft nicht so richtig klappen will, hat auch noch einen anderen Grund.

Zeit einfach vergehen zu lassen, sie nicht zu »nutzen«, eine Grundvoraussetzung von Entspannung, fällt uns verblüffend schwer. Nichtstun ist wortwörtlich etwas, wovor sich viele Menschen fürchten. In einem Experiment setzten Wissenschaftler die Teilnehmer einzeln in einen Raum.[54] Dort sollten sie nichts weiter tun, als sechs bis fünfzehn Minuten still zu sitzen. Die meisten Probanden berichteten, dass sie sich dabei deutlich unwohl fühlten. Im einem zweiten Experiment stellten die Forscher die Teilnehmer vor die Wahl, während einer 15-minütigen Ruhezeit ihren Gedanken nachzuhängen – oder sich einen leichten Elektroschock zu verpassen. Das Ergebnis: Zwei Drittel der Männer und ein Viertel der Frauen versetzten sich lieber einen elektrischen Schlag, als nichts zu tun. So beängstigend war die Aussicht, 15 Minuten lang still sitzen und sich mit sich selbst beschäftigen zu müssen!

Wenn es also beim Urlaub nicht ums Abschalten geht oder zumindest nicht ausschließlich – worum geht es dann? Folgt man Falko Löffler, dann treibt uns ein vertrautes Motiv der Selbstoptimierung an. »Urlaub«, so Löffler, »wird heute oft als Wettbewerb angegangen. Nach dem Motto: Wenn ich schon im Beruf erfolgreich bin und tolle Kinder habe, dann will ich auch im Urlaub zeigen, dass ich an alle Ecken der Welt reise und jedenfalls keinen Standardurlaub mache.«

Klar, schon früher reisten manche Menschen vor allem deshalb in den Urlaub, um Ansichtskarten zu kaufen. Doch heute muss man mit dem Angeben nicht einmal mehr auf die Rückreise warten. Die Leute können live aus ihrem Urlaub prahlen. »Einige meiner Freunde«, hat mir Falko Löffler erzählt, »habe ich bei Facebook ausgeblendet, weil sie einen nur noch mit Fotos vollballern von all den tollen Sachen, die sie sehen und essen. Das ist mittlerweile ein essentieller Teil des Urlaubs, nur so glauben die überhaupt, dass sie im Urlaub sind. Die posten das Bild von dem Ort, an dem sie sind, und nur wenn sie 50 Likes kriegen, stimmt es überhaupt.«

Im Urlaub, so ist das, stirbt die Wahrheit als Erstes.

»Niemand, der aus dem Urlaub zurückkommt, will sagen, dass das Essen schlecht war, dass alle Durchfall hatten und die Kinder genervt haben. Schon gar nicht, wenn man 3000 Euro investiert hat. Das will auch keiner hören!«, so Löffler. Und so basteln wir im Urlaub oft vor allem an einem: unserer Erzählung vom perfekten Urlaub. Wir posten Bilder von exotischen Pyramiden für unsere 452 Facebook-Freunde, versenden einen stolzen Selbstverwirklichungstweet, sobald wir das Tor des Aschrams in Indien durchschritten haben, fotografieren in Indonesien Teller mit fernöstlichen Speisen, damit alle unsere Social-Media-Freunde auch ja sehen, was sie verpassen.

Vor allem wollen wir damit angeben, was wir alles ausprobiert haben. Schon mal in einem Stahlkorb in der Karibik drei Meter unter der Wasseroberfläche von Haien umkreist worden? Oder wenigstens wilde Pandas in Südchina gerettet? Experimentierfreude – alles mal gemacht haben – ist ein Selbstoptimierungsparameter, der gerade für jüngere Urlauber wichtig geworden ist. Die noch Jüngeren, die Teenager, geben mit Exzess an. Klassischerweise auf Mallorca oder an der dalmatinischen Küste, wo etwa in das Städtchen Novalja Sommer für Sommer Jugendliche aus 80 Ländern einfallen, Zehntausende Briten, Deutsche und Österreicher, die aus Reisebussen wie aus Raumschiffkapseln aussteigen und das ehemals beschauliche Fischerstädtchen in der Nähe des Partystrands Zrće eine Saison lang belagern. Sie springen vom Bungee-Kran, tanzen, lassen die Sau raus und gehen nachts auch gerne mal nackt zum Kotzen auf den Marktplatz. Die liebenswerten Selbstporträts moderner Teenager als halbnackte Alkoholleichen vor dem Gebäude der Stadtverwaltung – sie versprechen Distinktionsgewinn bei den Mitschülern zu Hause oder auf Facebook. Jede Generation brüstet sich eben auf ihre Weise. Der Erlebnisurlaub reiferer Mitbürger besteht zum Beispiel darin, 212 römische Kirchen zu besuchen und akribisch deren Fresken zu vergleichen, einfach, weil es ein so »ergreifendes Erlebnis« ist. Da man keine Mails verschicken kann (Passwort vergessen), füllt man eben die Seiten eines Tagebuchs, in dem man schon mal die schwärmerischen Sätze vorformuliert, mit denen man zu

Hause die Freundinnen zu beeindrucken gedenkt. Im selben Tagebuch kann man sich gleich auch noch über den Partner beschweren, der ab Kirchenportal Nr. 47 nur noch entgeistert auf sein Smartphone starrt, da ihn nur die letzten Bundesligaergebnisse vorm kulturellen Erstickungstod bewahren.

Touristen sind immer nur die anderen. Was uns aber alle vereint: die Urlaubsprahlerei. Und der Stress.

Das Wort »Stress« kommt übrigens aus der Industrie. Materialien geraten unter Stress, wenn sie sich durch äußere Krafteinwirkung anspannen, verzerren oder verbiegen.

Anspannen? Verzerren? Verbiegen? Im Urlaub?! Muss das wirklich sein, dass wir uns anschließend auch noch von den Ferien erholen müssen?

Stell dir vor, es ist Urlaub – und keiner geht hin. So hält es Falko Löffler. Statt in die Ferne zu schweifen, bleibt er lieber zu Hause. »Man jammert doch immer, dass man keine Zeit hat – für den Garten, um Bücher zu lesen, um mit Freunden wegzugehen. Das mache ich zu Hause im Urlaub. Alles nachholen, aber ohne Stress, nach dem Lust-und-Laune-Prinzip. Morgens aufstehen, zwei Stunden Playstation spielen oder im Wald joggen gehen und dann machen, worauf man Lust hat.«

Wir brauchen eben gar nicht immer äußere Tapetenwechsel – ein innerer Tapetenwechsel kann ausreichen. Die beste Urlaubsingredienz der Welt besteht darin, einfach nicht zu funktionieren – auch den eigenen Ansprüchen gegenüber: etwas weniger aufregend, etwas weniger erfüllend, dafür etwas mehr wir, wie wir wirklich sind – das wär's schon.

Dass es oft unsere eigenen Ansprüche sind, die uns den Urlaub verleiden, lässt sich übrigens gut daran erkennen, dass sich geplagte Großstädter meist sehr gut erholen, wenn sie statt des Traumurlaubs in der Karibik eine vom Arzt verordnete Kur in Hessen oder Brandenburg antreten. Gar nicht mal wegen all der schönen medizinischen Anwendungen, der regelmäßigen Bewegung und der freien Zeit ohne Familie. Auch wichtig, klar. Doch eine Kur ist vor allem eins: eine Form der medizinisch legitimierten Befreiung vom Selbstoptimierungswahn. Die nächsten drei Wochen, wird einem beim Eintritt ins Kurhaus klar, geb ich einfach die Verantwortung ab. Von jetzt an mach ich einfach, was die sagen. Ich hänge meine Selbstoptimierungsfreiheit an den Nagel – und tausche sie gegen drei Wochen Entspannung ein.

Tagebuch aus der Welt der Anti-Selbstoptimierung

14.00 Uhr: Essen. Endlich. Und die Pizzen sind so riesig, dass wir die zweite Pizza mit den Gästen am Nebentisch teilen!

Als der Hungernebel sich lichtet, stelle ich fest, dass uns der Würfel auf der Suche nach einem Restaurant zu einer wirklich sehr netten Pizzeria in einer Nebenstraße geführt hat. Da ich nach vollendeter Nahrungsaufnahme nun auch wieder mehrsilbig denken kann, schalte ich mich in das Gespräch ein, das meine Freundin mit den Gästen am Nebentisch führt. Zwei Marokkanerinnen. Sie machen Urlaub hier.

14.30 Uhr: Verabschiedung. Weiter geht's.

14.33 Uhr: Joliette. Rue de Forbin.

14.37 Uhr: Rue Malaval.

14.40 Uhr: Wir stehen wieder vor der Pizzeria. Haha, lieber Würfel, das hatten wir schon.

Während meine Freundin ein Foto von dem denkwürdigen Restaurant macht, muss ich an einen anderen Selbstversuch denken, den ich mir für dieses Buch vorgenommen habe: »Den inneren Langweiler entdecken«. Sonst soll man ja immer seinen inneren Reichtum erschließen, feststellen, wie unendlich kreativ man ist, offen, mutig und inspirierend. Da wir an diesem überzogenen Selbstbild nur scheitern können, sind wir am Ende nicht jubelnd kreativ, sondern mutlos und depressiv. Meine Idee ist, einmal das Gegenteil zu tun, also den inneren Langweiler rauszulassen: den Druck abstreifen, etwas Besonderes sein zu müssen. Die Freiheit entdecken, normal zu sein. Ich beschließe, es jetzt schon einmal auszuprobieren. Meine Opfer: die marokkanischen Touristinnen, die gerade die Pizzeria verlassen. Da wir nun schon zum zweiten Mal aufeinandertreffen, will das Schicksal offensichtlich, dass wir noch in einem Café ein paar Häuser weiter einen Tee trinken. Meine Freundin und die beiden Damen tauschen faszinierende Geschichten über ferne Länder und Reiseabenteuer aus – während ich einfach damit zufrieden bin, ein Langweiler zu sein, farblos, uncharmant. Ich erzähle nichts Besonderes, will keinen tollen ersten Eindruck erwecken – und finde das sehr entspannend. Irgendwann fällt mir auf, wie gut mir der Tee gerade schmeckt und wie nett es ist, mit den beiden Marokkanerinnen und meiner Freundin hierzusitzen. Das sage ich, mehr nicht.

15.30 Uhr: Wieder allein. Die Marokkanerinnen haben sich ganz begeistert von uns verabschiedet. Erstaunlicherweise fanden sie nicht nur meine Freundin nett, sondern auch mich, und das, obwohl ich kaum zwei Sätze gesagt habe.

Dafür war das, was ich gesagt habe, ehrlich.

15.40 Uhr: Wir bauen unserem Zufallsgenerator einen Turbo ein: Bei 1, 2 oder 3 nehmen wir das nächste öffentliche Nahverkehrsmittel, egal wohin, und zwar bis zur Endhaltestelle. Bei 4, 5 oder 6 gehen wir zu Fuß weiter.

15.45 Uhr: Das nächste öffentliche Verkehrsmittel ist eine Straßenbahn. Sie fährt nicht weit. Doch es reicht, um uns aus dem Zentrum an den Rand der sogenannten »Quartiers Nord« zu bringen. Die Quartiers Nord von Marseille sind in ganz Frankreich ein Begriff, ihre einladenden Markenzeichen sind Armut, Gewalt und Schmutz. Wenn in Südfrankreich mal wieder ein Drogendealer mit der Kalaschnikow erschossen wurde, dann vermutlich hier.

Erst einmal stehen wir aber an einer Ampel. Meine Freundin will ein paar Fotos machen, solange sie sich noch keine Sorgen um ihre Kamera machen muss. Mich fasziniert vor allem eine Bank, die ich neben einem Stromkasten erspähe. Kurz hinsetzen? Die Lauferei macht müde. Und mir sind ein paar Gedanken gekommen, die ich gerne für das Buch notieren möchte.

Woher kommt es eigentlich, dass mir manchmal mit einem Schlag so melancholisch zumute ist, wenn ich versuche, »Natur zu genießen« oder »einer Pflanze beim Wachsen zuzuschauen«? Es ist eine unerwartete, etwas deprimierende Erfahrung; ich habe sie vor ein paar Minuten wieder gemacht, als wir vor einer besonders schönen Platane gestanden haben. Ich blicke auf den Baum, ich will mich auf die unzweifelhaft vorhandene Schönheit der Welt einlassen – und fühle mich plötzlich einen kaum fassbaren Moment lang den Tränen nah. Geht das eigentlich noch jemand anderem so? Als wäre in der Schönheit der Welt immer auch eine Frage an mich enthalten: Kann ich mich wirklich darauf einlassen? Kann ich das: mich hingeben? Eine unfassbare Mischung aus Leichtigkeit und Schwere.

In seinem Buch *Die einsame Masse* denkt David Riesman darüber nach, warum uns das Loslassen so schwerfällt. Der außengeleitete Mensch, der typische Mensch unserer Zeit, argumentiert Riesman, rechtfertigt selbst in seiner Freizeit jede Tätigkeit, selbst das Lockersein, unter dem Blickwinkel der Arbeit an sich. Wie Riesman schreibt: »Von außen wirkt es, als sei der außengeleitete Mensch kein Puritaner.(...) Die Art, wie er seine Wohnung und sein Leben einrichtet, seine Umgangsformen, seine Moralvorstellung, alles ist eher lässig. Doch die Härte des Puritanismus überlebt in der Art, wie dieser Typ Mensch sich in seiner Freizeit ausbeutet. Wenn er sich ein paar freie Tage nimmt, mag er sagen: ›Das bin ich mir schuldig.‹ Aber das ›mir‹ in diesem Satz ist ein bisschen wie ein Auto oder ein Haus, das sorgsam in Schuss gehalten werden muss, um es irgendwann weiterzuverkaufen. Der außengeleitete Mensch hat kein echtes Selbst, keinen Kern seiner Identität, zu dem hin er fliehen könnte.«[55]

Wie wir an unserem Freizeit-Ich arbeiten, das schauen wir anderen ab, schon von klein an. Ein Kind, das heute Klavier lernt, kann das kaum noch, ohne sich, fast automatisch, mit den Musikern zu vergleichen, die es auf seinem MP3-Player hört oder auf Youtube sieht. Seine Freunde, seine Eltern, die Lehrer, alle vergleichen automatisch die Art, wie das Kind spielt, mit solchen Vorbildern – und sei es in Form scherzhafter Anspielungen oder als Lob. Woran auch immer sich ein Heranwachsender heute versucht, eine Collage, ein Gitarrenriff oder ein Zaubertrick, es wird verglichen, eingeordnet und beurteilt. Diese Stimmen verinnerlichen wir – und vergleichen uns am Ende selbst dann noch mit anderen, wenn wir allein sind.

So ist es für uns schließlich oft weniger wichtig, was wir tun, als wie wir uns darüber mit anderen austauschen können. Wir sind eher daran interessiert, klug und humorvoll über eine neue Band sprechen zu können, als daran, selbst Musik zu machen. Es ist uns wichtiger, genau über die faszinierenden neuesten Entwicklungen der Bundesliga Bescheid zu wissen, als selbst Fußball zu spielen. Doch wollen wir nicht auch Spaß haben? Sogar eine ganze Menge? Ja, nicht zuletzt, weil Genuss und Lebensfreude die neuen Maßstäbe des Erfolgs sind. Doch damit stehen wir vor einem neuen Problem. Es ist ungleich schwerer zu beurteilen, ob jemand sein Leben genießt (Lächeln? Aber ist es echt?) oder ob er oder sie beruflich Erfolg hat (Karriere, Porsche, Eigenheim). Die alten Statussymbole sind out, verschrien, belächelt, zumindest von den Eliten – doch die neuen Statussymbole sind ihrem Wesen nach so flüchtig und ungreifbar, dass wir nicht umhinkönnen, uns noch öfter und gründlicher mit anderen zu vergleichen. Woher sollen wir sonst wissen, dass wir uns auf die richtige Art wohlfühlen? So blättern wir beiläufig durch Lifestyle-Magazine, durchforsten die sozialen Medien, zappen uns durch TV-Kanäle. An welchen Orten relaxen die Kollegen? Welche Funsportart ist dieses Jahr in? Oder auch: Wie sieht das eigentlich aus, wenn man ein »spontaner Mensch« ist? Wie zeigt man das? Zum Beispiel, indem man vor Lebensfreude in die Luft springt. Und also sind dann plötzlich erst die Lifestyle-Magazine und dann die Facebook-Posts voller Fotos, auf denen alle dauernd begeistert in die Luft springen, auf Bootsstegen, vor Sehenswürdigkeiten, in Parks.

Tagebuch aus der Welt der Anti-Selbstoptimierung

16.05 Uhr: Wir wandern durch ein Niemandsland zwischen Autobahnzubringern, Hochhaussiedlungen und versprengten Bürgerhäusern mit Imbissen im Erdgeschoss. Die Quartiers Nord von Marseille. Hier waren wir noch nie. Und wären ohne den Würfel vermutlich auch nie hergekommen.

16.20 Uhr: Bis zu 1,3 Millionen Euro werden in manchen der »Cités«, der Wohnhaussiedlungen, im Monat umgesetzt, das sind rund 50 000 Euro am Tag – allein durch den Verkauf von Drogen.

16.25 Uhr: Wir unterhalten uns mit zwei Männern vor einer Autowerkstatt. Ob es hier nur Autowerkstätten und Imbisse gebe, fragen wir. Ratten, antworten die Männer, die gebe es auch. Beide sind in Algerien geboren. Seit 30 Jahren leben sie in den Quartiers Nord. Es ist ein heißer Tag, sie laden uns zu einem Tee ein. Der Front National stellt in Marseille einen Bezirksbürgermeister, und zwar ausgerecht in den Quartiers Nord. Eine rechtsradikale Partei, die auch unter den Einwanderern Anhänger hat – wie ist das möglich? Sicherheit, sagt Ahmed, ist allen wichtig, dafür steht der Front National nun mal. Aber was sich wirklich ändern muss, ist die Sache mit den Jobs, ergänzt Maroufin: In Geschäften wie Ikea stellen sie Leute aus anderen, viel weiter entfernten Vierteln von Marseille ein – weil die keine arabischen Namen haben. Etwas weniger Arbeitslosigkeit – dann wählt auch niemand mehr den Front National, ist er überzeugt.

17.00 Uhr: Bougainville, Busbahnhof. Wir würfeln. 6 – das ist der Bus nach »Malpassé«. Den Namen haben wir noch nie gehört. Zurück ins Zentrum? Nein, die Straße schlängelt sich in die Höhe. Baustellen, Einkaufszentren, noch mehr Wohnsiedlungen. Marseille ist von Bergketten umgeben. Unter uns weitet sich die Bucht, wir blicken auf das Mittelmeer, die Inseln, das Chateau d'If, wo in Dumas' Roman der Graf von Monte Christo gefangen gehalten wird. Die ganze grün glitzernde, in Licht getauchte Küste. Postkartenpanorama. Wahnsinn.

Auf den Straßen sieht man nur noch die Söhne und Töchter der Einwanderer. Vermutlich ist denen der Panoramablick weniger wichtig. Jobs und Sicherheit wären ihnen lieber.

17.10 Uhr: Noch weiter oben.

17.20 Uhr: Der Bus hält, Endstation. Wir steigen aus. Ein paar Schritte, dann setzen wir uns auf eine Mauer und blicken auf Marseille.

Ich zücke meinen E-Reader, auf dem ich ein gutes Dutzend Ratgeber gespeichert habe, und blättere darin. Eins ist klar, denke ich: Wenn wir sogar in der Freizeit so viel Selbstoptimierungsdruck verspüren, dann liegt das auch an der wuchernden Selbsthilfeindustrie. Die erste Generation von Ratgebern und Beratern hat uns noch bei konkreten Vorhaben weitergeholfen: Wie lege ich einen Garten an? Wie bereite ich einen Ausflug in die Wildnis vor? Heute dagegen gibt es nicht nur zu den skurrilsten Themen einen Ratgeber. Unwohl ist mir vor allem, weil sich eine neue Generation Ratgeber unser Ich vorknöpft – seine Tauglichkeit für die Freizeit, seine Glücks- und Genussfähigkeit. Der Gartenratgeber fordert uns auf, das Unkraut im realen Garten zu jäten. Der »Ich«-Ratgeber geht ans Unkraut im Seelengarten. Weil große Versprechen große Absatzzahlen fördern, wird mit Rundum-Transformationen und strahlenden Persönlichkeits-Neuanfängen geworben. Die großen Versprechungen wiederum erhöhen den Druck, den inneren Umbau radikal und schnell in Angriff zu nehmen. Eins ist offensichtlich: Es ist anstrengend geworden, in der Freizeit man selbst zu sein – anstrengend und teuer. Wenn das Ich und seine Genussfähigkeit erst mal zur Baustelle erklärt worden sind, dann reicht es nicht, einmal die Fenster aufzumachen und durchzulüften – dann muss das ganze Haus renoviert werden.

Doch die Sehnsucht, endlich einmal *nicht* mehr an sich arbeiten zu müssen, ist inzwischen fast genauso groß wie die Sehnsucht, ein anderer zu werden. Vielleicht verkaufen sich deshalb Anti-Ratgeber so gut, etwa der Titel *Ich bleib so scheiße, wie ich bin*, weil sie zuallererst einmal einen ungeheuren Erleichterungsreflex auslösen. Sich selbst einfach mal in Ruhe lassen dürfen, das kann heute eine frohe Botschaft sein!

Tagebuch aus der Welt der Anti-Selbstoptimierung

19.00 Uhr: Unter uns legen sich Schatten über die Stadt, in der Dämmerung verschwimmt die Küstenlinie. Auf den Betonflächen vor den Wohnhaussiedlungen Teenager statt spielender Kinder.

19.15 Uhr: Ehrlich gesagt: Ich möchte nach Hause. Ich bin müde. Und ich möchte auch gerne wieder selbst entscheiden, ob wir an der nächsten Straßenkreuzung links oder rechts gehen. Doch meine Freundin schüttelt den Kopf. Sie hat Spaß, sagt sie. Sie will weitermachen.

19.16 Uhr: Ja?

19.17 Uhr: Ja!

19.19 Uhr: Okay.

19.35 Uhr: Weinranken, Palmen, gemeißelte Dekoration. Ein Villenviertel. Unglaublich, auf wie engem Raum Arm und Reich in Marseille aufeinanderstoßen.

19.45 Uhr: Hochhäuser.

19.50 Uhr: Villen.

20.05 Uhr: Hochhäuser.

20.12 Uhr: Und jetzt?!

20.15 Uhr: Wir haben gewürfelt: Das Spiel ist aus.

20.16 Uhr: Puh …

20.30 Uhr: Die U-Bahn fährt direkt bis ins Zentrum. Während der Zug anfährt, blicke ich aus dem Fenster. Marseille ist voller Überraschungen. Meine Freundin auch. Wie viel Spaß sie an unserem gemeinsamen Abenteuer hatte!

Für uns als Paar war es ein toller Tag. Einem Würfel durch eine fremde Stadt zu folgen, ist vermutlich keine Reisemethode, die ich für einen ganzen Urlaub empfehlen würde. Aber es ist definitiv eine wirksame Technik, um einen besonderen Tag zu verbringen. Weil keine Ziele feststehen und darum kein Erwartungsdruck herrscht. Und weil man sich einfach überraschen lassen kann – beziehungsweise ohnehin keine andere Wahl hat. Schon deshalb ist man außergewöhnlich aufmerksam.

Andererseits: wie angenehm, jetzt einfach auf dem schnellsten Weg nach Hause zu fahren.

Vor ein paar Jahren habe ich in Varanasi in Indien an einem Meditationsseminar teilgenommen. Zehn Tage lang meditierten wir schweigend, zehn Stunden am Tag. Es war die Hölle. Knieschmerzen, Rückenschmerzen. Frust, Wut. Und dann, am achten, neunten Tag plötzlich ein unglaublich gelassenes, fröhliches Gefühl, zwei ganze Tage lang. Ein inneres Aufatmen. Dann verließen wir das Gebäude. Ah – innere Ruhe! Nur war es draußen leider überhaupt nicht ruhig. Ganz Indien feierte genau an diesem Tag »Holi«, das verrückteste Fest der Welt. Sie denken an all die wunderschönen Bilder von Menschen, die sich ausgelassen mit Farbstaub bewerfen? Zumindest in Varanasi geht es dabei in Wirklichkeit so gewalttätig und roh zu, dass auch mal Backsteine fliegen. Frauen müssen ohnehin zu Hause bleiben. Ich war erst ziemlich geschockt, als ich in dieses laute, wütende, bunte Chaos trat. Dann musste ich unglaublich lachen. Die Welt hat Besseres zu tun, als auf meine innere Reife zu warten. Die Welt ist, was sie ist: chaotisch, unberechenbar, aufregend. Und wenn ich mir etwas für mein Freizeitleben wünschen dürfte – dann die Genussfähigkeit, die ich damals im Farbenregen von Varanasi an den Tag legte: einfach lachen. Shit happens. Wie jeder weiß, der in Indien mal perfekt genießend seine Urlaubspläne verfolgt hat – nur um plötzlich zu merken, in was man da gerade getreten ist, weil man vor lauter ganzheitlicher Begeisterung die heilige Kuh vor einem nicht mehr gesehen hat.

Was wäre noch wünschenswert? Gefühlen eine Chance zu geben, die sonst unterschätzt werden. Langeweile zum Beispiel. Es gibt eine zähe, lähmende Langeweile, aber es gibt auch eine schöpferische Langeweile, nämlich die innere und äußere Stille, die nötig ist, wenn wirklich Neues entstehen soll. Ein bisschen, wie wenn man dem Zufall in Form eines Würfels dreimal um denselben Block folgt – ehe man dann plötzlich auf etwas Unvermutetes, Überraschendes stößt. Wobei das Neue auch das Gewohnte sein kann, eben unter einem neuen Blickwinkel.

Oder Faulheit. Auch Faulheit kann absolut nötig sein, tage-
lang, wochenlang. Ob im Sessel oder in der Hängematte. Hätte
der Buddha nicht gemächlich unterm Baum gesessen, wäre er
vermutlich nicht erleuchtet worden. Faulheit ist unberechenbar – denn der Faule kann jederzeit mitgerissen werden, von
einer Idee, einem Bild, das absolut unbeherrschbar, zwingend,
begeisternd ist. Warum? Weil das, was im Universum der Faulheit geboren wird, wirklich *uns* gehört. Weil es Zeit hatte zu rei-
fen. Weil es gründlich verdaut in unseren Stoffwechsel gelangt.
Das Wort »Muße« stammt vom althochdeutschen »muoza« ab,
was »Gelegenheit, Möglichkeit« bedeutet. Beispielsweise die
Möglichkeit, sich von Zwängen zu befreien. Die Möglichkeit,
überhaupt eine Möglichkeit zu haben.

6
Erfolg und Karriere.
Klassische Zwänge der Selbstoptimierung
in ihrer heutigen Form

In den USA gibt es sogenannte »Megachurches«, Kirchen, die jede Woche von mehr als 4000 Menschen besucht werden, manche sogar von bis zu 30 000 Gläubigen. In den letzten Jahrzehnten ist die Zahl dieser meist evangelikalen Kirchen stark angestiegen, auch außerhalb der USA, etwa in Brasilien oder Korea. Es sind Orte, an denen Zuversicht herrscht. Leid, Aufopferung und Erlösung sind dort keine zentralen Themen. Das Diesseits spielt die Hauptrolle. Ein Haus am Hang mit Dachterrasse? Ein schnelleres Auto mit Massagesitzen und Ambientebeleuchtung? Kein Problem, erschallt es von der Kanzel: Gott ist dazu da, unsere materiellen Wünsche zu erfüllen. »Gott will, dass du reich bist«, das ist die Kernbotschaft. Du musst es nur wirklich wollen – dann ist es möglich. Zumindest Pastoren wie Joyce Meyer hat Gott dabei offenbar schon geholfen. Meyer, die auch im Fernsehen auftritt, hat mit der Botschaft vom Glück auf Erden Hunderte Millionen Dollar verdient; sie nutzt einen

Privatjet und geht ihren niedrigeren Bedürfnissen auf einem antiken Marmorklo nach, für das Gott ihr 23 000 Dollar zugespielt hat.

Amerikanische Beispiele für Trends wirken oft extrem. Und das Beispiel der Megakirchen *ist* extrem. Doch es zeigt deutlich: Im Zeitalter der Selbstoptimierung rückt der Glaube an die Machbarkeit von materiellem Erfolg selbst dorthin vor, wo sonst gerade das Materielle mit Misstrauen beäugt wird, nämlich in die Kirchen. Uns steht alles zu, ist die neue Botschaft. Wir haben ein gottgegebenes Anrecht auf Erfolg.

Ironischerweise macht das Beispiel der Megachurches aber noch etwas anderes deutlich. Die Besucher der Lakewood Church in Houston etwa sind meist Arbeiter.[56] »Zwei Drittel hier sind Schwarze und Latinos, nur wenige wirken, als hätten sie je einen lukrativen Buchvertrag gelandet oder wären auch nur einmal in der ersten Klasse geflogen.«[57] Das Beispiel zeigt: Der extreme Optimismus, der neuerdings nicht nur in den Megakirchen gepredigt und gepflegt wird, ist oft genug nur die Kehrseite einer Welt, in der die sozialen Unterschiede immer drastischer ausfallen, einer Welt voller Abstiegsangst. Vielen der Menschen, die so gerne an die Erfolgsverheißungen und Reichtumsmärchen glauben wollen, geht es überhaupt nicht gut.

Während in den Megachurches der Wunsch nach Wohlstand als infantile Sehnsucht mit magischen Mitteln und Mittelchen besänftigt (und zugleich geschürt) wird, setzt, gerade in den USA, eine boomende Ratgeberliteratur inzwischen auf einen deutlich raueren Umgangston. Materieller Wohlstand ist ein Kernbereich der Selbstoptimierung – die ersten Ratgeber des 20. Jahrhunderts wiesen Wege zu Karriere und Vermögen. Im

21. Jahrhundert wird beruflicher Erfolg zum Überlebenskampf stilisiert. Bücher wie *The Fighter's Heart* und *The Fighter's Mind* erheben Kampf- und Extremsportler zu Vorbildern für die Karriereplanung. Ein anderer Erfolgsbestseller, *The Gorilla's Mind*, bringt den Lesern bei, wie sie »das Tier in sich zähmen und auf die Welt loslassen können«. In Motivationsseminaren werden die Teilnehmer angespornt, alles zu geben, um die ersehnte Stelle zu ergattern oder endlich die erste Million zu verdienen. In vielen Vorträgen taucht eine bestimmte Anekdote auf. Es geht um einen Guru. Dieser Guru harrt nicht im Himalaya in einer Höhle aus; er meditiert sich auch nicht mittels asketischer Atemtechniken auf die andere Seite des Samsara, der leidvollen Begierdenwelt der buddhistischen Glaubenslehre. Der Guru aus der Motivationsseminars-Anekdote wartet in der Brandung der amerikanischen Pazifikküste auf diejenigen, die ihm nachfolgen wollen. Er legt seine warmen Hände um den Kopf des Suchenden vor ihm, blickt ihm bis auf den Grund seiner zu motivierenden Klientenseele – und fragt: »Willst du wissen, welche Einstellung man braucht, um Erfolg zu haben?« Der Suchende nickt. Da reißt der Guru den Kopf des Mannes nach unten und drückt ihn unter Wasser. Wasser dringt in die Lunge des Mannes. Er erstickt fast. Mit aller Kraft kämpft er um Luft.

»Das«, sagt der Guru, als er den Kopf des Mannes wieder über Wasser zieht, »ist die Einstellung, die du brauchst, um reich zu werden: als würdest du ums Überleben kämpfen, als ginge es darum, dich vorm Ersticken zu retten.«

Waterboarding für Selbstoptimierer. Die eigene Urangst wird als letzte Optimierungsressource genutzt, wenn alle anderen

Ich-Anteile vor Selbstüberforderung erschöpft aufgegeben haben. Extremer Karriere-Masochismus auf der einen Seite, die infantilisierende »Alles ist gut«-Botschaft der Megakirchen auf der anderen Seite – in diesem Spannungsfeld bewegt sich die Selbstoptimierung von Beruf und Erfolg heute.

Was die beiden Extreme eint: Lächeln. Zwangsoptimismus. Ein Klassiker unter den Ratgebern, Dale Carnegies *Wie man Freunde gewinnt. Die Kunst, beliebt und einflußreich zu werden* aus dem Jahr 1936, hat ganze Generationen nicht nur in den USA darauf eingestimmt, beruflichen Ehrgeiz und das Versprühen guter Laune auf durchschlagende und für alle Beteiligten ununterscheidbare Weise zu vermengen. »Probieren Sie diese neuen Methoden – und Sie werden erleben, dass sie Wunder wirken!«, schreibt Carnegie.[58] »Menschen, die lächeln«, zitiert er einen Experten, »haben als Manager, Lehrer und Verkäufer meist mehr Erfolg, und sie erziehen glücklichere Kinder.«[59] Lächelnd zeigen wir der Welt, dass uns alles zusteht, vom Millionenscheck bis zur perfekt glücklichen Familie – und nehmen zugleich den Kampf um die moderne Karriere auf, denn in einer dienstleistungsorientierten Gesellschaft ist das Lächeln, nicht der Ellbogen das probate Mittel, um sich durchzusetzen.

Es gibt viel zu lernen – und wir müssen unser Werkzeug in Schuss halten. Auch hierzulande setzen sich Scharen erfolgshungriger Selbstoptimierer hoffnungsfroh und zahlungswillig in Hotelseminarräume zwischen Flensburg und Nürnberg. Sie nehmen an Motivationsseminaren wie denen des »Erfolgstrainers« Carsten Beyreuther teil. »Mit dieser Woche beginnt ein extremer Prozess«, heißt es bei Beyreuther in gut amerikanisch-drastischer Manier. Um seine deutschen Erfolgsjünger

dort abzuholen, wo sie sind, in eher nüchternen Methaphern-
welten, wechselt er kurz darauf ins Ingenieurssprech: »Wir geben dem Kunden die Chance, seine Konstruktionsfehler zu
überdenken.«[60] In jedem Fall lautet das Ziel des Seminars: »Von
Zero to Hero« – von der Null zum Helden. Wunschdenken
kommt eben immer gut an – noch dazu als pseudowissenschaft-
liche Powerpoint-Präsentation. Auch in Deutschland zeigen
»Golden Rules«-Bücher, wie man angeblich schnell und todsi-
cher Karriere machen kann, und Geschäftsleute verraten *Das
wirkliche Erfolgsgeheimnis von Jung-Millionären.* Und auch hierzulande wird die Sprache inzwischen direkter: *Sie sind für Erfolg
geboren* lautet ein Titel, ein anderer *Der Weg des Tigers. Erkenne,
warum du besonders bist, und erreiche jedes Ziel.* Immerhin, wer
nicht gleich die erste Million verdient, darf sich trösten lassen:
*Warum keiner will, dass du nach oben kommst ... und wie ich
es trotzdem geschafft habe.* Doch die Stoßrichtung bleibt deutlich: Erfolg ist nichts für Weicheier. Ein Karriereratgeber aus
den USA bringt es im Titel der deutschen Ausgabe folgender-
maßen auf den Punkt: *Halt den Mund, hör auf zu heulen und
mach deinen Job.*

Ich selbst arbeite als Journalist und Autor. Noch vor ein paar
Jahren hatte ich eine feste Stelle mit tarifvertraglich geschütz-
tem Anrecht auf Urlaub und Krankengeld. Als ich dann selbständig wurde, ahnte ich schon, dass meine neue Existenz als
freier Autor mich nicht unbedingt von heute auf morgen reich
und berühmt machen würde. Arm und erfolglos, das lag eher
im Bereich des Möglichen. Trotzdem hatte ich von Anfang an
viel Freude an der Arbeit. Doch würde ich ohne die feste Struk-
tur des Bürolebens diszipliniert genug arbeiten? Bett und Sofa

in der Nähe, Fernseher und Facebook nur einen Klick entfernt? Aus Sorge, mein Arbeitspensum nicht anders bewältigen zu können, habe ich mir in den letzten Jahren angewöhnt, sehr effizient und diszipliniert zu arbeiten. Ich habe meine Arbeit als Selbständiger durchoptimiert. Doch inzwischen habe ich manchmal den Eindruck, dass ich vor lauter To-do-Listen und Tagesplänen kaum noch Luft zum Atmen habe. Manchmal kommen mir meine Tage vor wie ein einziger Wettlauf gegen die Uhr. Der Startschuss ist mein Wecker. Und ab dann renne ich. Mails lesen, noch vor dem Frühstück. Artikel oder Reportagen planen, dazu mit potenziellen Auftraggebern telefonieren. An einem aktuellen Text schreiben. Unerwartete Anrufe beantworten, nochmal in die Mails schauen, dem Handwerker die Tür öffnen. Batterien kaufen, Mikrofon checken, zum Interview fahren. Nebenher noch Druckerpapier kaufen, Post einwerfen, Spülmittel nicht vergessen. Arbeitsessen. Spülmittel? Doch nochmal in den Supermarkt. Jetzt habe ich allerdings vergessen, in der Bibliothek Recherchematerial auszuleihen. Und ständig der Blick auf die Uhr! Ich hetze von einem Tagesordnungspunkt zum anderen. 9.30 Uhr am Schreibtisch. 10.15 Uhr Telefontermin. 10.30 Uhr Besprechung. 11.00 Uhr nächster Telefontermin. 11.15 bis 12.30 Uhr Schreiben. 12.45 Uhr Arbeitsessen. 13.20 Uhr Aufzeichnung Studio. Und das ist erst der Vormittag. Noch abends um halb acht, auf dem Weg ins Kino, wo ich mich mit meiner Freundin treffe, fahre ich Schlangenlinien mit dem Rad, weil ich schnell noch eine dringende Mail an eine Redakteurin ins Smartphone tippe.

Das führt mich zum Selbstversuch dieses Kapitels: drei Tage lang komplett ohne Uhr leben. Ohne Zeitmanagement.

Das Ziel: meinen Rhythmus finden – und schauen, ob ich auch ohne Uhrzwang beruflich noch etwas hinbekomme. Statt mich in ein Planungskorsett zu spannen, werde ich in diesen drei Tagen nichts tun, weil ich es von mir verlange (Kategorie: Wollen), sondern nur weil ich es möchte (Bedürfnis) – und das ohne Uhr. Kann ich mein Arbeitspensum auch dann noch bewältigen? Und da ist noch etwas – diese merkwürdige Angst davor, automatisch in ewiger Apathie zu versinken, sobald ich das Hamsterrad auch nur für einen Moment verlasse. Als drohe die Gefahr, dass ich nie wieder einen Finger rühre, wenn ich mich nicht dauernd abhetze. Was für ein furchtbar dämlicher Gedanke! Vielleicht hilft mir der Selbstversuch ja, diese innere Schraube etwas zu lockern.

Tagebuch aus der Welt der Anti-Selbstoptimierung

Achter Selbstversuch: drei Arbeitstage lang werde ich ohne jedes Zeitmanagement arbeiten. Alle Uhren werden entfernt. Meine To-do-Liste gehe ich nur an, wenn es sich richtig anfühlt – nicht, weil ich es mir vorgenommen habe.

Tag 1
Morgens. 9.00 Uhr? 9.30 Uhr? Ich stehe auf. Und habe keine Ahnung, wie spät es ist. Gefühl von Stolz – ich, der Zeitrebell! Der moderne Held, der sich dem unerbittlichen Takt der Uhren verweigert … Dann sehe ich, dass auf dem Balkon schon die Sonne verschwindet. Panik. Das heißt, es ist fast Mittag. Und ich habe einen vollen Arbeitstag!

Wenn ich wenigstens genau wüsste, wie viel Zeit mir noch bleibt. Ich greife nach meinem Handy, aber leider hat irgendein Idiot die Uhranzeige abgeklebt! Die am Laptop auch … Ich bin eben gründlich. Verdammt.

Auf den Zeitpunkt warten, murmele ich vor mich hin, an dem sich ein inneres Bedürfnis meldet. Bedürfnis? Ja, ich habe ein Bedürfnis! Nämlich, endlich den Text zu schreiben, der bis morgen Nachmittag fertig sein muss. Ungeschriebene Texte lösen bei Redaktionen das Bedürfnis aus, den Autor nicht mehr zu beschäftigen …

11.00, 11.30 Uhr? Also gut. Ich setze mich mit einer Tasse Kaffee auf den Balkon. Ich starre in das perfekte Frühsommerblau, das heute über der Stadt liegt, und zum ersten Mal an diesem Tag tue ich, was ich mir vorgenommen habe: Ich höre in mich hinein. Auf das Ticken meiner inneren Uhr.

Also, lieber Patrick, möchtest du jetzt arbeiten? Dich an den Laptop setzen und schreiben? Ehrlich gesagt: nein.

Etwas später. Ich starre weiter in den heute unglaublich weit gewölbten Himmel. Nicht eine Wolke, wirklich! Da meine Freundin noch nicht von der Arbeit zurück ist, um zu Hause zu Mittag zu essen, muss es noch vor 13.00 Uhr sein.

13.30 Uhr? Essen mit der Freundin. Manche Leute würden ihren Job verlieren, wenn sie machen wollten, was du da machst, sagt sie. Neid, klar. Diese angestellten Kleingeister! Die allerdings meist erheblich mehr verdienen als ich …

Dann sind der blaue Himmel und ich wieder allein. Zu meinem eigenen Erstaunen merke ich, dass ich Lust bekomme, etwas zu tun. Arbeit? Ich lausche auf die innere Stimme. Leider sagt die Stimme schon wieder: nein. Aber, fügt sie hinzu – lies doch was!

Stimmt, da war doch dieses Buch, das ich für eine Recherche ausgeliehen habe.

Später. Balkon. Jetzt mit Buch. Ich kann mir so viel Zeit zum Lesen nehmen, wie ich will!

Noch später. 16.00 Uhr? 17.00 Uhr? Das Buch bringt mich auf eine Idee für einen neuen Text. Die Idee kommt mir äußerst brillant vor, aber das mag täuschen. Was nicht täuscht, ist mein Enthusiasmus. Ich hole meinen Laptop und fange an, meine Idee aufs Papier zu bringen.

Noch später. Und der Text, den ich bis morgen schreiben muss? Panik?

Nein. Immer noch keine Lust darauf.

Dass ich das noch erleben darf – was für ein lockerer Arbeitsjongleur ich plötzlich bin! Dann halt später … Jetzt folge ich meiner inneren Stimme erst mal in den Park und schreibe dort mein Konzept fertig.

19.30, 20.00 Uhr? Wieder zu Hause. Panik? Panik! Wie ein Besessener sitze ich am Rechner und schreibe den Text für morgen in einem durch. Fünf Stunden Nachtarbeit. Bedürfnis? Jetzt geht es ums pure Überleben. Offenbar kann man nicht alles aus dem Lustprinzip heraus machen. Oder?

Als ich einschlafen will, hält mich das Adrenalin der Schnellschreibphase wach. Also breche ich noch zu einem Nachtspaziergang auf. Während ich durch die ziemlich leeren Straßen gehe, im Schein der Laternen, muss ich an mein Vorbild für diesen Selbstversuch denken: meinen Studienfreund Michael.

Michael redet schnell, klug und gerne, er ist auf selbstironische Art charmant und auf gepflegt-sympathische Art nachlässig. Kurzum: Er ist aus Hamburg. Als wir uns zu Anfang des

Studiums in Berlin auf dem Weg zu einem Seminar kennen-
lernten, war er gerade von einer Weltreise zurückgekehrt; er
hatte wilde Haare, träumte davon, sich für Liebe und Freundschaft aufzuopfern und diskutierte nachts so lange über Philosophie, bis zu seiner Zufriedenheit alle Beteiligten ausreichend
betrunken waren, um ihm recht zu geben. Faszinierend waren
auch seine Widersprüche: Bei aller Lebensromantik war Michaels größte Sorge in Bezug auf das Schicksal der Menschheit in so
manchem Gespräch der – tatsächlich reichlich vorhandene –
Hundekot auf den Gehwegen Berlins; gleich danach kamen sein
Terminkalender und die vielen faszinierenden schwarzen No-
tizbüchlein, in denen er ständig notierte, was gerade gesagt oder
gedacht worden war. Buchhaltersyndrom nannten wir das damals lächelnd. Ein paar Jahre später, nach seiner Promotion,
fing Michael bei einer der größten Unternehmensberatungen
der Welt an. Das Buchhaltersyndrom hatte sich ausgezahlt: Michael war schon bald ziemlich erfolgreich, ziemlich renom-
miert – und ziemlich erschöpft.

Heute nennt Michael diese Zeit »mein Jahrzehnt des Wil-
lens«. Seinen 40. Geburtstag hat er hinter sich – und damit ein
neues Jahrzehnt vor sich. Es soll sein »Jahrzehnt der Bedürfnisse« werden.

Als er bei der Unternehmensberatung kündigte, war Michael
verständlicherweise etwas mulmig zumute. Er war im Begriff,
ohne Not eine Stelle bei einem angesehenen Unternehmen aufzugeben. Zugleich empfand er das doch recht berauschende
Gefühl, das einen überkommt, wenn plötzlich die ganze Welt
offen vor einem liegt. Dabei wollte Michael keine neue Weltreise antreten; er hatte auch nicht vor, vom Consultant zum

Rockstar oder Entwicklungshelfer umzusatteln. Er wollte einfach nur eins: sinnvoll arbeiten – und trotzdem über sein Leben selbst entscheiden.

Seine Karriereziele hatte Michael immer mit sehr viel Energie verfolgt. Aber waren es wirklich seine Ziele? Die guten Noten im Studium hatten eine Sogwirkung: Wie auf eine gerade Bahn gesetzt, ging es weiter, immer besser bezahlt, mit immer mehr Verantwortung. Zugleich überkam ihn das irritierende Gefühl, dass er nichts mehr aus einem wirklichen Bedürfnis heraus tat. Nur weil er ihn dafür bezahlte, konnte irgendein Idiot Michael anordnen, morgens um neun im Büro zu sein – auch wenn es völlig egal war, weil der Kunde erst zwei Stunden später kam. Zu den äußeren Zwängen kamen die inneren. Das Gefühl, ein Opfer des eigenen Perfektionismus zu sein. Sich selbst ständig anzutreiben – aber wofür?

Heute, zwei Jahre später, sieht ein normaler Tag in Michaels Leben so aus: Er schläft, ohne sich einen Wecker zu stellen. Meist wacht er gegen 9.30 Uhr auf. Auf dem Balkon trinkt er einen Kaffee, träumt, döst. Wenn er Lust hat, ein Buch zu lesen, liest er, wenn er einfach nur ins Leere starren will, starrt er. Dann, gegen 11.00 Uhr, hat Michael wohl oft das innere (mir völlig unverständliche) Bedürfnis, die Wohnung aufzuräumen. Wenn der Ordnungsdrang ausgelebt ist, geht Michael ins Wohnzimmer, legt seine Freiberufler-To-do-Liste auf den Tisch und schaut, worauf er Lust hat – und das macht er dann. Die Arbeit ist wichtig, aber kein Selbstzweck. Sollte er auf nichts Lust haben, legt Michael sich aufs Sofa. Und guckt zum Beispiel Fußball.

Sich Muße erst verdienen müssen, ist das eine deutsche Krankheit? Ein nationales Kulturerbe in Gestalt einer glorifizierten Zwangsneurose? Früher wäre Michael gar nicht imstande gewesen, einfach in den Tag hineinzuleben. Sich entspannen – ohne etwas geleistet zu haben? Unmöglich. Der Vorrang der Pflicht vor den eigenen Bedürfnissen ist ein Erbe aus Michaels Kindheit, ein Korsett seiner Erziehung. Heute wird ihm diese Haltung immer fremder. Sein »leap of faith«, sagt er, war richtig – das Wagnis, ohne Sicherheitsnetz in ein neues Leben zu springen, hat er bislang noch keine Sekunde lang bereut.

Nachdem er gekündigt hatte, arbeitete Michael anfangs vor allem als freier Trainer; zum Beispiel bereitete er Berufsanfänger auf Bewerbungssituationen in Unternehmensberatungen vor. Er tat es mit halbem Herzen; die Arbeit war ein Kompromiss zwischen Sicherheitsbedürfnis und Freiheitsdrang. Was Michael wirklich will: seine Kunden beruflich und existentiell begleiten, ihnen bei schwierigen Entscheidungen helfen, sie stützen, beraten, Wege öffnen – Michael ist dabei, sich diesen Bereich zu erschließen. Natürlich muss er sich dabei auch nach den Rhythmen und Bedürfnissen seiner Kunden richten. Und sicherlich, sein Modell geht auch deshalb auf, weil in seiner Branche gut bezahlt wird, wenn man einmal Fuß gefasst hat. Aber Michael hat den Mut bewiesen, seinen eigenen Weg einzuschlagen – und dieser Mut wird in den Gesprächen mit den Klienten sichtbar, fühlbar. Der Mut, eine eigene Entscheidung zu treffen: für sich selbst und gegen all die fremden Erwartungen und Wünsche, die wir verinnerlichen, wenn wir glauben, endlich erwachsen werden zu müssen – und die wir irgendwann mit uns selbst verwechseln.

Auch beim Sport versucht Michael, auf seine Bedürfnisse zu hören. Er hat sich vorgenommen, zweimal in der Woche zu lau-

fen, legt aber nicht fest, wann. Wenn er deshalb ein wenig zu-
nimmt, dann ist das eben so; er versucht, mit den Idealbildern,
die er von sich hat, gelassener umzugehen. Schwieriger ist es
mit Freunden und in der Beziehung. Da wird ihm schon mal
vorgeworfen, egoistisch zu sein, weil er plötzlich so viel über
sich nachdenkt, seinem Rhythmus folgt. Ist das der Preis, den
man bezahlen muss, wenn man ehrlicher sich selbst gegenüber
ist? Manche Freundschaften haben sich sogar aufgelöst, als Michael gemerkt hat, dass da gar kein Bedürfnis mehr war, nur
etwas Eingespieltes oder Versteinertes, eine Form ohne Inhalt.
Andererseits, und das ist vielleicht das Entscheidende: Die Beziehungen, die er hat, sind tiefer, echter, konzentrierter geworden. Michael zeigt sich, wie er ist – und wird dafür gemocht,
nicht für ein vorgetäuschtes perfektes Leben.

Manchmal macht es Michael nervös, nicht zu wissen, wie viel
Geld er in ein, zwei Jahren verdienen wird. Ab und an fühlt er
sich melancholisch, antriebslos. Ob du jetzt etwas machst oder
nicht, ist auch egal, geht ihm dann durch den Kopf. In solchen
Momenten träumt er von Angestelltensicherheit und Routine,
bemitleidet sich, trinkt auch mal eine Nacht zu viel … Aber die
Augenblicke des Zweifels sind die Ausnahme, sie gehören vielleicht zu jedem Aufbruch und Neuanfang. Und in jedem Fall
sitzt er am nächsten Tag wieder auf seinem Balkon – und muss
über sich selbst lachen, auf eine gute Art.

Denn im Großen und Ganzen hat Michael das Gefühl, inzwischen in Phase zwei angelangt zu sein. Phase eins, das war
die Zeit, in der er sich von äußeren Zwängen gelöst hat, aber
selbst noch zwanghaft war. Phase zwei ist die Zeit, in der er die
Möglichkeiten seiner neuen Freiheit wirklich nutzt. Arbeiten

mit einem Kunden? Oder spontan im VW-Bus zu Freunden nach Dänemark fahren, ans Meer? Michael kann sich heute entscheiden – er hat den Mut gehabt, sein Leben so einzurichten.

Garantieren, dass es die richtige Entscheidung war, kann ihm niemand – der Sprung ins eigene Leben ist nicht optimierbar, nicht hundertprozentig planbar.

Aber wer sein eigenes Leben führen will – muss springen.

Tagebuch aus der Welt der Anti-Selbstoptimierung

Tag 2
Ich wache früh auf, auch ohne Wecker. Schlechtes Gewissen? Oder mein eigener Rhythmus?

Dass es früh ist, spüre ich an meiner Müdigkeit. Ich blicke aus dem Fenster. Wenig Menschen auf der Straße. Noch vor 7.00 Uhr, würde ich sagen.

Vormittags. Verschiedene kleine Tätigkeiten: Telefonieren, Mails, Textkorrekturen. Gefühl? Gemischt. Einerseits entspannt. Ohne Blick auf die Uhr empfinde ich den Zeitdruck weniger stark. Nichts muss zu einem festgelegten Zeitpunkt erledigt sein. Andererseits fühle ich mich wie amputiert, als würde ein Körperteil fehlen. Genauer: ein Sinn. Der Zeitsinn.

Ich weiß noch, wie verwirrend ich es fand, als wir in der Schule im Lateinunterricht die römischen Uhrzeiten lernten – und sich herausstellte, dass im Römischen Reich die Stunden je nach Jahreszeit unterschiedlich lang waren. Der Zeitraum von Sonnenaufgang bis Sonnenuntergang wurde über den Daumen gepeilt durch zwölf geteilt – das Resultat war eine Stunde, im

Sommer bis zu 75 Minuten, im Winter 44 Minuten. Wie kann man ohne exakte Uhren ein Imperium aufbauen? Die moderne Zeitmessung hat unser Leben vermutlich mindestens so sehr verändert wie das Fernsehen oder das Internet. Die ersten Uhren, die unser Alltagsleben in gleichförmige Blöcke schnitten, waren die Kirchturmglocken im Mittelalter. Von den Kirchtürmen aus schlich sich die abstrakte Zeit in unser Leben. Viertelstunden, später dann Minuten, Sekunden: Zeiteinheiten, die nichts mit Bio- und Naturrhythmen zu tun haben, legten sich wie ein Gitter über die Welt. Taschenuhren, Armbanduhren, Digitaluhren. Handys. Immer feiner zog sich das Netz zusammen.

12.00, 12.30 Uhr? Ein Blick in den Kalender. Um 14.30 Uhr habe ich einen Termin, ein Interview in einem Café. Ich weiß, wo und wann. Was ich nicht weiß: wie spät es jetzt ist.

14.30 Uhr? Fühlt man sich automatisch zu spät, wenn man nicht weiß, wie viel Uhr es ist? Hoffentlich liegt es daran. Ich setze mich an einen Tisch, bestelle, starre auf meinen Cappuccino und flehe den Gott der Zeit an, den Frevel, den ich in der Kirche des Zeitmanagements angerichtet habe, nicht allzu grausam an mir zu rächen.

Hätte ich meinen Selbstversuch nicht im Urlaub durchführen können?

20, 30 Minuten später. Soll ich meinen Gesprächspartner anrufen? Ohne zu wissen, ob ich zu früh oder zu spät bin?

Egal. Ich bestelle noch einen Kaffee, blättere in einer Zeitung. Was tun? Ich klappe meinen Laptop auf und starte mein Textverarbeitungsprogramm. Perfekter Moment, klares Bedürfnis – das Warten nutzen. Zack. Und nochmal zack. Drei Punkte von der To-do-Liste gestrichen.

Langeweile, denke ich – vermutlich der älteste Trick der Menschheit, um Leute zur Arbeit zu kriegen. Ich blicke auf, da steht mein Gesprächspartner vor mir. »Verzeihung«, keucht er, der Schweiß steht ihm auf der Stirn. Er sieht gehetzt aus. »Ich hoffe, Sie mussten nicht zu lange warten.« Warten? Ich werfe ihm einen großzügigen Blick zu. Erstaunlich, denn sonst bin ich eher der Typ ungeduldiger Warter. Doch ohne Uhr fällt es mir offenbar deutlich schwerer, mich über die Unpünktlichkeit anderer Menschen zu entrüsten.

Mein Gesprächspartner will sich erst mal auf der Toilette frischmachen. Während ich ihm hinterherschaue, wie er zum anderen Ende des Cafés eilt, kommt mir der britische Psychologe Richard Wiseman in den Sinn. Wiseman hat auf der ganzen Welt in über 30 Städten untersucht, wie schnell die Passanten sich fortbewegen.[61] Wie sich herausstellte, hat die Schrittgeschwindigkeit von Madrid bis New York in den letzten zehn Jahren um rund zehn Prozent zugenommen. In China gehen die Menschen sogar 20 Prozent schneller, in Singapur 30 Prozent. Und warum? Weil moderne Gesellschaften Zeitbeschleuniger sind. Die Knopfdruck-Verfügbarkeit der Geräte, die wir nutzen, die Schnelligkeit, mit der uns Züge, Flugzeuge und Autos an unsere Ziele bringen, der fiebrige Rhythmus, in dem wir uns permanent miteinander austauschen – überall wird das Tempo angezogen.

Und die Arbeitswelt? Gerade die hat sich umfassend verändert. Das fängt damit an, dass Arbeit eine wichtige Eigenschaft eingebüßt hat: klare Grenzen. Noch vor zwei oder drei Generationen musste niemand lange darüber nachdenken, wann der Acker bestellt, der Tisch geschreinert, das Hemd genäht war. Der

Bauer, Tischler oder Schneider sah am Ende des Tages ein ferti-
ges Produkt, eine erledigte Aufgabe vor sich. Heute, in der sogenannten Informationsgesellschaft, wissen die Mitarbeiter eines
Unternehmens vor allem eins: Nichts ist je wirklich fertig. Der
Vortrag vor den Kollegen, der Artikel fürs Unternehmensmaga-
zin, die neue Marketingidee – alles könnte noch besser sein, alles
muss ständig überarbeitet werden. Zum Wesen von »Projekten«
gehört, dass man vorher nie genau weiß, was am Ende rauskom-
men wird. Wenn die Maßstäbe aber entstehen, während man sie
anwendet, kann man nie zufrieden die Finger von der Tastatur
nehmen. Am Ende arbeitet man so lange, so spät und an derart
vielen Projekten gleichzeitig, dass über das eigentliche Ende nur
noch die Erschöpfung und die Deadline entscheiden.

Noch dazu ändern sich die Anforderungen ständig. Zum
Beispiel wird die junge Historikerin in einem Museum eingestellt, um für eine Ausstellung zu recherchieren; doch zwei Monate später werkelt sie vor allem am Online-Auftritt des Muse-
ums. De facto arbeitet sie jetzt als Social-Media-Managerin.
Weil der Sitz des Pharmaunternehmens, für das der junge Fami-
lienvater arbeitet, in die Hauptstadt verlegt wird, verliert er seine Stelle; ein weiteres Unternehmen aus derselben Branche gibt
es aber nicht vor Ort, also muss er sich umschulen lassen, zum
Beispiel zum Softwareentwickler. Dass, was heute Gold ist,
morgen Schrott sein kann[62], wissen alle, die mit den neuesten
Ideen und Ratschlägen handeln, ob Computerprogrammierer,
Berater oder Physiotherapeuten. Wer hätte vor 20 Jahren gedacht, dass die gedruckte Ausgabe des Brockhaus, die Mutter
aller Nachschlagewerke, das berühmteste deutsche Konversa-
tionslexikon, einmal eingestellt werden würde?

In seinem Buch *Der flexible Mensch* stellt Richard Sennett fest, dass ein junger Amerikaner mit Collegeabschluss sich darauf gefasst machen muss, in 40 Jahren Arbeitsleben mindestens elfmal den Job zu wechseln und mindestens dreimal komplett neue Qualifikationen erwerben zu müssen.[63] In vielen Branchen baut neues Wissen nicht mehr auf altem auf, was vor allem ältere Arbeitnehmer unter Druck setzt. »Die moderne Risikokultur«, schreibt Sennett, »sieht es als Zeichen von Versagen an, wenn man sich nicht verändert. Stabilität erscheint als eine Art lebendiger Tod. Ein klares Ziel ist nicht so wichtig wie überhaupt aufzubrechen.«[64]

Das Wort »Karriere« stammt von einem spätlateinischen Wort ab, mit dem im Mittelalter Straßen für Kutschen bezeichnet wurden. Auf die Arbeitswelt übertragen, war damit ein gut ausgebauter Weg gemeint, den man auf ein klares Ziel hin verfolgen konnte. Dieser gerade Weg ist in der flexiblen Arbeitswelt von heute verbaut. Stattdessen hangeln wir uns von Job zu Job. Mit dem Wort »Job« bezeichnete man im Englischen des 14. Jahrhunderts ein »Stück von etwas«, etwas, was »herumgefahren werden kann«. Das sind wir also heute: Bruchstücke, die durch die Welt gestoßen werden – ohne dass Arbeit und Leben sich zu einer klaren Linie, zu einem Ganzen, eben zu einem geraden Weg fügen.

Doch wie sollen wir uns unter solchen Bedingungen je sicher fühlen – finanziell, existentiell? Aus Angst, im Morast der flexiblen Welt zu versinken, optimieren wir uns selbst. Wie der Philosoph Byung-Chul Han schreibt: »Jeder ist heute ein selbstausbeutender Arbeiter seines eigenen Unternehmens. Jeder ist Herr und Knecht in einer Person. Auch der Klassenkampf verwandelt sich in einen inneren Kampf mit sich selbst. Wer heute scheitert, beschuldigt sich selbst und schämt sich. Man problematisiert sich selbst statt der Gesellschaft.«[65]

Doch die Beute der Selbstplünderung ist oft beschämend gering – gerade unter den Selbständigen. Natürlich gibt es die hochbezahlten Ärzte und Anwälte, Notare und Unternehmensberater. Doch ein Viertel aller 4,4 Millionen Selbständigen in Deutschland bezieht Stundenlöhne von weniger als 8,50 Euro. »Darunter sind nicht nur Friseure, Kioskbesitzer und Kneipiers, sondern eben auch Anwälte, Architekten, freischaffende Künstler, Übersetzer und Dozenten.«[66] Ich selbst arbeite für den Hörfunk und schreibe für Zeitungen und Verlage. Die Arbeit ist genau das, was ich machen will – ein Plus, das vieles aufwiegt. Doch wie viele andere freie Autoren auch hangele ich mich von Auftrag zu Auftrag, schreibe ständig unbezahlt Anträge und Exposés, reise beruflich, ohne die Reisekosten erstattet zu bekommen – und das alles für Honorare, die regelmäßig die Hälfte oder gar ein Drittel der Tagessätze der tariflich geschützten angestellten Kollegen betragen. Die gehen freitags um 16.00 Uhr nach Hause. Vorher haben sie mir noch Korrekturwünsche aufgetragen, an denen ich die nächsten zwei Tage und Nächte sitzen werde, damit der Text auch bitte schön am Montagmorgen fertig ist. So simse ich beim Radfahren, schreibe in Wartezimmern an Artikeln, esse im Gehen, spare überall Zeit – und habe immer weniger davon. Und frage mich, ob ich eigentlich wahnsinnig geworden bin – und wenn ja, warum mir die anderen Anteile meiner multiplen Persönlichkeit nicht bei der Arbeit helfen.

Erfüllt sich so das Freiheitsversprechen der Moderne? Indem wir rund um die Uhr arbeiten, aus freien Stücken, ohne Fremdzwang? Erschöpft, gereizt, lustlos – wütend auf uns selbst, nicht etwa auf die Chefin oder unsere Gesellschaft?

Das Perverse dabei ist: Selbstausbeutung ist effizienter als Fremdausbeutung – weil wir uns ja frei fühlen.

Nicht nur die Arbeitswelt hat sich also geändert. Sondern auch die Maßstäbe für Erfolg. Im Deutschland des 19. Jahrhunderts setzte die Gesellschaft ihre Forderungen gegenüber den Einzelnen durch. Das Mittel war Disziplin. Auf die Disziplinargesellschaft folgte im 20. Jahrhundert die Leistungsgesellschaft. Belohnt wurden jetzt nicht mehr diejenigen, die ihre Wünsche unterordneten, sondern diejenigen, die etwas leisteten. Der Mythos vom Tellerwäscher, der Millionär wird, ist eine Grunderzählung der Leistungsgesellschaft. Wenn inzwischen selbst Wissenschaftler argumentieren, dass es unverantwortlich sei, Neuro-Enhancer, Doping fürs Gehirn, *nicht* anzuwenden, weil Piloten unter dem Einfluss von Aufputschmitteln nun mal konzentrierter fliegen, Chirurgen präziser operieren können – dann handelt es sich dabei um einen Exzess der Leistungsgesellschaft.

Auch heute noch sind Leistung und Disziplin wichtig, zumindest in bestimmten Bereichen. Doch immer öfter ist der Erfolg von der Leistung abgekoppelt. Ob in den Bürotürmen der Manager oder in den Blue-Screen-Studios der TV-Moderatoren – vielerorts bestimmt heute vor allem der Platz im Ranking den Erfolg, die Aufmerksamkeit, die jemand in den Medien erhält. In der Erfolgsgesellschaft des 21. Jahrhunderts verlagern sich die Maßstäbe von der Leistung zur Wirkung, zum wahrgenommenen Erfolg. Doch Aufmerksamkeit ist ein begrenztes Gut. Die Medien haben nur eine begrenzte Sendezeit, die Etats der Stiftungen sind gedeckelt, Auftraggeber ertei-

len nur einigen Aufträge – notwendigerweise gehen viele leer
aus. So fühlen sich die einen zurückgesetzt, gedemütigt, während die anderen Angst davor haben, wieder fallengelassen zu
werden. Das Perfide: Da der Erfolg so sehr von der Wirkung
abhängt, weiß niemand mehr so richtig, warum er oder sie nun
eigentlich erfolgreich ist. Der Erfolg rechtfertigt sich heute vor
allem aus sich selbst heraus. Und also müssen alle noch wilder
dem Erfolg nachjagen, der ja zum einzigen Maßstab geworden
ist. Zumindest müssen wir erfolgreich aussehen, das allein kann
schon helfen. Und so optimieren wir uns selbst und unser Bild
als nimmermüder kreativer Mitarbeiter – bis zur Erschöpfung,
bis zum Umfallen.

Immerhin: Wir outgesourcten Mittelschichtler haben meist
noch den finanziellen Spielraum, um innezuhalten, den Selbst-
ausbeutungswahnsinn mit etwas Abstand zu betrachten – und
unserem Leben dann eine gesündere, weniger optimierte Richtung zu geben. Wirklich gemein sieht es ganz unten aus. Auf
eigene Rechnung tätige Putzfrauen und Taxifahrer, aber auch
Übersetzer, die über Internetplattformen regional oder global
konkurrieren, arbeiten inzwischen zu erschreckend niedrigen
Löhnen. Ohne Krankenabsicherung oder Tarifverträge. Wer
viel und hart arbeitete, konnte früher zumindest etwas zurück-
legen. Doch wer heute als Selbständiger ein Leben lang deutlich
unterhalb des Mindestlohns arbeitet, kann noch nicht einmal
von einer besseren Zukunft träumen. »Nur manchmal bricht
die Wut durch«, schreibt Heinz Bude dazu in einer sehr ein-
drücklichen Passage seines Buches über die Angst in unserer
Gesellschaft. »Dann wird die Kaffeetasse eines Chefs mit dem
Bodenlappen ausgeputzt, dann wird, bevor das Frühstück für

Verliebte serviert wird, noch aufs Lachsbrötchen gespuckt, dann landet ein Postsack in der Spree, oder dann wird einfach blaugemacht. Im Moment der Wut kann man durchatmen, aber fürs Leben nützt das nichts.«[67]

Tagebuch aus der Welt der Anti-Selbstoptimierung

Später Nachmittag. Mein Tag ohne Uhrzeit geht weiter. Ich schlendere durch die Stadt. Das Interview ist gut gelaufen. Und jetzt? Nach Hause gehen und am Schreibtisch arbeiten, wie sonst auch? Ich blinzle in die Sonne und beschließe, im Park zu arbeiten. Das Selbstständigenleben hat durchaus auch seine Vorteile.

Am Wegrand stehen die Bäume voll im Saft. Die Farben sind so stark und leuchtend, die Luft so sommersatt weich, dass ich grinsen muss. Nicht zuletzt über mich selbst. Diese merkwürdige Angst, alles könnte zusammenbrechen, wenn ich einfach mal nichts tue – wann hat das begonnen? Noch zu Schulzeiten? Vermutlich zu jener Zeit, als mein behinderter jüngerer Bruder mehr und mehr die Familie in Beschlag nahm. Neulich habe ich mit meiner Mutter darüber gesprochen, da hat sie ein Bild geschildert, das ihr aus dieser Zeit von mir in Erinnerung geblieben ist. Wie ich plötzlich immer öfter still in der Ecke sitze, mit der Hand im Haar zwirbele – und Bücher verschlinge, statt durchs Haus zu toben. Etwas später begann ich, in der Schule zu glänzen. Gute Noten, beste Noten – das zeigte doch, dass alles in Ordnung war. Damals wurde ich zum Meister in der Kunst der To-do-Listen und der gewissenhaften Vorbereitung. In unserer

Familie ging es antiautoritär zu. Aber wenn dir nicht gesagt wird, was du tun sollst, dann suchst du als Kind eben nach unausgesprochenen Botschaften. Die schienen zu besagen: Mach du nicht auch noch Probleme. Spiel Fußball, triff dich mit Freunden, sei gut in der Schule. Organisier dich.

15.00 Uhr? 15.30 Uhr? Guter Arbeitsflow im Park. Zwischendurch Anrufe von Redakteuren, einem Versicherungsvertreter und einer Sparkassenfilialleiterin. Alles feste Termine, doch weil ich die genaue Uhrzeit nicht weiß, überrascht mich das Klingeln des Telefons jedes Mal. Lustig.

Später Nachmittag. Es ist nicht zu leugnen: Unter meiner Platane im Park schreibt es sich wirklich gut. Die Gedanken müssen nicht gleich aufgespießt werden, jedes Wort, jeder Satz darf sich zeigen, tänzeln, atmen, dann erst klopfe ich das Gefüge fest. Keine verhärtete To-do-Struktur, keine Zeitfenster, stattdessen ein klarer, freier Gedankenraum – Platz zum Spielen.

Der einzige Nachteil: Ohne Zeitplan zu arbeiten, heißt offenbar, länger zu arbeiten – wird es wirklich schon dunkel?

20.00 Uhr. Zu Hause. In der Nachbarwohnung ist eine Nachrichtenmelodie zu hören. Quasi meine Kirchenturmuhr. Ich setze mich aufs Sofa und starre aus dem Fenster, ein Glas Wein in der Hand. Alles gut gelaufen heute. Bis auf eins: Um 17.45 Uhr wäre ein wichtiger Anruf dran gewesen. Als ich endlich angerufen habe, war niemand mehr im Büro, es war also nach sechs.

Fuck it. Fuck Perfection!

Ich muss an ein Experiment denken, das ich vor ein paar Tagen gemacht habe. Es ging um einen zentralen Satz der Selbstoptimierungsprediger: »Du kannst alles. Du musst es nur wollen.« Mein Selbstversuch bestand darin, mir einen Tag lang *nicht* einzureden, dass alles möglich ist. Begehe ich Fehler? Klar, dauernd! Ganz konkret hat mein Selbstversuch darin bestanden, einen ganzen Tag lang ständig kleine Fehler zu machen. In der Bahn über meine Tasche stolpern, mich an die Namen von Kollegen nicht erinnern, beim Essen heiße Getränke verschütten. Absichtlich natürlich. Schon beim Aufstehen hat mir der Gedanke daran Spaß gemacht. Das Lustige: Ich hatte den ganzen Tag über weniger Angst davor, mich zu blamieren, als sonst. Schließlich war es ja der Tag der Fehler! Abends war ich tanzen. Ich hatte mir vorgenommen, auch auf der Tanzfläche immer wieder Patzer einzubauen – und gerade deshalb war ich viel entspannter, auch bei unbeabsichtigten Fehlern. Und irgendwie hatte ich – zwischen den Patzern natürlich – eine erstaunlich gute Verbindung zu meinen Tanzpartnerinnen.

»Finde deine wahre Schwäche und kapituliere vor ihr. Darin liegt der Weg zum Genie.« Sollte Moshé Feldenkrais, Physiker und Judolehrer, diesen Satz wirklich gesagt haben – und hat er damit vielleicht sogar recht?

20.30 Uhr? 21.00 Uhr? Leider verlangt meine Freundin von mir weniger Schwäche und deutlich mehr Stärke. Beziehungsweise Präzision. Für morgen will sie zum Mittagessen einen Tisch in einem Restaurant reservieren. Als ich sage, dass ich nicht garantieren kann, dass ich genau um 12.30 Uhr dort sein werde, ist sie hörbar unzufrieden. Sie hat nur eine Stunde Mittagspause.

Aber Selbstversuch ist Selbstversuch.

Gegen Mitternacht. Beim Wein auf dem Balkon fällt mir etwas ein, was ich vergessen habe. Ich muss noch einen Lebenslauf schreiben, für eine Bewerbung.

Wenn Menschen ihr Gedächtnis verlieren, dann fangen sie manchmal an zu »konfabulieren«. Das heißt: Sie erfinden eine Geschichte, die irgendwie die merkwürdig surreale Situation erklärt, zu der ihr Leben mit Beginn der Krankheit geworden ist. Sie starren die Ärztin vor ihnen an und versuchen, sich eine Geschichte auszudenken, die Sinn ergibt oder zumindest das Gegenüber zufriedenstellt. Was tue ich hier? Wer bin ich? Wer *sollte* ich sein? Wie mache ich der Frau da klar, dass mit mir alles in Ordnung ist – auch wenn überhaupt nichts in Ordnung ist?

So ähnlich komme ich mir manchmal vor, wenn ich am Laptop sitze und meinen Lebenslauf für eine neue Bewerbung auf Vordermann bringe. Es sind die gleichen Fragen: Was genau wollen die eigentlich von mir? Wie hat mein Leben auszusehen, damit es zu genau dieser Firma passt? Wie mache ich denen klar, dass mit mir alles in Ordnung ist – auch wenn vieles nicht in Ordnung ist, zumindest gemessen an deren Maßstäben? Noch dazu sind die Anforderungen nie eindeutig. Der eine Personalchef will unbedingt Auslandsaufenthalte im Lebenslauf sehen, weil das den Horizont öffnet, der andere lieber nicht, weil das doch heutzutage jeder macht. Für die eine Chefin sind außergewöhnliche Erfahrungen gut (super, ich habe mal in der Mongolei an einem Pferderennen teilgenommen!) – eine andere wertet alles, was aus dem Rahmen fällt, nur als Hinweis darauf, dass auf den Kandidaten kein Verlass ist (schnell das mongolische Pferderennen aus dem Lebenslauf streichen!).

Und erst das wahre Leben! Wie einfach das doch früher war, noch für die vor Mitte der 60er-Jahre Geborenen: Schule, Ausbildung, Job, Heirat. Beförderung. Midlife-Crisis. Beförderung. Und dann die Rente. Und heute? Dauernd sind wir vor die Wahl gestellt. Und man kann alles falsch machen. Das fängt beim falschen Kindergarten an und hört beim falschen Partner, der unser Selbstverwirklichungsprojekt behindert, noch lange nicht auf. Alles, was wir machen, ist unsere Wahl. Doch all die Möglichkeiten machen uns Angst. Schließlich könnten wir uns an jeder Weggabelung falsch entscheiden und ins Leere laufen. »Die Angst kommt daher, dass alles offen, aber nichts ohne Bedeutung ist«, wie Heinz Bude schreibt.[68] Soll heißen: Alles muss in einen großen Zusammenhang gebracht werden; all die kleinen Entscheidungen müssen sich doch durch ein Ziel rechtfertigen – nur, was wäre das? Selbst für den Tod sind wir heute verantwortlich, selbst der soll irgendwie »gut« sein, gemeistert, vorbereitet.

Darum schielen wir ständig auf die Lebensläufe anderer. Ob wir Gespräche mit Freunden führen, in der Zeitung vom unerwarteten Erfolg eines Regisseurs oder Politikers lesen oder die Biographie einer Musikerin durchblättern – automatisch vergleichen wir uns. Wann haben die es geschafft? Und was haben die überhaupt geschafft? Wann entsteht der Eindruck, dass jemand sein Leben meistert?

Leider gibt es in den Standardformularen für schriftliche Lebensläufe keinen Platz für die großen Fragen.

2016 – Sinn meines Lebens verstanden. Sonst nichts. Das wär's doch.

Die materielle Freiheit, die unsere Epoche auszeichnet, setzt ungeheure Energien frei. Mit Euphorie stürzen wir uns in jede Form von Arbeit. Dieser Überschwang ist durchaus etwas Positives. *Wir wollen unser Potenzial verwirklichen! Etwas aus uns machen! Die Welt im Sturm nehmen!* Das ist gut so. Doch ist es

nicht erstaunlich, mit welcher Lust wir uns in die Arbeit stürzen – nicht zuletzt in die an uns selbst? In diesem Verliebtsein in
die eigene Zukunft kommt auch ein narzisstischer Grundzug
unserer Zeit zum Ausdruck. Dazu gibt es sogar Studien. In den
50er-Jahren wurden Teenager gefragt, ob sie sich selbst für eine
wichtige Person hielten. Damals bejahten zwölf Prozent die Frage. Ende der 80er-Jahre waren es schon 80 Prozent der befrag-
ten Teenager![69]

Narzissten, so die klinische Definition, sind stark eingenommen von Phantasien grenzenlosen Erfolgs, Macht, Brillanz,
Schönheit oder idealer Liebe; sie glauben von sich, einzigartig
zu sein, benötigen exzessive Bewunderung, legen Anspruchsdenken an den Tag, sind in zwischenmenschlichen Beziehungen ausbeuterisch und zeigen einen Mangel an Empathie.[70] Ist
das noch Krankheit – oder schon allgemeine Optimierungs-
normalität?

Die Kehrseite des Narzissmus ist die Angst, entlarvt zu werden. Auf dem Grund der übersteigerten Selbstbedeutsamkeit
schlummert die Erfahrung von Schwäche und Machtlosigkeit,
ein Urgefühl von Bedrohung, in dessen Folge das Leben nur in
Schwarz-Weiß erfahrbar ist. Entweder ich bin perfekt – oder
komplett gescheitert. Umgekehrt: Wenn es anderen gelingt, das
Leben zu leben, das ich mir erträume, während ich selbst nur
Mittelmaß bleibe, dann ist das die größte Kränkung. Dann
droht die Entlarvung, und der Narzisst stürzt ab in Depression
und lähmende Enttäuschung. Vielleicht erklärt der narzissti-
sche Anteil am Selbstoptimierungswahn, warum es uns so
schwerfällt, auch nur die Möglichkeit eines Ausstiegs aus dem
Hamsterrad in Erwägung zu ziehen. Wir haben Angst davor, als

das entlarvt zu werden, was wir nun einmal alle sind: mal blitzend, oft genug stumpf. Wenn wir uns bis zur Erschöpfung optimieren, dann auch, um uns dafür zu bestrafen, dass wir nicht sind, was wir von uns verlangen: perfekt. So verleitet uns der Narzissmus dazu, uns nur noch mit uns selbst zu beschäftigen – und verhindert zugleich, dass wir je wirklich mit uns selbst zufrieden sind.

Wenn sich hinter dem Optimierungswahn ein gutes Stück Narzissmus verbirgt – worin gründet dann dieser Narzissmus? In der Sehnsucht nach Anerkennung, ließe sich argumentieren. Ich habe es bereits angedeutet: Als Kind habe ich die Geburt meines jüngeren, behinderten Bruders als Bedrohung erlebt. Plötzlich kümmerten sich meine Eltern nicht mehr um mich, niemand trug mich jubelnd auf den Schultern wie kurz zuvor noch, alles drehte sich um meinen Bruder, der von Beginn an ungeheuer wendig und lebhaft war. Das war zumindest mein Eindruck, die Gefühlswelt des gekränkten älteren Bruders. Wie sich die Familie neu einspielte, welche besonderen Erfahrungen mein Bruder einbrachte, sah ich nicht. Ich fühlte mich entwertet und suchte nach Wegen, dieses Gefühl vor mir selbst zu verbergen. Wir alle machen derlei Erfahrungen, jeder auf seine Art. Wenn die Anerkennung dort wegbricht, wo wir am meisten auf sie zählen, müssen wir an anderen Orten danach suchen: bei Freunden, Mitschülern, Kollegen, der ersten Freundin. Doch eine Gesellschaft, die feste Bindungen erschwert, weil wir alle zwei Jahre auf der Suche nach einem neuen Job in ein anderes Bundesland umziehen müssen – eine solche Gesellschaft macht die Suche nach starken Formen gegenseitiger Anerkennung fast unmöglich. Nur ein stabiles Selbstwertgefühl, gestützt auf feste Bindungen kann den narzisstischen Anteil der Selbstoptimierung langsam zurückdrängen. Andernfalls bleibt der Narzissmus unsere letzte Bastion, die Zuflucht, in der wir unsere Hoffnungen wie unter Eis verwahren. Dann wird die Angst zum Motor der besessenen Arbeit an uns selbst. »Man wendet Gewalt gegen sich selbst an – statt die Gesellschaft verändern zu wollen«, wie es Byung-Chul Han sagt.[71]

Wenn Alltagsnarzissmus und die Diktatur der guten Laune zusammentreffen – dann bleibt schließlich gar kein Platz mehr für die Unruhe, die Uneindeutigkeiten, das Echte an uns, das doch der Urgrund jeder wahren Kreativität ist. Wenn die Chefin oder der Chef verinnerlicht haben, dass gute Stimmung produktiv ist und noch dazu Unruhe verhindert; wenn gute Laune von den Mitarbeitern *gefordert* wird, dann sieht man irgendwann auf den Gesichtern im Büro nur noch ein vor lauter Selbstkontrolle, Selbstausbeutung und Verzicht dauerhaft eingefrorenes Lächeln und ahnt kaum noch, dass hinter diesem Lächeln wie hinter einem Spiegel ein kleines Kind sitzt, das trotzig-wütend endlich nichts mehr mit seinem »Potenzial« zu tun haben will.

Wenn wir so gerne dem blinden »Du kannst alles«-Optimismus der Karriereratgeber lauschen, dann auch deshalb, weil wir glauben, uns so gegen unsere innere Stimme taub machen zu können – die leise Stimme im Hinterkopf oder Bauch, die uns schon so lange auffordert, endlich innezuhalten, dass wir sie kaum noch hören. Das souveräne Lächeln, das wir bei jeder sich uns zuwendenden Handykamera aufsetzen, zeigt vor allem eins: Wir glauben so sehr an uns selbst, dass wir es uns selbst kaum abnehmen. Dabei ist nicht die innere Stimme naiv, sondern der Narzissmus, der einfach nicht begreifen will, dass Wunsch und Wirklichkeit nicht das Gleiche sind. Und dass das Glück nicht am Ende einer Karriere liegt, sondern ohnehin schon immer da ist. Man muss nur die Augen aufmachen, Luft holen, das innere Eis abschmelzen lassen, in die Sonne blinzeln – oder man wird es nie finden.

Bis dahin jagen wir weiter Zielen hinterher, die wir als Etappen in unseren Lebenslauf eintragen, so wie Sammler Schmetterlinge hinter Glas aufspießen. Doch Höchstleistung ist nun einmal dadurch definiert, dass sie nur eine Zeitlang möglich ist.

»Die erste Stufe des Burn-out-Syndroms ist die Euphorie«, sagt Byung-Chul Han.[72] Wenn sich der Rausch der Freiheit zur Selbstausbeutung gelegt hat, verschafft der Burn-out die Pause, die wir uns sonst nicht erlauben würden. Endlich kann man sagen: Ich würde ja gerne – geht nur nicht. So lange, bis man sich leider wieder erholt hat.

Tagebuch aus der Welt der Anti-Selbstoptimierung

Tag 3
12:47:30 Uhr: Zum Mittagessen bin ich exakt 17 Minuten und 30 Sekunden zu spät. Meine Freundin teilt es mir konsterniert mit, als ich uhrzeitbefreit-gelassen das Restaurant betrete.

Was ich ihr lieber verschweige: Eigentlich bin ich stolz auf mich. Was für ein Zeitgefühl – kaum eine Viertelstunde zu spät, ohne Blick auf die Uhr!

Nachmittags. Am Schreibtisch. Schon den ganzen Tag arbeite ich mit viel Energie an einem neuen Text. Jetzt gehe ich spon-

tan schwimmen, was ich mir sonst nie erlauben würde, bevor
der Text nicht fertig ist. Als ich aus dem Wasser steige, treffe ich
ein paar Bekannte, mit denen ich über meine Arbeit spreche.
Das Tolle: Einige der größten Probleme, mit denen ich heute
beim Schreiben gekämpft habe, lösen sich im Gespräch.

23.00 Uhr? 23.30 Uhr? Der neue Text ist fertig! Ich bin zufrieden, zumindest soweit ich es so spät beurteilen kann. Ich
muss an einen Satz von George Santayana denken: »Fanatismus
ist, wenn man sich doppelt anstrengt und nicht mehr weiß,
wozu.« Bei mir ist es im Moment umgekehrt: Ich strenge mich
weniger an – und erreiche mehr. Vor allem nehme ich mir die
Zeit zu spüren, warum ich diese Arbeit eigentlich so sehr mag.
Und weil ich sie plötzlich wieder sehr mag, kann ich auch lange
arbeiten.

Ab Mitternacht darf ich wieder auf die Uhr schauen. Nur,
woher weiß ich, wann Mitternacht ist?

0.30 Uhr: Eigentlich schade, dass ich den Wecker wieder aus
der Kiste geholt habe! Weil morgen früh eine Besprechung an-
steht, habe ich jetzt das Gefühl, sofort ins Bett zu müssen – statt
einfach allmählich müde zu werden und ohne Pflichtgefühl
oder schlechtes Gewissen schlafen zu gehen, vermutlich auch
nicht viel später.

Pflicht und Freiheit. Freiheit und Arbeit. Ich muss an den
Engländer John Parkin denken. John Parkin hat lange für Wer-
beagenturen in London gearbeitet. Wie mein Berliner Freund
Michael in seiner Unternehmensberatung, so war auch John
Parkin lange Jahre ziemlich gut und erfolgreich in seinem Job.
Und unzufrieden. Bis er eines Tages »Fuck it« zu seiner eigenen
Geschichte sagte. Er kündigte. Mit seiner Frau und seinen ein-

jährigen Zwillingen zog John Parkin nach Italien. In einem alten Bauernhaus auf einem Hügel in der Nähe von Urbino gründete er seine eigene Form von Therapie: die »Fuck it«-Therapie.

Echte Freiheit ist für John Parkin vor allem eins: die Freiheit von der eigenen Geschichte. Vom idealen Lebenslauf, dem wir uns irgendwann in unserer Kindheit oder im frühen Erwachsenenalter verpflichtet haben. Es ist wichtig, sich ein Bild davon zu machen, woher wir kommen, wohin wir gehen, findet John Parkin – wie sonst sollen wir Sinn in unserem Leben finden? Doch wir dürfen uns nicht von der Geschichte gefangen nehmen lassen, durch die wir diesen Sinn zu erzeugen versuchen. Eine Geschichte, die immer schlüssig sein muss, ohne Widersprüche und Nebenpfade, macht dich zu ihrem Gefangenen. Geschichten sind nicht die Wahrheit – sie sind Geschichten. Wenn dich eine unzufrieden macht, so John Parkin, dann sagt man am besten: Fuck it!

Man darf sich John Parkin übrigens nicht als vulgären Haudrauf-Philosophen vorstellen. Sein »Fuck it« ist ein humorvolles, englisch-nettes, aber zugleich sehr entschiedenes »Scheiß drauf!«.

Nein zu der Geschichte sagen, in der wir gefangen sind. Ja sagen zur Möglichkeit von Lücken, von Brüchen; mit den Geschichten spielen, durch die wir uns verstehen und unserem Leben Sinn und Richtung geben. Darin kann Lebenskunst bestehen. Und die Kunst, unser Verhältnis zu uns als tätigen Wesen selbst zu gestalten. Als Menschen müssen wir nicht nur arbeiten – wir wollen es. Durch unsere Arbeit geben wir uns und unserem Leben Sinn und tragen zu einer Welt bei, die aus Tätigkeiten und Handlungen besteht, aus einem dichten Netz, an dem wir alle spinnen. Doch dazu müssen wir *frei* sein, uns und unsere Tätigkeiten *wählen*. Stattdessen lassen wir uns von äußeren und inneren Zwängen in ein immer engeres Korsett spannen – bis wir uns in einem Käfig aus Rationalität wiederfinden, in dem alles nur noch ein Mittel ist und niemand mehr ein Warum oder Wozu kennt. Die Geschichten, die wir uns über unser Leben erzählen, können die Zwänge darin als unveränderlich darstellen – oder sie können Türchen und Tore im Käfig sein, durch die wir in verschiedene Richtungen blicken und schließlich auch aufbrechen können. *Unsere* Richtungen. Zu hohe Ziele sind dabei definitiv nicht hilfreich. Warum setzen wir uns überhaupt so hohe Ziele? Manchmal paradoxerweise, um zu verhindern, dass wir sie erreichen. Wir haben Angst, unsere Ideale, denen wir so viel opfern, könnten sich als Scheinriesen entpuppen: ungeheuer groß und bedeutsam aus der Entfernung, klein, unbedeutend, durchschnittlich, wenn wir sie aus der Nähe betrachten. Nicht zuletzt deshalb stehen manche Menschen, die gerade einen wichtigen Preis gewonnen oder endlich den Job ihres Lebens errungen haben, am Abend ihres Triumphs leer und müde vor dem Badezimmerspiegel: Es sind die Momente, in denen wir merken, dass wir nie gewusst haben, was wir wirklich vom Leben wollen.

Selbstoptimierung ist ein geschlossenes System, ein gnadenloser, selbstvergessener Ritt den Berg hinauf, in die immer gleiche Richtung. Wenn wir die Zügel etwas lockerer lassen, fallen wir nicht gleich vom Pferd. Wenn wir innehalten, abwarten, Gefühle, Ahnungen, Bedürfnisse entstehen und Form annehmen lassen, dann gibt uns das Leben vielleicht nicht, was wir wollen. Aber vielleicht ja, was wir brauchen.

Selbstvergessenheit, dieses schöne Wort. Nicht vergessen, wer wir sind – sondern, wer wir unbedingt sein wollen. Erst wenn wir uns so weit entschleunigt haben, dass wir wieder unterscheiden können zwischen uns selbst und den idealen Versionen unserer selbst, mit denen wir uns quälen; erst wenn wir wieder wissen, was wir brauchen, nicht, was wir wollen – dann wird es umgekehrt wieder Zeit sein zu beschleunigen, den Hintern wieder hochzubekommen.

Neuerdings ist manchmal zu hören, dass unsere Aufgabe im Leben darin bestehe, schöpferisch zu sein. Wenn das so ist, dann besteht die größte Schöpfung vielleicht darin, Geschichten zu erzählen, die uns freisetzen. Geschichten, die uns nicht zu Sklaven unserer Ängste und Vorstellungen machen, sondern Möglichkeiten schaffen. Möglichkeiten zu wachsen, produktiv zu sein, etwas zu erschaffen, was uns und anderen Stütze ist.

Geduld, etwas Bescheidenheit, Humor, ein wenig fröhlicher Mut zur Verschrobenheit können helfen, sich die richtige Geschichte zu erzählen – und sie wieder fallenzulassen, wenn uns das Leben an einen anderen Ort stellt. Und: auf die Zeit vertrauen. Auf die inneren und äußeren Rhythmen, die wir nur wahrnehmen können, wenn wir das unerbittliche Ticken der beruflichen und lebensorganisatorischen Uhren leiser werden lassen. Denn um den tieferen Sinn der Tätigkeiten wahrzunehmen, an denen wir uns im Lauf eines Lebens versuchen – dafür braucht es auch ... Stille. Auch für das Arbeitsglück gilt, was Kierkegaard über das Glück ganz allgemein gesagt hat: Die Tür zum Glück geht nach außen auf – wer sie einzurennen versucht, dem verschließt sie sich.[73]

Womit wir beim letzten Optimierungsthema wären: Glück.

7
Perfekt glücklich. Zeitgemäße Anleitungen zum Unglücklichsein

»Da es sehr förderlich ist für die Gesundheit, habe ich beschlossen, glücklich zu sein.« Dieser schöne Satz Voltaires hat heute einiges an Leichtigkeit verloren.[74] Das Ironische daran setzt voraus, dass niemand ernsthaft das Glück zu einer wohlkalkulierten Investition degradieren könnte. Diese Ironie ist heute keineswegs mehr selbstverständlich. Selbst das Glück ist zur Aufgabe geworden. Zu einer Frage des klugen Investments in die eigenen Ressourcen. Kurz: zur Selbstoptimierungsübung.

Im Cocktail der Selbstoptimierung ist das Glück die entscheidende Ingredienz – irgendeinen Zweck muss die ganze Optimierungsarbeit ja haben. Historisch ist die Suche nach dem perfekten Glück etwas Neues. Unsere Ahnen von Steinzeit bis Mittelalter waren bekanntlich meist damit zufrieden, wenn sie abends mal wieder einen Tag überlebt hatten. Essen, trinken, ein bisschen Zuneigung, ein Höhlen- oder Hüttendach über dem Kopf, das war schon richtig gut. Abends konnte man in die Sterne blicken und sich aufs Jenseits freuen oder zumindest auf den Frühling. Und gleich nach dem Aufstehen gab es ohnehin schon wieder genug zu tun.

Heute geben wir uns nicht mehr mit solchen Nebensächlichkeiten zufrieden. Aufs Jenseits wird höchstens die Kirchensteuer verbucht. Heute wollen wir das irdische Optimum.

Spätestens seit der amerikanischen Unabhängigkeitserklärung von 1776 ist unser Recht auf Glück sogar verbrieft. Zumindest unser Recht, danach zu suchen. Eigentlich hätten wir da schon gewarnt sein sollen. »Pursuit of happiness«? Mehr könnt ihr wirklich nicht verbriefen – als dass wir nach dem Glück *streben* dürfen? Immerhin: Es durfte sich von da an, zumindest in den USA, nicht nur hier und da ein Einzelner, ein privilegierter Privatmensch auf die Suche nach dem Glück begeben – die gesamte Bevölkerung begann, sich an der lustigen Jagd zu beteiligen.

Die Formulierung »pursuit of happiness« geht übrigens auf den englischen Staatstheoretiker John Locke zurück – auch in Erinnerung an antike Traditionen von Bürgertugenden wie Mut, Mäßigung und Gerechtigkeit.[75] Sie galten in der Antike als Ingredienzen der Eudämonie, der gelingenden guten Lebensführung in einem Gemeinwesen. Alexander Hamilton, einer der Gründerväter der USA, sprach deshalb auch von »social happiness«. Im Grunde, sagte er damit, ging es also gar nicht um das eigene Glück, sondern um das der anderen. Aber gut – das war eben noch dunkelstes 18. Jahrhundert. Heute optimiert jeder sich selbst – und am Ende sind auch so alle (un-)glücklich.

Jedenfalls – Glück. Mit den individuellen Freiheitsrechten und der sie begleitenden industriellen Produktion aller möglichen tollen Güter war die Idee in der Welt (und in der Verfassung): Wir alle können glücklich sein. Dass das nicht ganz einfach wird, wusste allerdings – ebenfalls im 18. Jahrhundert – schon Montesquieu, der ziemlich genau verstanden hatte, dass unser Glück leider nicht nur von uns selbst abhängt. Man will nicht nur glücklich sein, schrieb Montesquieu, sondern glücklicher als die anderen.[76] Und die Pointe: Glücklicher als die anderen sein, fuhr Montesquieu fort, ist schon deshalb so schwer, weil wir die anderen oft für glücklicher halten, als sie sind.

Damit ist das Glücksproblem auf einen ersten fatalen Punkt gebracht. Ein vertrautes Motiv der Selbstoptimierung, das leidige Sich-Vergleichen, ist der Haken am Glück. Denn auch wer bei »Wer wird Millionär?« gewinnt, braucht eben nur einmal aus dem Panoramafenster seiner neuen Villa zu blicken ... und schon wird er oder sie draußen jemanden vorbeigehen sehen, der irgendwie so unfassbar zufrieden wirkt – ganz ohne Geld. Vermutlich hat die Person da draußen etwas, was er oder sie nicht hat. Irgendetwas. Es ist zum Unglücklich-Werden.

Glücksratgeber haben in der unübersichtlichen Lage, die wir Gegenwart nennen, Konjunktur. Wenn man bei Amazon mit dem Schlagwort »Glück« nach Büchern sucht, stößt man auf mehr als 30 000 Ergebnisse. Kein Wunder: Früher fand einen das Glück – wenn man Glück hatte –, heute ist man selbst dafür verantwortlich. Schließlich kann man Glück lernen. Wie? Einfach Ratgeber lesen: *Die zehn Geheimnisse des Glücks, Wie Sie unvermeidlich glücklich werden, Einfach glücklich sein!* ... Es ist unvermeidlich einfach – und hält ein Leben lang. Mit Familie oder ohne. Allein oder zu zweit. Und wenn es nicht gleich klappt, dann ist noch längst nicht aller Tage Abend. Man akzeptiert einfach sein Unglück weise (Ratschlag: »Auch Sie sind nur ein Mensch!«) – und wird auf diesem Umweg erwartungsbefreit doch noch glücklich. Geht doch. Und alles noch vor dem Abendessen.

Die Wahrheit ist: Alle wollen es; und doch weiß kaum einer, wie man das erreicht, was wir einander Jahr für Jahr an Silvester wünschen – Glück. Da schenkt man sich dann eine Woche vorher, zu Weihnachten, zumindest noch eine der gebundenen Glücks-To-do-Listen, die man sich ins Regal stellen kann.

Niemand weiß, wie wir lebenslang hundertprozentig glücklich werden können. Nur eines ist gewiss: Eine allgemeingültige todsichere Methode, unglücklich zu werden – die existiert. Es ist der Versuch, total glücklich zu sein.

Vielleicht sollten wir ehrlich fragen: Wird Glück überschätzt?

Höchste Zeit für einen Selbstversuch. Letzte Etappe: Glück.

Tagebuch aus der Welt der Anti-Selbstoptimierung

Neunter Selbstversuch: Einen Tag lang das genaue Gegenteil dessen machen, wozu in Glücksratgebern geraten wird – vielleicht macht mich ja das glücklich?

8.15 Uhr: Gleich nach dem Aufstehen gehe ich ins Wohnzimmer und greife nach dem Glücksratgeber, der dort etwas verschämt zwischen Weltliteratur und einem Museumsführer klemmt. Von den drei Büchern ist der Glücksratgeber, das muss ich gestehen, deutlich am abgegriffensten. Obwohl ich offiziell noch nie darin gelesen habe (»Glücksratgeber, ich? Nie!«), finden meine Finger erstaunlich schnell die für mich relevanten Kapitel. Ich muss wohl im Schlaf öfter darin geblättert haben, noch dazu mit einem Bleistift in der Hand – wie sonst wären all die Ausrufezeichen und Anmerkungen in meiner Handschrift zu erklären? Ja, ich gebe es zu, ich war jung und brauchte das Glück … Dennoch: Wirklich gelesen haben muss man weder diesen noch andere Glücksratgeber – die meisten Ratschläge hat man ohnehin schon verinnerlicht, wenn man die letzten Jahre in Deutschland oder einem beliebigen anderen westlichen Land mit Internetanschluss gelebt und sich Augen und Ohren nicht permanent zugehalten hat.

8.45 Uhr: Ich schlage das Buch auf. Erste Gefühlswelle, wie immer: Es gibt Hoffnung! Fortschritt an der Zufriedenheitsfront ist möglich! Man muss ja nur tun, was in dem Buch steht. Dann das Gegengefühl: Gilt das wirklich auch für mich? Vor allem: Wenn es möglich ist – warum bin ich dann nicht schon längst glücklich, rund um die Uhr? Ich habe doch das Buch gelesen!

8.55 Uhr: *Glück to go* – so heißt ein anderer Glücksratgeber, den ich auf meinem E-Reader gespeichert habe. Glück, lese ich dort, »so mühelos«, dass es auch »Büro- und U-Bahn-tauglich« ist. Glück – »kurz und knackig«.

Offenbar genügt es, auf dem Weg zur Arbeit in das Buch hineinzulesen. Einfach ein paar »Glücksimpulse« setzen! Ein dunkles Gefühl beschleicht mich: Verdiene ich es schon deshalb, todunglücklich zu sein, weil ich es noch nicht einmal mit Anleitung schaffe, glücklich zu sein?

Wie soll der alte Fontane schon zu einer Zeit gesagt haben, als angeblich noch alles einfacher war: »Wenn man glücklich ist, soll man nicht noch glücklicher sein wollen.« Ja, schön und gut. Aber dafür muss man erst einmal glücklich sein.

9.00 Uhr: In der Küche, frühstücken. Nichts, es ist schon angeklungen, treibt einen so zielsicher ins Unglück wie die Suche nach dem perfekten Glück. Aber mein Selbstversuch besteht ja nun darin, genau dieses Prinzip herauszufordern. Mir Ratschläge aus den Glücksratgebern vorzuknöpfen – und das genaue Gegenteil zu tun.

Wie lautet der erste Ratschlag, auf den mein Auge beim Querlesen fällt? »Kaufen Sie sich ein Mondgrundstück.« Hä? Was wäre das Gegenteil? Mir *kein* Mondgrundstück kaufen? Überhaupt klingt der Satz mit dem Mondgrundstück dermaßen schwülstig-fake, dass ich zögere, mir auch nur zu überlegen, was damit wirklich gemeint sein könnte.

9.08 Uhr: Der nächste Glücksratschlag, auf den ich per Zufallsprinzip stoße, ist deutlich interessanter. Lustigerweise ist es einer, zu dem ich das Gegenteil bereits getan habe: »Beenden Sie Feindschaften.«

Was wäre das Gegenteil? Feindschaffen *schaffen*! Taktlos sein, unhöflich, grob, ungehobelt. Also genau mein Alles-nur-nicht-nett-sein-Selbstversuch aus dem Kapitel über die Liebe. »Beenden Sie Feindschaften«? Gute Gelegenheit, den Tag zu beginnen, indem ich meine Erfahrungen aus einem anderen Selbstversuch auffrische – und gleichzeitig in den Glücksratgebern auf meinem E-Reader nach anderen Anti-Glückstipps forsche.

9.15 Uhr: Noch ein Kaffee. Perfektes hausgemachtes Glücksrezept.

9.25 Uhr: Leise öffne ich die Tür zum Schlafzimmer und blicke auf das Gesicht meiner schlafenden Freundin, die heute frei hat.

Wecken? Feinde schaffen?! Da meine Freundin in diesem Monat
nun wirklich genug gelitten hat, beschließe ich, stattdessen nach
draußen zu gehen und meinen Anti-Glücksratgeber-Selbstver-
such bei einem Gang durch die Stadt in Angriff zu nehmen.

Während ich mir Jacke und Schuhe anziehe und mich auf
den Weg mache, muss ich an meinen Vater denken. Als mein
Vater in den späten 30er- und 40er-Jahren aufwuchs, auf dem
Land in Bosnien, bestand Glück für ihn darin, einmal in der
Woche gemeinsam mit seinem Bruder beim Bäcker frische
Brötchen zu bekommen. Die spendierte der Opa mütterlicher-
seits den Kindern. Auf eine weiterführende Schule gehen? Mein
Vater musste ein Jahr warten, weil keine Hose ohne Löcher da
war. Erst als ein Onkel aus dem Krieg zurückkehrte und seine
Soldatendecke stiftete, konnte das fehlende Kleidungsstück aus
dem Stoff geschneidert werden.

Wer wirklich arm ist, wer wie mein Vater eine Kindheit lang
mit Eltern und Geschwistern in einem einzigen Raum lebt und
schläft und atmet und zum Essen kaum je mehr als Maisbrei
vorgesetzt bekommt – für den stellt sich die Glücksfrage bekanntlich anders. Zufriedenheit ist unter solchen Umständen
nichts Kompliziertes. Eine warme Mahlzeit mit Gemüse und
Fleisch. Ein Bett ohne Läuse. Ein Klo mit fließendem Wasser.
Das reicht. Ein Freund, ebenfalls aus Bosnien, erinnert sich an
den Kessel von Sarajevo, die mehrjährige Belagerung der Stadt
im Jugoslawien-Krieg, nicht nur als schlimme Zeit. Die Menschen hielten zusammen, teilten, was sie hatten. Glück bestand
darin, abends zusammenzusitzen und überlebt zu haben.

Essen. Trinken. Sich sicher fühlen. Die »Bedürfnispyramide«
des amerikanischen Psychologen Abraham Maslow beschreibt,

wie unsere Bedürfnisse aufeinander aufbauen.[77] Zuerst müssen Hunger und Durst gestillt sein. Dann wollen wir uns sicher fühlen. Erst danach beginnen wir, uns nach zwischenmenschlichem Kontakt, nach Anerkennung, Erfolg, Selbstverwirklichung oder Sinn zu sehnen. Das Modell zeigt, wie vielfältig und ineinander verwoben menschliche Bedürfnisse sind. Es erklärt auch, warum wir unser Glück, verstanden als die Erfüllung von Bedürfnissen, immer wieder von neuem suchen müssen. Sobald wir eine Stufe der Pyramide erklommen haben, gewöhnen wir uns an das, was uns auf dieser Ebene geboten wird. Ein neues Bedürfnis löst das alte ab. Wir sind dazu verurteilt, uns zu entwickeln. Immer bleibt ein Rest Unzufriedenheit, ein ungestilltes Ich-weiß-nicht-was der Lebensbilanz.

Was tun mit der unerträglichen Leichtigkeit der Aufwärtsbewegung, mit dem nie zu stillenden Restgefühl von Mangel?

Noch in den 50er-Jahren konnte man nach Paris auswandern, sich als Nihilist gefallen und das Glücksproblem lösen, indem man die These von der Absurdität des Daseins mit so viel Leidenschaft und Charme, Rotwein und filterlosen Gitanes vertrat, dass sich das Thema spätestens um 2.00 Uhr morgens erledigt hatte, wenn man in einem fremden Bett den letzten Seufzer des Tages ausstieß. Doch dieses Szenario wirkt heute doch sehr unzeitgemäß, und irgendwie kann man es sich nur in Schwarz-Weiß vorstellen. Sartres Bücher sind zu selbstherrlich, und Zigaretten ohne Filter zu rauchen, dieses Bild löst in gesundheitsoptimierten Zeiten nur noch Kopfschütteln aus. Eine lustfeindliche Gesellschaft kann eben noch nicht einmal mehr den Atheismus genießen.

Und Gott?

Dessen irdische Vertreter hatten und haben immerhin eine Erklärung für den zähen Restschmerz in den hintersten Winkeln der Seele. Er soll uns an das erinnern, was wirklich zählt im Leben: das nächste Leben. Allerdings beschäftigt die meisten Menschen heutzutage doch eher die Frage, ob es ein Leben *vor* dem Tod gibt, nicht *danach*.

Mein Vater besuchte in Bosnien eine katholische Ordensschule. In den 60er-Jahren wurde er zum Priester geweiht. Doch auch sein Restschmerz hörte nicht auf zu pochen. Mein Vater beschloss irgendwann, Gott und Kirche hinter sich zu lassen und sein Glück im säkularen Leben zu versuchen. Weil er als Priester zuletzt in Deutschland gewirkt hatte, begann er hier ein neues Leben.

Ging es ihm damals, Anfang der 70er-Jahre, so wie uns heute, wenn wir uns danach umschauen, was uns glücklich machen könnte? Der erste Eindruck, gleich nachdem man beschlossen hat, »glücklich« zu sein, kann heute eigentlich nur einer sein: Verwirrung. Sollen wir uns glücklich essen, glücklich kaufen, glücklich reisen? Glücklich lieben, glücklich arbeiten, glücklich entspannen? Glücklich Tango tanzen – in den elegantesten Schuhen der Welt? Zu jeder nur vorstellbaren Form von Glück gibt es ein Produkt, und Google präsentiert es uns garantiert, noch bevor wir überhaupt wissen, dass wir es brauchen. Vor lauter Angeboten, »uns wohlzufühlen« und »endlich mal an uns selbst zu denken«, wissen wir gar nicht mehr, an welches sofort erfüllte Bedürfnis wir uns als Nächstes gewöhnen sollen – ahnend, dass wir uns kurz darauf voller Überdruss schon wieder nach neuen Glücksversprechen umschauen werden.

Fatalerweise stößt auch die Optimierung des Glücks auf das Grundproblem jeder Konsumgesellschaft, nämlich dass zu viel

Auswahl vor allem eines schafft: Unzufriedenheit. Die Qual der Wahl mag ein Luxusproblem sein; wir quälen uns trotzdem damit und sind zugleich viel zu sehr verliebt in den Akt des Wählens, um davon abzulassen.

Da hatte es mein Vater einfacher. Als er sich im Tübingen der 70er-Jahre ein neues Leben aufbaute, waren die Warenregale der Glücksverkäufer noch nicht so reich bestückt. Außerdem hatte er kaum Geld, wollte studieren und heiraten. Also rannte er von einem Nebenjob zum anderen, machte nebenher erst mal einen Tanzkurs und lernte, schönen deutschen Frauen aus den Händen zu lesen, unter anderem meiner Mutter. Und wurde Psychotherapeut.

Einen Glücksratgeber hat er damals nicht gebraucht.

Ich starre auf das *Glück to Go*-Buch in meiner Hand. Für uns glücksverwöhnte Menschen, grundabgesichert, sozialstaatsverwöhnt, individualitätshungrig – für uns werden diese Bücher geschrieben. Wir kaufen sie.

Zugegeben: Die Idee, bei der Glückssuche auf die Erfahrungen anderer zurückzugreifen, ist an sich nicht verwerflich. Niemand will eine Welt, in der sich alle dumpf an einer Kette von Leiderfahrungen entlanghangeln. Viele der Sätze in den Ratgebern sind klug, jeder für sich genommen. Was ist es also, was mich am Ganzen so irritiert?

Zuallererst der Umstand, dass die Glücksratgeber uns genau die gleichen Instrumente in die Hand drücken, wie es die Erfolgs- und Beziehungsratgeber auch tun: Wir sollen an uns arbeiten – ohne je zur Ruhe zu kommen. Das ist vielleicht der Hauptkritikpunkt in einem Anti-Selbstoptimierungsbuch. Auch beim Glück gilt: Luft nach oben ist immer. Jeder nicht glückliche Mo-

ment wird zur Herausforderung, jeder Rückschlag, ja jede Abfla-
chung der Glückskurve ist neues Material im Steinbruch der
Selbstoptimierung. Doch wenn unsere untergründige Unzufriedenheit, unser ständiges Gehetztsein, unsere kaum verdrängte
Unruhe und Angst daher rühren, dass wir mit einem Übermaß
an Effizienz alle Bereiche unseres Lebens an überhöhten Ideal-
werten ausrichten – warum sollten wir dann zufriedener werden,
wenn wir im Hinblick auf das Glück genau dieselbe Methode an-
wenden? Mehr vom Gleichen? Von dem, was uns ohnehin die
Luft abschnürt? Auch in Bezug auf Glück gilt: Wer sich dreimal
am Tag zu festgesetzten Uhrzeiten Glücksmomente einplant, der
wird sie vermutlich eher nicht erleben. Und wer sich jeden Diens-
tag zwischen 19.00 Uhr und 19.30 Uhr Zeit nimmt, um zu begreifen, dass alles vergänglich ist (weil das laut Buddhismus
glücklich machen soll), der wird nicht weit kommen, wenn ihn
um 19.30 Uhr jedes Mal der Wecker aus der Vergänglichkeit
reißt. Nichts ist so vergänglich wie die Einsicht in die Vergänglichkeit – vor allem, wenn um 19.35 Uhr Facebook und eine letzte Geschäftsmail anstehen.

Nicht beantwortet wird in den meisten Glücksratgebern übrigens die Frage, was das eigentlich ist – »Glück«. Beziehungsweise: Es ergießt sich eine solche Flut von Definitionen, dass man
sich fragt, was eigentlich *nicht* glücklich macht. Und wenn das so
ist – warum wir nicht schon längst rundum glücklich sind?

In dem deutschen Glücksbestseller, den ich gerade vor mir
habe, heißt Glück zum Beispiel: Keine Zeitung lesen, ängstliche
Befürchtungen nicht zulassen, keine Fragen mehr stellen, sich
selbst für alles loben, grenzenlose Verbundenheit spüren, loslassen, seinen Weg finden, aufhören zu warten, achtsam sein.[78]

Also im Grunde alles. Und damit nichts, so ist das nun mal. Nichts außer einem vagen Gefühl von: Das will ich auch.

Das Problem ist: Glück in einem nichtmateriellen Sinn ist ein äußerst schwammiger Begriff. »Glück« und »Unglück« sind ein ähnliches Wortpaar wie »Krankheit« und »Gesundheit«. Gesund ist man, wenn man nicht krank ist, so weit die klassische Alltagsdefinition. Wenn man aber, wie es heute gerne geschieht, versucht, Gesundheit ohne Bezug auf Krankheit zu definieren, wird es schwierig. Plötzlich lässt sich Gesundheit beliebig steigern, ohne dass genau klar wäre, wo die Grenzen sind. Plötzlich entsteht Druck, *wirklich* gesund zu sein – nicht einfach nur *nicht krank*. Paradoxerweise wird dadurch gerade das Kranke am Gesunden sichtbar – noch das Geringfügigste. Wer sich für gesund hält, der ist nur noch nicht gründlich genug untersucht worden, so lautet ein alter Kalauer. So ist es auch beim Glück: Wer lange genug auf sein Leben starrt, weil er das Gefühl hat, noch nicht *wirklich* glücklich zu sein, wird zwangsläufig all das entdecken, was ihm zum wahren Glück noch fehlt. Und sich zutiefst unglücklich fühlen.

Dass »Glück« ein schwammiger Begriff ist, führt dazu, dass sich die Ratschläge der Glücksratgeber, so sinnvoll sie im Einzelnen erscheinen mögen, im Ganzen oft hemmungslos widersprechen. Nehmen wir die Ratschläge aus dem Ratgeber von eben: Wer gerade »grenzenlose Verbundenheit« spürt, wird zum Beispiel nicht unbedingt »loslassen wollen«. Wer »keine Fragen stellt« und »sich selbst für alles lobt«, mag sich gut fühlen, wird sich aber vermutlich über kurz oder lang ein paar Feinde schaffen und deshalb wohl oder übel »ängstliche Erwartungen« hegen müssen.

Was noch nervt? Da sind die Bequemlichkeitsphrasen (»Vertraue darauf, dass immer das Beste in deinem Leben geschieht«); die Aufforderung zum Aufsetzen von Scheuklappen (»Lies keine Zeitung«); die Überforderung (»Höre auf zu bewerten« – was buddhistischen Mönchen nach jahrzehntelanger Meditation an guten Tagen gelingt). Dann sind da die wissenschaftlich verbrämten Alles-ist-möglich-Lügen (»Wir können unseren Geist in jede Richtung schulen, die wir wollen«). Und nicht zuletzt werden die Leser, ohne dass der Autor auch nur einen von ihnen kennen würde, mit stumpfer Dreistigkeit auf das Schafott eines extremen Narzissmus hinaufkomplimentiert: »Du bist wundervoll! Du bist schön, charmant, einzigartig und begehrenswert!«

Kann das anders als in Enttäuschung enden? Oder – vermutlich eher im Sinne der Autoren – zumindest im Erwerb eines neuen Buchs, der Teilnahme an einem neuen Seminar, der kostenpflichtigen Fortsetzung einer nie endenden Suche nach Einzigartigkeit, Charme und Schönheit, nach perfektem Glück?

Für den Fall, dass es auch nach der Lektüre des Buchs mit dem Lebensglück noch nicht klappt, haben die Autoren immerhin einen Fallschirm eingebaut – zumindest für sich selbst. »Wenn man nichts erwartet«, heißt es im Glücksbuch, »gibt es auch keine Forderungen, die enttäuscht werden können.« Im Klartext: Eine Geld-zurück-Garantie wird ausgeschlossen.

Bleibt die Frage: Warum sollte man sich überhaupt die Mühe machen, all die Glücksratschläge anzugehen, wenn man sich davon nichts erwarten darf?

Tagebuch aus der Welt der Anti-Selbstoptimierung

10.15 Uhr: An einer Bushaltestelle. Eben habe ich versucht, Farid anzurufen, damit wir uns zum Spaß ein bisschen beleidigen (Anti-Glückstipp »Feinde schaffen«), aber er hat nicht abgenommen. Genauer: Er hat mich weggedrückt. Der Sack.

Während ich auf den Bus warte, schlage ich eine beliebige Stelle in einem der Glücksratgeber auf. »Lieben Sie Ihr Alter«, steht da. Hm …

Erste Reaktion: Klar. Versuche ich. Seit ich 40 geworden bin. Nein, schon seit ich 30 geworden bin. Das eigene Alter muss man akzeptieren. Man lernt ja auch immer etwas dazu, jedes Jahr, nicht wahr? Würde ich wirklich noch einmal 17 sein wollen? All die Ungewissheiten, die Ängste, meine Schwierigkeiten, anderen überhaupt nur verständlich zu machen, was ich wollte. Na also, ich lächle wieder: Ich liebe mein Alter.

Gar nicht so schwer, sich selbst zu belügen …

10.20 Uhr: Und damit zum Gegenteil dieses Glücksratschlags. Mein Alter nicht lieben – sondern hassen! Lautstark und ausgiebig. Ich steigere mich in eine genüsslich-selbstgerechte Wut auf das Leben hinein, verfluche zunehmend ausufernd meine unbotmäßigen Zellen, die sich nicht mehr ganz so faltenlos reproduzieren, und beschließe in einem Furor gerechter Empörung sogar, eine Bewegung zu gründen, die das biologische Alter als politischen Skandal auf die Straße bringt. Scheiß auf mein Alter! Ja – ich fühle mich zu alt! Wer nicht jenseits der 40? Oder 30?! Eben war ich noch 25 – und jetzt das?! Ändern kann ich es nicht, das weiß ich. Aber muss ich mich deshalb gut fühlen? Ich male mir gerade die Schilder der De-

monstranten aus, an deren Seite ich auf den Straßen der Haupt-
städte dieser Welt gegen die unfassbar empörende Tatsache des
Älterwerdens kämpfen werde – und plötzlich merke ich, dass
ich laut vor mich hin lache.

10.25 Uhr: Glücklicher? Ich horche in mich hinein. Nein.
Aber ehrlicher. Freier. Lustiger. Ich lache über meine eigenen
idiotischen unerfüllbaren Sehnsüchte. Ich schließe sie nicht aus.
Ich will mich nicht mehr in einen Menschen verwandeln, der
sogar das Schlechte, das ihm widerfährt, lieben soll.

10.30 Uhr: Ich starre auf meinen E-Reader, klicke mich
durch das halbe Dutzend Glücksbücher. Allein die Überschrif-
ten: »Meinen Selbstboykott auflösen« – »Meine Realität endlich
selbst erschaffen« – »Den Geist heimholen« – »Meine Bedürftigkeit loslassen« –»Von den Massai lernen« – »Mit Grashüpfern Blicke wechseln« – »Waldrappen lernen« –»Jeden Tag zum
glücklichen Tag machen«.

Geht's noch?! Außerdem ist das alles so vage oder verspon-
nen, dass ich nicht einmal weiß, wie der Versuch, das Gegenteil
davon zu tun, aussehen soll. Was, bitteschön, ist das Gegenteil
von »Mit Grashüpfern Blicke wechseln«? Mit *Gorillas* Blicke
wechseln? Mit *niemandem* Blicke wechseln? Mit Grashüpfern
Geldscheine wechseln?

Gerade als der Bus endlich kommt, fällt mein Blick noch auf
einen anderen Satz. Da steht: »Die Wissenschaft beschäftigt sich
damit, wie man das Glück dauerhaft erlangen kann.«

Die Wissenschaft? Eins ist klar, denke ich, als ich einsteige:
Jeder Wissenschaftler, der dauerhaftes Glück verspricht, weiß
zumindest, wo er demnächst nicht mehr sein wird: unter anderen Wissenschaftlern. Wenn es wissenschaftlich zugehen soll,

dann müsste zumindest erst mal geklärt werden, welche Art von Glück überhaupt gemeint ist.

Der deutsche Philosoph Wilhelm Schmid unterscheidet drei Arten von Glück: Glück als Zufall, Wohlfühlglück und das Glück der Fülle.[79] Ist in dem Satz von eben Glück im Sinne von Zufall gemeint, also das, was einem unverdient zufällt? Sicher nicht. Vielleicht also eher Wohlfühlglück? Der erste Schluck Kaffee beim Sonntagsfrühstück im Bett, die Euphorie beim Betreten der Tanzfläche eines gut gefüllten Clubs an einem Samstagabend? Der Satz: »Die Wissenschaft beschäftigt sich damit, wie man sich dauerhaft so fühlen kann wie samstagvormittags beim Frühstück im Bett« klingt allerdings nicht recht überzeugend. Immerhin: Wohlfühlglück ist machbar – jeder kann sich ein Schokoladeneis kaufen. Doch ist Wohlfühlglück dauerhaft? Nein. Beliebig steigerbar? Auch nicht. Ein zweites Schokoladeneis führt vielleicht noch zu einer Verdoppelung des Wohlfühlglücks, ein drittes, viertes, fünftes am selben Tag sicher nicht.

Wenn nicht das Wohlfühlglück gemeint ist, was dann? Vielleicht das »Glück der Fülle«? Eine Form des Glücks, die Positives *und* Negatives umschließt, Freude und Ärger, Liebe und Enttäuschung? Wenn wir die entsprechende Haltung trainieren, suchen wir das Schmerzliche nicht – aber wir nehmen es als Teil des Lebens an. Im Gefühl des Glücks der Fülle erscheint die ganze breite Farbpalette des Lebens als Reichtum. Diese Art Glück ist, fällt mir auf, eng mit Hüzün verwandt, der türkischen Melancholie, über die ich am Anfang des Buches geschrieben habe: heiter im Schmerz sein. Ein bescheidenes, waches Glück, das seine Grenzen kennt und die Menschen verbindet. Ein nicht optimiertes Glück. Zu dem die Wissenschaft allerdings kaum

etwas sagen kann. Andernfalls hieße der Satz aus dem Ratgeber:
»Die Wissenschaft beschäftigt sich damit, wie man sich dauerhaft so fühlen kann wie manche Türken, wenn sie abends Aniss-
schnaps trinken und singen.« Nicht überzeugend – allerdings
sehr interessant. Man stelle sich nur die Wissenschaftler vor, wie
sie einem deutschen Ehepaar 24 Stunden lang Anisschnaps in
alle möglichen Getränke mischen …

Fakt ist: Die Wissenschaft, etwa die Psychologie, kann natürlich untersuchen, was Voraussetzungen dafür sind, dass wir
Glück empfinden. Aber echte Gefühle, außerhalb des Labors,
sind eine komplexe Sache. Kein Ratgeber hat die Wahrheit für
sich gepachtet – aber alle können jedes beliebige psychologische
Experiment so lange durchinterpretieren, bis der Karren der eigenen Interessen am Seil einer Halb- oder Viertelwahrheit in
die gewünschte Richtung gezogen wird. Man muss nur darauf
verzichten, all die anderen Experimente zu erwähnen, die oft
genug das Gegenteil beweisen. Und den Lesern das Leben nicht
schwer machen, indem man etwa erwähnt, dass die Probanden
des neuesten Glücksexperiments lauter zwangsverpflichtete
Psychologiestudenten im ersten Semester waren – ungefähr so
repräsentativ für die Gefühle einer 45-jährigen Ratgeberleserin
wie eine Ballermannparty auf Mallorca für die deutsche Thea-
terkultur.

Von meinem Platz im Bus aus blicke ich auf den Strom der
Passanten: nach vorn geneigte Köpfe, schräg in die Stirn gezo-
gene Mützen, ein Kopftuch mit Goldsaum. Es ist 13.00 Uhr, viele sind auf dem Weg zu einer Kantine oder einem Restaurant,
aufgehalten von einer Ampel. Stillstehen, das Drücken der Ungeduld, die im Hinterkopf lauert, dann laufen wieder alle ihren

Projekten und Zielen hinterher. Als der Bus anfährt, rennt noch ein Kind über die Straße. Der Fahrer hält abrupt, jemand schreit, dem Kind ist es egal. Die Bremsen quietschen mit diesem fiesen Geräusch, das jede Glückssuche unvermittelt auf einen einzigen Wunsch reduziert: Das soll aufhören, jetzt! Dann geht es weiter, für alle Beteiligten.

Wohlfühlglück, Glück der Fülle, negatives Glück.

Nichts ist selbstverständlich, alles muss optimiert werden.

Als Angelina Jolie begann, Kinder zu adoptieren, wie andere Briefmarken sammeln – da wechselte sie die Glücksebene. Vom Wohlfühlglück wechselte sie ins Fach Familienglück. Dieser plötzliche Wechsel, meist erst Mitte, Ende 30, ist etwas typisch Westliches. Interessanterweise haben die Betroffenen, Filmstars eingeschlossen, oft den Eindruck, einen grundsätzlichen Wandel in der Glückssuche zu vollführen. Statt weiterhin als Einzelne ihr Glück zu versuchen, einsam an sich selbst arbeitend, unter dem kalten Leitstern der Selbstverwirklichung, versuchen sie nun, ihr Glück gemeinsam mit anderen zu schmieden – genauer: *für* andere, nämlich Familie und Kinder. Der Verdacht liegt nahe, dass Menschen, die bis 35, 40 nur an der Selbstoptimierung ihres Ich gearbeitet haben, bei plötzlicher Familiengründung vor allem eines tun: die Selbstoptimierung fortsetzen. Familie ist dann einfach ein Mittel der Selbstverwirklichung unter anderen Vorzeichen, einer neuen Lebensphase angemessen. Noch dazu haben Kinder einen entscheidenden Optimierungsvorteil: Die einzigen unkündbaren Beziehungen, die man sich heute verschaffen kann, sind nun mal die zwischen Eltern und Kindern. Auch bei Angelina Jolie ist der Name ihres Mannes (des ersten) längst von ihrem Oberarm verschwunden. Heute sind dort die Koordinaten der Geburtsorte ihrer Kinder tätowiert.

Dass Kinder allerdings kein Freifahrtschein zum Glück sind, dazu reicht ein Blick in die abgekämpften Gesichter derer, die man spätnachmittags vor Kindergärten und Schulen stehen sieht. *Die Alles ist möglich-Lüge*, so heißt ein Buch über den Versuch heutiger Mütter (und Väter), Karriere und Familie unter einen Hut zu kriegen.[80] Die Grenze zwischen Selbstoptimierung und Masochismus verschwimmt hier nicht einfach, sie löst sich auf. Den Gegenpart des Sadisten übernimmt die Gesellschaft. Alle Beteiligten (Medien, Arbeitgeber, das Grundgesetz, Freunde und Bekannte) gehen derart selbstverständlich davon aus, dass Karriere und Familie heutzutage mühelos vereinbar seien, dass die meisten Eltern sich pflichtschuldig selbst die alleinige Schuld am aufreibenden Debakel zwischen Krippe und Büroschreibtisch zuschreiben. Dass sich erst einmal an den Rahmenbedingungen etwas ändern müsste, dass die staatliche Kinderbetreuung ausgebaut, neue Arbeitszeitmodelle eingeführt und junge Eltern im Beruf besser geschützt werden müssten, darüber wird viel zu wenig gesprochen. Statt die Gesellschaft in die Verantwortung zu nehmen, verzweifeln die Eltern an den überhöhten Ansprüchen, die an sie gestellt werden – und die sie selbst auch noch forcieren. Das erklärt dann die sogenannten »mommy wars«, die »Mütterkriege«, die in den letzten Jahren um sich greifen: Mütter (vermutlich auch Väter), die miteinander darum wetteifern, wer das perfektere Zuhause und die gesündere Ernährung bietet, und natürlich darum, was die Kinder zu welchem Zeitpunkt bereits alles gelernt haben. Es reicht eben heute nicht mehr, Mutter (Vater) zu sein – man muss schon die

perfekte Mutter (der perfekte Vater) sein. Und die eigene El-
tern-Exzellenz am besten auch gleich in einem der beliebten
»Mama-Blogs« mit Bildern und ausführlichen öffentlichen Ta-
gebüchern belegen. Dass hinter der heilen Welt, die diese Blogs
zeigen, eine extrem aufreibende Wirklichkeit lauert, bleibt dann
schon mal außerhalb des selbst gewählten Bildrahmens. So brechen Mütter und Väter nach Phasen intensiven Hochgefühls
(»Ich bin Mutter, sexy und erfolgreich.«) regelmäßig zusammen, fühlen sich leer und wie in einem Albtraum. Das ganze
Familienleben fühlt sich plötzlich wie ein einziger Stresstest
an – und das Glück lockt wieder ganz woanders. Vielleicht doch
mehr ins Ich investieren? Eine Auszeit von der Familie nehmen? Wenn man nur wieder Zeit genug für sich hätte – in einer
Jazzband spielen, endlich Spanisch lernen, in Indien meditieren … Dabei vergisst man, dass man einmal genau vor der öden
Optimierungslogik all dieser Selbstverwirklichungsdisziplinen
in den sicheren Hafen Familie geflohen ist. Dass es in Wirklichkeit eben gerade nicht darum geht, von einer bestimmten Form
des Lebens zurückzutreten – sondern von den übertriebenen
Ansprüchen, die man an sich selbst stellt.

Eines liegt auf der Hand: Ein naiver Glücksbegriff muss am
Leben als Familie scheitern. Kinder machen nicht in dem gleichen Sinn glücklich wie ein Wochenende am See oder ein Stück
Torte. Ob nun in der Arbeit an sich oder im Zusammenleben
mit Kindern, dauerhaftes Glück ist nur möglich, wenn es widersprüchliche Gefühle einschließen kann, auch Zorn, Enttäuschung, volle Windeln und unaufgeräumte Zimmer, wütendes
Um-den-Block-Gehen und gereizte Erschöpfung – ein Glück
der Fülle, kein Wohlfühlglück. Der große Vorteil der Familie ist

vielleicht: Wer sich auf das Abenteuer Kinder einlässt, erfährt schnell (oft erbarmungslos schnell), was ohnehin immer der Fall ist – dass niemand sein Glück allein schmiedet, dass unsere Zufriedenheit viel mit anderen Menschen zu tun hat. Ich kann noch so gut drauf sein – wenn der Rest der Familie es nicht ist, war's das mit der guten Laune. Das macht Angst und löst Autonomieängste aus. Aber es ist auch eine gute Gelegenheit, sich von der Einsamkeit der ständigen Arbeit am Ich und von allzu hohen Erwartungen an sich und die Welt zu verabschieden. Zumindest die nächsten 18 Jahre lang.

Manchmal muss man auch einfach Geduld haben. Zum Beispiel konnte ich als Kind mit meinem Vater wenig anfangen. Er sprach mit einem merkwürdigen Akzent, fand Fußball so langweilig, dass er gar nicht erst zu meinen Spielen kam und kaufte statt einem Auto der richtigen Marke lieber riesige Felsbrocken, die von verschwitzten Männern mit nackten Oberkörpern in unseren Garten gehievt wurden. Aus den Felsbrocken wurden im Lauf der Jahre Skulpturen, die ich spätestens als Student toll fand – schon weil meine ersten Freundinnen vom Künstlertum und der exotischen Biographie meines Vaters so begeistert waren. Die Sprache, die ich als Kind nicht lernen wollte, weil niemand sonst in unserer Umgebung Kroatisch sprach, habe ich doch noch gelernt, im Gespräch mit meinem Vater. Als Erwachsener war ich plötzlich sehr dankbar dafür, noch in einer zweiten Kultur Wurzeln zu haben.

Auch zwischen meinem Vater und meinem Bruder musste sich das Familienglück erst finden. Als mein Bruder geboren wurde, brachte das meinen Vater wortwörtlich ins Wanken – er hatte plötzlich Knieprobleme, konnte nicht mehr laufen. Er, der erst ein paar Jahre zuvor aus dem Kloster ausgetreten war, wurde das Gefühl nicht los, Gott bestrafe ihn durch ein Kind mit Down-Syndrom. Ein paar Jahre später waren mein Vater und mein Bruder dann schon die besten Freunde. Die warme, selbstverständliche Art, in der mein Bruder auf der Welt ist, hatte das Herz meiner Eltern gewonnen. Mein Bruder war keine Bürde mehr – sondern ein Geschenk.

Tagebuch aus der Welt der Anti-Selbstoptimierung

14.30 Uhr: Im Park. Von ferne Geruch nach Kohlen und Fleisch. Irgendwo schreit jemand, niemand antwortet. Dann antwortet jemand, aber die erste Person meldet sich nicht mehr. Ich gehe in die Hocke und blättere im Glücksratgeber.

14.33 Uhr: Glücksratschlag: »Glück ist … seine Ziele zu verwirklichen.«

Anti-Glücksratschlag? Klar: *keine* Ziele haben. Nichts Besseres sein wollen. Oder verfeinert: Ziele haben – aber sich nicht von ihnen beherrschen lassen. Quasi *der* Anti-Glücksratschlag für mein Buch. Perfekt. Beziehungsweise: Nicht perfekt.

14.45 Uhr: Am Ufer des Sees, ich blicke aufs Wasser. Plötzlich muss ich an einen Kanal in Berlin denken; während meiner Studentenzeit war der Kanal einmal im Winter wochenlang zugefroren, eine dicke, mit Pulverschnee bedeckte Eisschicht. Eines Tages stand auf dem Eis ein Sofa. Ein klassischer Zweisitzer, rot, einladend, abgesehen von einigen Stahlfedern, die an einer der Lehnen herausragten. Irgendjemand mit einem Sinn für Ästhetik (und Pragmatik) hatte das Sofa mitten auf dem Eis entsorgt. Als ich an jenem Mittag mit einer Freundin unter einer Weide am Ufer stand, schien mir das rote Sofa auf dem Eis ein perfektes Symbol für das unauflösbare Ineinander von Absurdität und Schönheit, das die Welt ist. Als wir uns vorsichtig übers Eis darauf zu tasteten, fühlten wir uns wie in einem Traum, in dem alles in überstarken Tönen gezeichnet ist und zugleich absolut normal wirkt. Wir setzten uns auf das Sofa und blinzelten in die Wintersonne. Das Knirschen des Eises. Das absurd bequeme Sofa. Einer der Momente, die das Leben schenkt, wenn man gerade nicht daran denkt, wie es sein sollte.

Früher tat man, was man nun einmal tat, und stellte im besten Fall immer wieder fest, dass man im Grunde ganz zufrieden mit sich und der Welt war. Daran muss ich plötzlich denken. Man war quasi nebenher glücklich – jedenfalls ohne sich ständig zu fragen, was eigentlich noch fehlte. Beim Essen war es genauso: Man aß, was die Region hergab und die Jahreszeit. Dann kamen die industrielle Revolution und ein radikaler Wandel des Verkehrs; Lastwagen, Frachtschiffe und Güterzüge – und plötzlich konnte man jede Menge Dinge günstig essen, von denen allerdings niemand mehr so richtig wusste, wo genau sie herkamen. So bin ich noch aufgewachsen: Es war halt so – und es galt als Fortschritt, weil alles immer billiger und immer schneller verfügbar wurde. Heute sind Glück und Ernährung nichts mehr, was uns einfach zufallen würde. Wir müssen uns entscheiden, Tag für Tag – und sind selbst dafür verantwortlich, wenn etwas misslingt. In einem gewissen Sinn sind wir wieder am Anfang angelangt: Wir essen wieder, was die Region hergibt und die Jahreszeit, wir suchen das Glück wieder im Kleinen und Alltäglichen. Aber die Selbstverständlichkeit fehlt. Immer hören wir eine Stimme, irgendwo im Hintergrund und trotzdem deutlich vernehmbar. Ist das wirklich das Beste?, fragt die Stimme. Geht es nicht noch besser? Und da wir uns bei derart vielen Entscheidungen schlicht überfordert fühlen, fragen wir dann eben die Glücks- und Ernährungsexperten.

Aber genau das ist die falsche Entscheidung. Statt nach außen zu lauschen, sollten wir in uns hineinhorchen – darauf vertrauen, dass uns unsere innere Wünschelrute schon richtig leiten wird, wenn wir den Pegel des Experten-Grundrauschens absenken. Es ist nun mal so: Niemand kennt uns besser als wir selbst.

Tagebuch aus der Welt der Anti-Selbstoptimierung

15.10 Uhr: Und die Anti-Glücksratgeber-Optimierung?

Eigentlich hatte ich gehofft, hier im Park Farid zu treffen.

Zu wem soll ich jetzt taktlos sein, wen soll ich mir durch Grobheit zum Feind machen? Niemand in Sicht. Aber vielleicht muss ich ja bei meinen Selbstversuchen nicht immer ergreifende Erleuchtungen haben? Nicht immer nach aufregenden Momenten suchen, etwas Besonderes spüren und entdecken? Vielleicht ist genau das ja mein Anti-Glücksratgeber-Vorsatz für heute: Nichts Außergewöhnliches erleben wollen. Keine Lektion lernen müssen. Abwarten. Und offen sein für das, was kommt.

15.15 Uhr: Abwarten? Plötzlich habe ich Lust, eine Zigarette zu rauchen. Farid hätte bestimmt Zigaretten. Gut, dass er nicht da ist.

Farid. Vor nun gut einem Monat, damals bei dem Selbstversuch in Sachen Rüpelhaftigkeit und Ehrlichkeit, musste ich derart befreit lachen, als Farid und ich uns eine halbe Stunde lang beleidigten, dass ich mich plötzlich gefragt habe, ob das vielleicht das wahre Geheimnis des Glücks ist: sich danebenbenehmen.

Vermutlich darf man nichts im Leben zu ernst nehmen, nicht einmal das Glück. Und schon gar nicht Glücksratgeber.

Und die Selbstversuche? All meine Anstrengungen, mich von Optimierungsidealen zu befreien? Muss ich nicht zumindest die ernst nehmen, todernst?

Auch die nicht. Das ist es wohl. Mitnehmen, was hilft; gelassen mit sich umgehen, mit den eigenen Erwartungen. Aber sich nicht an einer starren Formel festklammern, keine neuen Leitplanken und Absperrungen akzeptieren. Sonst gräbt man nur einen weiteren Tunnel durchs Leben – statt es zu öffnen.

15.30 Uhr: Plötzlich habe ich Lust zu schwimmen. Untertauchen. Wieder auftauchen. Durchs Wasser gleiten. Die Sommerwärme im See spüren.

Die wahre Anti-Glücksratgeber-Tat, beschließe ich, besteht darin, einfach das zu tun, worauf ich wirklich Lust habe. Jetzt. Unabhängig von allen Ratschlägen.

Ich springe in den See. Lichtflecken im Wasser. Sand treibt auf, Schemen wie von Fischen, weiter unten ist es kälter, darüber glatte helle Wärme. Stille. Mein Herzschlag. Bewegungen wie in einem Traum.

Ich tauche auf.

Aus irgendeinem Grund sehe ich plötzlich Farid vor mir. Farid, wie er manchmal über die Wüste spricht, den Ort, wo er als

Kind gelebt hat. Die Hitze, die Trockenheit, die Klarheit. Ah! Genau der Ort, wo er in diesem Moment sein will! Sein ganzer Körper wird zu einer Geste, die seine Begeisterung ausdrückt.

So fühle ich mich jetzt.

15.43 Uhr: Noch einmal untertauchen. Dann löse ich mich, schwimme zurück. Und stapfe ans Ufer.

15.45 Uhr: Verdammt, Handtuch vergessen.

15.46 Uhr: Trockene Unterhose? Auch nicht.

Ich setzte mich und lasse mich von der Sonne trocknen. Während ich aufs Wasser starre und die Wärme spüre, kommt mir die Geschichte einer Frau aus München in den Sinn. Eine Gewichtheberin. An dem Tag, als sie 135 Kilogramm hochwuchtete, wurde Angelika deutsche Meisterin im Gewichtheben.[81] Es war das schwerste Gewicht, das sie je gehoben hatte, das Doppelte ihres Körpergewichts. Jahrelang hatte sie darauf hintrainiert. Keine Frau im Land konnte solche Lasten heben. Sie war Mitte 20 – und hatte erreicht, was sie wollte.

Damals, vor über 30 Jahren, hieß sie Angelika. Heute ist sie Tenzin Wangmo. Sie lebt noch immer in München. Doch der Pokal für die Meisterschaft dient ihr inzwischen als Schirmständer. An ihrem Schlüsselbund baumelt heute ein Dharma-Rad, das Symbol der buddhistischen Lehre. Und statt ins Fitnessstudio fährt sie zum tibetischen Tempel.

Leistungssport und Selbstoptimierungswahn haben viel gemeinsam. Die besessene Verwandlung der Welt in *Mittel*, der Zwang, immer besser zu werden, ohne dass es je ein Ruhegleichgewicht geben könnte. Im Mittelpunkt der Körper: ein Körper, der glücklich macht, solange er perfekt ist oder zumindest zu sein scheint, und unglücklich, wenn er auch nur kleine Mängel aufweist. Ein Muskel, der weniger straff ist, eine Ahnung von Fett, schon ist der Körper nicht mehr perfekt, perfekt leistungsfähig. Für das eine Ziel müssen viele andere Wünsche verdrängt werden, kleine, schräge, ungeplante, unbesehene Wünsche, die für das eigene Glück vielleicht wichtiger wären. Die Unruhe, von der man nicht weiß, woher sie kommt, das leise Drängen in andere Richtungen, das Ungelebte – all das wird auf das eine Ziel projiziert oder davon übertönt.

Aufgeben? Wer viel investiert hat, muss schon deshalb weitermachen, weil sonst der bisherige Weg vergeblich war.

Tenzin Wangmo hat aufgegeben. Nicht einfach die Karten neu gemischt, sondern ein neues Spiel angefangen. Sie ist Nonne. Ihren Job bei der Post hat sie erst mal behalten, warum auch nicht. Das Glück lässt sich auf viele Arten finden. Zum Beispiel braust die buddhistische Nonne Tenzin Wangmo auch mal gerne mit einem Motorroller durch die Gegend. »Bronco« heißt der – weil er wie ein wildes Pferd ist, bei dem man aufpassen muss, dass es einen nicht abwirft. Kitschig? Genau das Zurückzucken vor Geschmacksfehltritten, vor Lächerlichkeit ist oft genug die Fessel, mit der wir uns an vermeintlich kluge Dinge binden, die in Wahrheit nur übernommene Vorstellungen sind. Wer die Welt in starre Gegensätze fasst, findet sich immer in einem Lager wieder, mit einer Gegenseite, die Angst macht, schon weil man sich selbst jederzeit auch dort wiederfinden könnte. Wer nur absolut frei glücklich ist, schließt das Glück der Bindung aus. Wer nur mit perfekter Taille oder Bauchmuskelsixpack glücklich ist, schließt Glück in gebrechlichen Zeiten aus. Wer nur mit Eigenheim und Auto glücklich ist, schließt das Glück der Habenichtse aus. Die Gegensätze in Bewegung bringen, sie hinterfragen, auflösen, aufheben, das ist ein Grundprinzip des Buddhismus. Vielleicht schreckt Tenzin Wangmo auch deshalb nicht vor einer Dalai-Lama-App auf ihrem iPhone zurück. Sie findet das nicht lächerlich – höchstens lustig. Was soll man sonst tun, als mit einem Grinsen seinen eigenen Weg finden und schauen, was die Welt uns bietet?

Das Beispiel der buddhistischen Nonne zeigt: Glück ist in der Welt der Selbstoptimierung oft ein Ersatzbegriff. Für Sinn.

Warum leben?

Wir sind frei zu wählen, wozu sich das Leben für uns lohnt – doch diese Freiheit will uns nicht so recht behagen. Sinn lässt sich nicht optimieren, wie man einen Automotor oder ein Computerprogramm optimiert. Kann man sich für Sinn entscheiden? Das Absurde daran empfinden die meisten intuitiv. Trotzdem versuchen wir es. Die Glücksratgeber sind durchzogen von Bemühungen, eine moderne Ersatzreligion zurechtzubasteln. Ein wenig Buddhismus (»Nicht bewerten!«), ein wenig Hedonismus (»Genieß dein Leben!«), ein wenig christliche Ethik (»Verzeih deinen Mitmenschen!«), ein wenig Gott (»Vertrau dem Leben!«) und natürlich viel Ich (»Sei du selbst!«) – darauf können sich die meisten einigen. Gegen diese Mischung ist auch nicht viel einzuwenden. Jede Epoche hat die Religion, die sie verdient. Aus einem Guss erscheint immer nur das Vergangene, Ererbte. Und vielleicht müssen wir ja den Mut haben, unsere eigene Metaphysik zu erträumen.

Doch im Reich der Lebensgründe ist Perfektionismus, was das Sonnenlicht für den Vampir ist: ein kurzer Glanz, doch letztlich keine gute Erfahrung. Wenn wir uns mit zu viel Gründlichkeit und Willen an den Sinn machen, kann er gar nicht erst entstehen. Sinn muss man *leben*. Das kann uns kein Ratgeber abnehmen. Wie fühlt es sich an, wenn wir behutsam und mit ausgestreckten Sinn-Fühlern in unser Leben tasten? Behutsam sollten wir dabei sein, denn in der modernen Welt ist Sinn scheu. Wir werden immer Momente erleben, in denen wir plötzlich im Leeren stehen. In denen das Leben sinnlos erscheint. Was tun? Schauen, was sich aus den Hindernissen machen lässt. Wo noch Schönheit liegt, wo Möglichkeiten. Den Gegensatz zwischen Sein und Wollen aushalten – man wird ihn ohnehin nicht los.

Ideen davon, wie die Dinge sein müssen, machen uns unglücklich – das lässt sich über das Glück mit Sicherheit sagen.

Tenzin Wangmo. Was für mich ihre Geschichte mit der meines Vaters verbindet, ist der Mut, den sie beide bewiesen haben: Mut, einen eigenen Weg zu gehen, der nicht glamourös ist, aber der inneren Stimme folgt. Tenzin Wangmo, die Gewichtheberin, die zum Buddhismus fand, Nonne wurde. Mein Vater, der den Orden verließ. Der mit Mitte 30 an seiner Berufung zum Priester zu zweifeln begann. Der wissen wollte, was das ist: leben, arbeiten, genießen, mit Frauen tanzen, eine Familie gründen; all das, worüber er sprach, wenn er im Beichtstuhl Sünden verzieh, die er nicht kannte. Dafür war er bereit, alle Sicherheiten aufzugeben. Denn als er den Orden verließ, fand er sich ohne jede Unterstützung in einem fremden Land wieder. Um sich sein Studium in Tübingen und den ersten Tanzkurs zu finanzieren, arbeitete er in Hühnerställen, an Tankstellen und als Gerichtsübersetzer.

»Leap of faith« hat Michael das genannt, mein Berliner Freund, der selbst diesen Sprung ins Unbekannte wagte, als er seinen Job bei einer Unternehmensberatung aufgab. Dieser Mut, ohne Sicherheitsnetz eine Lebensentscheidung zu treffen, ist eine Grundvoraussetzung von Sinn. Niemand kann uns garantieren, dass wir nach dem Sprung gut landen werden, nichts ist hundertprozentig, nichts addiert sich zu einem Maximum, nichts ist vergleichbar. Und natürlich muss es nicht die Entscheidung *gegen* den Job sein – es kann auch die Entscheidung *dafür* sein. Nur springen, das muss man.

Doch es lohnt sich. Der Grundtrugschluss der Selbstoptimierung ist, dass wir eine perfekte Kopie unserer selbst erschaffen könnten, die fehlerlos durchs Leben gleitet – und trotz aller Fehlerlosigkeit immer noch identisch mit uns ist. Die Grundentscheidung *gegen* die Fehlerlosigkeit ist der Beginn eines neuen Lebens: der Befreiungssprung, der sich für jeden von uns lohnt.

19.15 Uhr: Der Bus hält, die Türen öffnen sich. Es ist Abend, ich will zurück nach Hause. Aus dem Fenster blicke ich auf die vorbeiziehende Stadtlandschaft: erleuchtete Schaufenster, vorbeihastende Passanten, eine Ahnung von Kühle in der Luft, ein Sommerregen, der sich ankündigt. In der oberen Etage eines Bürohauses sehe ich hinter der Glasfassade zwei Dutzend Männer und Frauen auf Laufbändern und Rudergeräten trainieren. Vermutlich blicken sie im Spiegel der Glasfassade gerade auf ihr eigenes Gesicht. So wie ich in der Scheibe des Busses mein Gesicht sehe.

»Es ist nicht leicht, das Glück in sich selbst zu finden, aber es ist unmöglich, es in einem anderen zu finden.« Der Satz kommt mir wieder in den Sinn. Mein Gesicht in der Scheibe und der Büroturm mit den unruhigen Silhouetten im Fitnessstudio überlagern sich einen kurzen Moment lang. Dann biegt der Bus ab, und ich bin wieder mit mir und meinem Spiegelbild allein. Ein bisschen müde, ein bisschen zu sehr in Gedanken – und doch zufrieden.

Ein ganzer Monat voller Selbstversuche liegt hinter mir. Die Arbeit an der Arbeit an uns selbst – die nimmt uns keiner ab. Die gute Nachricht: Sie kann darin bestehen loszulassen.

Der Buddhismus ist kein Glücksratgeber, es geht nicht darum, sich etwas anzueignen, auch Glück nicht. »Loslassen« ist ein wichtiges Ziel im Buddhismus. Doch »loslassen« ist unmöglich, solange man ein konkretes Ziel im Kopf hat – zum Beispiel eine bestimmte Art, wie wir uns fühlen wollen, möglichst jetzt sofort. Die zufriedene Gelassenheit, die man auf den Gesichtern buddhistischer Mönche und Nonnen in Indien oder Tibet sieht, stellt sich eher wie nebenbei ein – ohne die besserwisserische Zwangsagenda der Glücksratgeber.

17.50 Uhr: Vielleicht ist das ja der beste Glückstipp: Keinen Glückshype veranstalten – sondern zufrieden sein, mal mehr, mal weniger? Und keinen 101 Ratschlägen folgen – sondern seinem eigenen Gefühl?

Es gibt ein Recht, nach dem Glück zu streben, ein Recht, an uns zu arbeiten. Aber keine Pflicht. Und wenn wir mal nicht glücklich sein sollten – dann ist das auch okay.

Das mag inkonsequent sein. Aber Inkonsequenz ist der erste Schritt zum Glück. Wenn man leben will, darf man nicht immer vernünftig sein. Oder, wie mein Vater mal zu mir gesagt hat: »Freu dich über das, was klappt. Und sei nett zu dir selbst. Wer soll es sonst tun, wenn du es nicht tust? Den ganzen Rest kannst du vergessen.«

8
Fuck Perfection: Letzte Worte

»Herr Batarilo?«

»Ja?«

Der Tod ist heute schlecht angezogen. Nicht schäbig. Eher gedankenlos. Eine Spur billig. Vermutlich liegt es an mir. Ich habe keinen Modegeschmack, nie gehabt. Warum sollte es in meiner Vorstellung anders sein?

Es ist mein letzter Selbstversuch. »Mit dem Tod sprechen.« Klassische Versuchsanordnung. »Memento mori« hieß das früher. Im Barock legten sich Dichter und Sinnsucher dafür in Särge und malten sich ihre Vergänglichtkeit aus. Heute stelle ich mir vor, dass der Tod mich in meiner Wohnung besucht.

»Herr Batarilo?«

Mein Name, das hat so etwas Dramatisches. Kann er nichts anderes sagen?

Ich schaue ihn an. Beziehungsweise leicht an ihm vorbei. Wer will schon den Tod direkt anschauen? Soll *er* anfangen.

»Was soll das eigentlich?«

Komische Stimme. Klingt irgendwie nicht nach Ewigkeit. Und überhaupt: *Das* ist seine Frage? Kann er nicht präziser sein? Er hat doch Zeit genug, über seine Fragen nachzudenken.

Aber der Tod wird nicht präziser. Offenbar ist das sein Spiel.

»Worauf bezieht sich denn die Frage?«, frage ich zurück. »Das Leben?«

Der Tod schüttelt den Kopf.

»*Mein* Leben?«

Auch nicht.

»Dieses Buch?«

Dramatische Pausen mag er offenbar.

»Du brauchst ein Fazit«, sagt der Tod schließlich. »Und du weißt, dass du mich dafür brauchst.«

Ich nicke ergeben.

Wie immer lasse ich mich viel zu schnell von anderen beeindrucken. In diesem Fall vom Tod. Ich stehe auf, gehe zum Kühlschrank, greife nach einem Bier und biete ihm auch eins an. Aber er will nicht. Gesundheitsfanatiker? Vielleicht ist es auch unter seiner Würde, weil das Bier so ein billiges vom Discounter ist, das irgendwelche Gäste zurückgelassen haben. Ich habe ihm die Dose ohnehin nur angeboten, damit das Zeug möglichst schnell wegkommt.

Oder damit der Tod mich vergisst, wenn er erst mal betrunken ist?

»Ich vergesse niemanden.«

Er kann meine Gedanken lesen, auch das noch.

»Ich finde, ein Fazit ist ein schwieriges Unterfangen«, sage ich. »Das missrät einfach unheimlich schnell zu Phrasen. Weil man etwas, was jeder für sich herausfinden muss, in eine allgemeine Formel gießen soll.«

»Hör endlich mit den Scheingefechten auf«, sagt der Tod und schüttelt ungeduldig den Kopf. »Du hast noch nicht begriffen, dass ich wirklich hier bin. Du denkst, du bildest dir mich nur ein.«

»Tu ich ja auch.«

»Ja.« Ironische Pause. »Und nein.«

Ich nehme einen Schluck aus meiner Bierdose. Verdammtes billiges Discounterbier.

»Also – dein Buch?« Der Tod wird wieder ungeduldig. »Was hast du aus deinen Selbstversuchen gelernt?«

Ich überlege. Gute Frage. Konkret. »Dass man Humor braucht. Humor ist Freiheit.«

»Mir hat dein erster Selbstversuch gut gefallen«, sagt der Tod und ignoriert meine Antwort. »Jammern. Anstatt alles immer konstruktiv zu sehen.«

Typisch. Jammern, das mag er.

»Typisch«, sage ich, um auszuweichen. »Jammern, das magst du.«

Ich nehme noch einen Schluck Bier. Auf einmal habe ich ein starkes Bedürfnis, mich zusammenzureißen, nicht zu jammern, zumindest vor ihm. Er hat recht: Die Selbstversuche in diesem Buch sind kein journalistisches Abenteuer, keine Reportage, von der man innerlich unberührt, unverwandelt zurückkehrt, um nichts als eine gute Geschichte reicher, mit der man seine Freunde in einer Bar beeindrucken kann. Wenn ich mich ernst nehmen will, muss ich auch die Erfahrungen aus den Selbstversuchen ernst nehmen. Also auch diesen.

»Sag mal, Tod?«

»Das Fazit!« Er wirkt jetzt wirklich *sehr* ungeduldig.

Stimmt schon: Es wird Zeit.

Na gut. Er hat es so gewollt.

»Ich glaube«, setze ich an, »wir müssen damit aufhören, Idealen hinterherzurennen, die uns überfordern. Erst müssen wir lernen, uns zu spüren. Und dann eigene Maßstäbe entwickeln. Eine Zeitlang kann es wichtig sein, ›Fuck it‹ zu allem zu sagen. Aber danach ist das Gegenteil wichtig, nämlich sich hundertprozentig einzusetzen. Sobald wir verstanden haben, wofür.«

So weit quasi das Fazit des Fazits.

»Wir können nicht alles, was wir wollen – und wir haben kein Recht auf alles. Bis ich erst mal kapiert habe, wie erleichternd dieser Gedanke sein kann! Für uns Selbstoptimierer. Für Menschen, die ständig ihre Grenzen erweitern wollen. Und es stimmt einfach nicht, dass wir gleich in Apathie verfallen, wenn wir uns von den perfekten Versionen unserer selbst verabschieden. Anstatt zu rennen – kleine Schritte machen! Als ich einen Tag lang im Sessel gesessen und keinen Finger gerührt habe, bin ich auf ziemlich gute Ideen gekommen. Und als ich einen Tag lang ohne Uhr gearbeitet und stattdessen auf einen inneren Impuls, ein Bedürfnis gewartet habe, da habe ich erstaunlich viel zustande gebracht. Der Witz ist: Erst als ich mich angenommen habe, konnte ich mich verändern. Ist ja auch irgendwie logisch. Woher soll man sonst die nötige Ruhe nehmen, um zu merken, was man *wirklich* an sich verändern will? Will – und kann. Zum Beispiel das Rauchen aufgeben – das geht. Aber perfekt schön sein, perfekt gesund, perfekt erfolgreich – das geht eben nicht!«

»Mit dem Rauchen aufhören.« Der Tod grinst. »Kinderleicht. Hab ich schon hundertmal geschafft.«

Tod, du Angeber. »Von wem ist das nochmal?«

»Mark Twain.«

Kann ich mir noch nicht mal den Tod vorstellen, ohne ihm schlechte Witze und Zitate unterzujubeln? Brauche ich das? Um weniger Angst zu haben?

Aber etwas schwarzer Humor, etwas Sarkasmus muss sein, entscheide ich. Das ist auch eine Art, das Leben ernst zu nehmen.

»Zitat hin oder her. Nur die Namen ändern sich.« Der Tod schaut mich auffordernd an. »Weiter. Dein Fazit.«

»Wenn man etwas an sich verbessern will«, fahre ich nach kurzem Überlegen fort, »dann nur, wenn man dafür eine Leidenschaft hat, eine Schwäche, einen inneren Antrieb. Sonst ist es aufgesetzt. Eine modische Ich-Baustelle mehr, ohne Belang, weil ohne Notwendigkeit. Vor jedem Selbstveränderungsprojekt sollte man sich fragen: Will ich das wirklich?

Dabei verlangen wir oft viel zu viel von uns selbst. Die anderen wollen uns gar nicht so perfekt, wie wir voraussetzen. Lieber: echt. Der Selbstversuch, bei dem ich alles gesagt habe, was mir durch den Kopf ging, hat mich in jede Menge Schwierigkeiten gebracht. Aber am Ende standen meine Freundin und ich auf eine Art offen voreinander da, die produktiv war. Nicht perfekt. Aber echter. Wir haben über unsere wahren Ängste und Wünsche gesprochen. Nicht über den ganzen Wer-spült-heute-Alltags-Scheiß.

Wenn wir mit den Menschen sprechen, die uns wichtig sind, über die Dinge, die uns wichtig sind, dann gehen wir oft so ver-

dammt kontrolliert vor. Wir wissen so genau, wie man Probleme löst, dass das Eigentliche auf der Strecke bleibt: nämlich,
dass wir uns zeigen. Aber nur so berühren wir den anderen.
Wenn wir das kapieren, können wir viel mutiger unsere Schwächen zeigen. Und nicht immer nur die beste Version unserer
selbst. Das nervt nur. Facebook zum Beispiel ... Als ich digitalen Selbstmord begangen und mich eine Woche lang aus allen
sozialen Netzwerken ausgeklinkt habe, ist mir klar geworden,
wie anstrengend das alles ist. Ständig müssen wir unser Online-Ich pflegen. Morgens zweimal aufstehen – man selbst und
das Online-Ich. Abends zweimal Tagesbilanz ziehen – für sich
und das Online-Ich. Und wozu? Die perfekten Kopien kann
niemand lieben – die kann man nur geil finden. ›Liken.‹ Der
ganze Druck, perfekt glücklich, perfekt toll, perfekt blablabla zu
sein, verschwindet schon ein bisschen, wenn man ein paarmal
die Erfahrung gemacht hat, dass Menschen einen mögen, weil
man den Mut hat, man selbst zu sein, statt sich hinter der besseren Version seiner selbst zu verbergen. Hinter der steckt kein
Mut. Nur Verzweiflung. Leere.«

Man selbst sein – interessiert das den Tod?

»Man selbst sein. Meine Erfahrung ist, dass es eine innere
Stimme gibt, die jeder hören kann. Man muss halt den Zer-
streutheitspegel senken. Und mit Gewohnheiten brechen. Das
ist ein Grund, warum die Selbstversuche mich wirklich weiter-
gebracht haben. Sich anders zu verhalten, bringt die Dinge in
Bewegung. Widersinnige Sachen tun – zum Beispiel der Selbstversuch, bei dem meine Freundin und ich einem Würfel durch
die Stadt gefolgt sind. Oder der Selbstversuch, als ich einen Tag
lang unhöflich war. Natürlich will ich nicht immer unhöflich

sein, und ich will auch nicht alle meine Entscheidungen einem Würfel überlassen – aber es mal einen Tag lang zu versuchen, lockert die Dinge auf. Nicht alles löst sich, klar. Aber Widerstände sind ja auch ein Zeichen dafür, dass da eine Kraft ist, die man nutzen kann. Man schafft einen Möglichkeitenraum, in dem man sich freier bewegen kann. Wie bei diesen Entspannungsübungen, wo man zuerst die Muskeln anspannt und dann erst entspannt. Über den Gegensatz geht es irgendwie besser, der Kontrast ist klarer, man nimmt quasi Anlauf. Wer einen Tag lang absichtlich unhöflich war, kann danach natürlicher höflich sein – mehr von innen.«

»Ideale«, sagt der Tod, »sind etwas für Märtyrer.«

Jedenfalls nichts für dieses Leben. Ich nicke.

»Wir übernehmen unsere überhöhten Ideale von Freunden, Kollegen, aber all die mühselige Perfektionsarbeit brüten wir allein aus, vor den Spiegeln unseres Ego. Diese innere Einsamkeit! Wir sollten viel mehr Zeit mit anderen Menschen verbringen. Wenn wir mit Menschen, die wir mögen, zusammen sind, gelten automatisch andere Regeln. Eine perfekte Gelegenheit, sich selbst weniger wichtig zu nehmen. Die größte Lüge, eine, an die wir heute viel zu sehr glauben, ist, dass wir als Egoisten auf die Welt kommen. Sich um andere kümmern ist ein Wundermittel gegen den Selbstoptimierungswahn. Keine großen Projekte, die dem Ego Luft zufächeln. Kleine Dinge. Mit den Kindern der Nachbarn in den Park gehen. Für Freunde kochen. Freundschaft ist ein super Gefühl, das weiß jeder. Freundschaft fordert dich, aber ohne Härte. Genau darum geht es. Abhängigkeit und Unabhängigkeit sind keine Gegensätze. Spätestens wenn es uns dreckig geht, brauchen wir die anderen. Und wirklich starke Menschen zieht es nicht in Höhlen, wo sie 60 Jahre lang einsam unabhängig sind.«

Der Tod lächelt. »Ich finde sie auch in den Höhlen.«

Bitte?

»Ich fordere, von jedem. Überall.«

Will er mir Angst machen?

»Nein«, antwortet der Tod, der wieder meine Gedanken liest. »Fordern – das hast du eben gesagt. Wer fordert, ist ein Freund. Ich bin ein Freund.«

Wenn ich mir den Tod schon vorstelle – kann ich ihn mir nicht etwas weniger ironisch vorstellen?

»*Liebe deinen Nächsten wie dich selbst*«, fahre ich schließlich fort, »das ist heutzutage fast schon eine Drohung, wenn man sieht, wie brutal manche Menschen mit sich umgehen. Freundlich zu sich selbst sein, sich mögen, das ist wichtig. Aber sich auch ein bisschen aufziehen, anstacheln, wenn man sich starr an Unmögliches klammert. Ein gesundes Verhältnis zu sich finden. Weder zu viel noch zu wenig auf sich achten. Sich beobachten, aber nicht überwachen. *Selbstvergessenheit* – kann man das lernen? Die Voraussetzungen dafür kann man schaffen, das sollte zumindest möglich sein. Zum Beispiel, indem man eine Weile ins Leere starrt, abends, gerne mit Rotwein. Wie ich es bei dem Selbstversuch ohne Uhr gemacht habe. Man kann auch mit Urteilen spielen, statt sie zu verhängen. Oder hallo sagen zum eigenen Perfektions-Ich, wenn es sich zeigt; es begrüßen, ohne Angst, mit einem Grinsen – und dann merken, wie genau dadurch der innere Druck etwas sinkt. Und dann einfach gucken: Was ist gut? Davon mehr. Was nicht? Davon weniger.

Das Problem ist: Wir nehmen uns so ernst, dass nichts mehr Spaß macht. Das ist unsere Grundeinstellung heute. Wegen der blödesten Kleinigkeiten machen wir uns fertig. Alles ist unsere Schuld. Wie viel Selbstüberhebung in so einer Haltung liegt, übersehen wir. Um an allem schuld zu sein, muss man allmächtig sein. Was wäre überheblicher, als sich selbst Allmacht zu bescheinigen? Paradoxerweise meinen wir oft, nicht in der Schuld liege etwas Arrogantes – sondern in der Dankbarkeit. Weil Dankbarkeit bedeutet, dass man zulässt, dass andere etwas für einen tun, was man sicher auch selbst hätte erledigen können. Aber heißt dankbar sein nicht einfach, uns einzugestehen, dass wir die anderen brauchen? Wenn wir dankbar sind, fühlen wir uns nicht nur angenehm normal, sondern auch deutlich zufriedener. Dankbarkeit also. Ein bisschen Demut. Wobei zu viel Demut auch nervt. Etwas Rock'n'Roll ist schon auch nicht schlecht. Aufregung und Verausgabung und Unvernünftigsein. Ein echter Rocker weiß, dass er nicht ewig leben wird. Dass das Leben auch mal eine Kerze sein muss, die man von beiden Enden anzündet, weil es sich sonst nicht lohnt. Auch unser Sicherheitswahn kommt mir wie eine Form von Überheblichkeit vor. Wer nie ein Glas Wein trinkt, eine Zigarette anrührt, eine Nacht durchfeiert – der nimmt sich selbst so wichtig, dass nichts anderes mehr wichtig ist. Und verpasst über dem Wunsch, ewig zu leben – das Leben.«

Wirft der Tod mir einen ironischen Blick zu? Schwer zu sagen. Ich schaue leicht schräg an ihm vorbei, während ich rede. Wer will schon den Tod direkt anschauen?

»Wir sind alle auf der Suche nach dem Sinn. Nach einer Geschichte, die unser Leben erklärt. Eine, die unser Leben wie ein

Schlüssel öffnet. Aber was für andere angemessen sein mag, ist
es vielleicht nicht für mich. Vielleicht besteht die Kunst ja darin,
uns selbst wie eine Versuchsanordnung zu sehen, nicht wie die
Endversion eines Produkts. Die Versuchsversion sein heißt,
Dinge ausprobieren. Wenn sie sich richtig anfühlen, macht man
weiter damit. Wenn nicht – dann nicht. Wenn es einem gelingt,
so zu leben, ist es, als wäre man zugleich Kind und Erwachsener. Man hat Verantwortung, aber man darf auch spielen. Man
blickt auf sich – und vergisst sich.«

»Fuck Perfection?«, fragt der Tod spöttisch.

»Fuck Perfection!«, sage ich. »Klingt einfach, muss aber deshalb noch nicht falsch sein.«

Ich wende ihm den Blick zu. Zum ersten Mal richtig.

Wir schweigen. Es war eine lange Rede.

Kann etwas, was man dem Tod erzählt, überhaupt einen Sinn
ergeben?, frage ich mich plötzlich. Ist nicht alles automatisch
sinnlos, wenn es vergänglich ist? Und wie könnte ich vergessen,
dass alles vergänglich ist, wo ich doch gerade dem Tod gegen-
übersitze, nur durch eine – noch dazu eher hässliche – Tischde-
cke getrennt?

Plötzlich komme ich mir sehr absurd vor.

Grinst er wieder spöttisch? Nein, der Tod schaut mich aufmerksam an.

Ich schlucke.

»Du bist meine Erfindung«, sage ich schließlich. »Wie kann
ich etwas Neues über mich herausfinden, wenn ich mich mit
jemandem unterhalte, den ich mir nur vorstelle?«

»Du bist meine Erfindung«, antwortet der Tod. »Und wenn
du das vergisst, vergisst du auch, warum es sich zu leben lohnt.«

»Scheiße«, sage ich.

Er nickt.

Das Erstaunliche ist, dass man die wirklich wichtigen Dinge im Leben immer schon weiß. Und ständig wieder vergisst.

»Was für ein Abenteuer! Was für eine Reise!«

Habe ich das jetzt gesagt, oder war er das?

Fuck Perfection.

Welcome life.

Liste der Selbstversuche

Selbstversuche aus dem Buch

Erster Selbstversuch: Einen Tag lang *permanent jammern* – über sich und die Welt, alles mit Genuss unerträglich und schlimm finden, statt immer optimal gelassen zu sein.

Zweiter Selbstversuch: Eine Woche lang *digitaler Selbstmord.* Kein einziges digitales Gerät nutzen (inklusive Smartphone), keine sozialen Medien nutzen, keine Bilder von sich uploaden, nicht digital kommunizieren.

Dritter Selbstversuch: Einen Tag lang *alles sagen,* was einem durch den Kopf geht, *ohne Filter zwischen Gehirn und Mund.*

Vierter Selbstversuch: Einen Tag lang *taktlos sein, unhöflich,* grob, ungehobelt – jedenfalls nicht nett und um die Beziehung bemüht.

Fünfter Selbstversuch: Einen Tag lang *nichts tun.* 24 Stunden lang in einem Sessel sitzen – und an die Wand starren.

Sechster Selbstversuch: Einen Tag lang *alles essen, worauf man Lust hat.* Egal, was. Egal, wie viel.

Siebter Selbstversuch: Einen Tag lang *zufallsgeleitet* (s)eine Stadt entdecken.

Achter Selbstversuch: Drei Arbeitstage lang ohne jedes Zeitmanagement arbeiten. *Alle Uhren entfernen.* Die To-do-Liste nur dann angehen, wenn es sich richtig anfühlt – nicht, weil man es sich vorgenommen hat.

Neunter Selbstversuch: Einen Tag lang das *genaue Gegenteil dessen machen, was in den Glücksratgebern empfohlen* wird – vielleicht macht einen ja das glücklich?

Zehnter Selbstversuch: »Mit dem Tod sprechen«. Klassische Versuchsanordnung. »*Memento mori*« hieß das früher. Im Barock legten sich Dichter und Sinnsucher dafür in Särge. Bei diesem Selbstversuch stellt man sich vor, dass der Tod einen besucht – zum Beispiel in der Wohnung oder auf einem Parkplatz.

Weitere Selbstversuche, die erwähnt werden

Einen Tag lang *Fehler machen*. Ständig, absichtlich. Als Gegenteil des Selbstoptimierungssatzes »Du kannst alles – du musst es nur wollen«.

Einen Tag den *inneren Langweiler entdecken* – und zu ihm stehen. Bei allen Begegnungen bewusst den Druck abstreifen, etwas Besonderes sein zu müssen; die Freiheit entdecken, normal zu sein.

Eine Auswahl von Selbstversuchen, die ich ausprobiert, aber im Buch nicht erwähnt oder verworfen habe

Einen Tag lang *ständig »Warum?« fragen* – und mit *nichts seinen Frieden machen* (statt selbst optimiert ein für alle Mal »seinen inneren Frieden finden« und »nie warum fragen« zu wollen).

Einen Tag lang *keine Zukunftsvisionen* haben (statt »endlich seinen eigenen Lebensplan zu entdecken« und ständig an einer perfekten Zukunft zu arbeiten).

Einen Tag lang zu allen seinen Versagens- und Abhängigkeits- ängsten ja sagen, *bei allem um Hilfe bitten,* nichts allein tun (statt perfekt selbständig zu sein und optimierungswütig »seine Bedürftigkeit loslassen« zu wollen).

Einen Tag lang seinen Mitmenschen immer *das Schlimmste unterstellen* (als Gegenteil zu dem Selbstoptimierungsrat »Das Göttliche in den anderen sehen!«).

Einen Tag lang bei allem *politisch unkorrekt* sein (statt immer sozial perfekt funktionieren zu wollen).

Einen Tag lang *für nichts dankbar sein* (als Gegenteil zu dem Selbstoptimierungsrat »Sei [immer] dankbar!«).

Einen Tag lang auf einer Handy-Flirt-App *alles falsch machen* (statt zeitgemäß optimiert zu flirten).

Einen Tag lang *alles halb so schnell* machen (statt bei allem immer das perfekt-hundertprozentige, viel zu schnelle »normale« Tempo anzuschlagen).

Einen Tag lang seinen Mitmenschen *gemeine Geheimnisse über sich selbst* verraten (statt sich immer positiv darzustellen).

Dank

Für ihre klugen Gedanken und ihre Zeit möchte ich mich bei all denen bedanken, die sich für dieses Buch auf ein Gespräch mit mir eingelassen haben, unter anderem Asfa-Wossen Asserate, Falko Löffler, John Parkin, Lothar Sandfort, Andy Schmidt, Matthias Weisbrod und Dieter Willinger.

Meiner so geduldigen wie großartigen Freundin Mia »hvala lijepa« für emotionales Stehvermögen und charmant-intelligente Wehrhaftigkeit in der Zeit, in der ich meine Selbstversuche unternommen und das Buch geschrieben habe: Auf die Gründe, die das Leben lohnen, ljubavi, du bist einer davon! Meinem guten Freund Kilian möchte ich dafür danken, dass er den Text in verschiedenen Stadien gelesen und mit wertvollen Gedanken und umsichtigem Rat bereichert hat – mehr dazu beim nächsten Whisky-&-Zigarren-Moment! Dank auch an Klaus Lüber und an Michael, meine klugen Berliner Freunde, die für dieses Buch mit mir gesprochen haben. Meiner Mutter und meinem Vater möchte ich nicht nur für wertvolles Feedback danken, sondern auch für den durchaus nützlichen Selbstoptimierungs-stachel, den sie mir vererbt haben – samt der Fähigkeit, darüber zu lachen. Meinem Bruder David dafür, dass er ist, wie er ist: ein

Geschenk. Danke, dass ich über unser Verhältnis schreiben durfte!

Weiterhin möchte ich meiner Lektorin Ann-Kathrin Kunz für ihren Einsatz danken sowie dem Verlagsleiter Ulrich Ehrlenspiel für seine Assoziationskünste und seine Begeisterungsfähigkeit für das Thema. Und natürlich möchte ich mich bei all den Menschen bedanken, die mich während meiner Selbstversuche ertragen haben – überraschenderweise ohne vor Lachen vom Stuhl zu fallen oder vor lauter Beleidigtsein nach den Vertretern der klinischen Zunft zu rufen. Verblüffungsgelassenheit ist definitiv eine Hauptingredienz der Anti-Selbstoptimierung!

Literatur

David Allen, *Getting Things Done. The Art of Stress-Free Productivity*, New York 2003 (Penguin Books). Deutsch: *Wie ich die Dinge geregelt kriege. Selbstmanagement für den Alltag*, München, Zürich 2004 (Piper)

Aristoteles, *Nikomachische Ethik*, Reinbek 2006 (Rowohlt)

Asfa-Wossen Asserate, *Manieren*, Frankfurt am Main 2003 (Eichborn)

Heinz Bude, *Gesellschaft der Angst*, Hamburg 2014 (Hamburger Edition)

David Brooks, *The Social Animal: The Hidden Sources of Love, Character, and Achievement*, New York 2012 (Random House). Deutsch: *Das soziale Tier: Wie Beziehungen, Gefühle und Intuitionen unser Leben formen*, München 2014 (Pantheon)

Dale Carnegie, *Wie man Freunde gewinnt. Die Kunst, beliebt und einflußreich zu werden*, Gütersloh 1994 (Bertelsmann-Club)

Cary Chapman, *The 5 Love Languages. The Secret to Love That Lasts*, Chicago 2004 (Northfield Publishing)

Elliot D. Cohen, *The New Rational Therapy: Thinking Your Way to Serenity, Success, and Profound Happiness*, New York 2007 (Rowman & Littlefield)

William Davies, *The Happiness Industry. How the Government and Big Business Sold Us Well-Being*, New York 2015 (Verso)

Marie von Ebner-Eschenbach, *Fünfhundert Aphorismen*, Berlin 2015 (Holzinger)

Barbara Ehrenreich, *Bright-Sided. How the Relentless Promotion of Positive Thinking Has Undermined America*, New York 2009 (Henry Holt and Company). Deutsch: *Smile or die. Wie die Ideologie des positiven Denkens die Welt verdummt*, München 2010 (Kunstmann)

Pierre Franckh, *Einfach glücklich sein! 7 Schlüssel zur Leichtigkeit des Seins*, München 2008 (Arkana)

Erich Fromm, *Haben oder Sein – die seelischen Grundlagen einer neuen Gesellschaft*, München 1998 (dtv)

Susanne Garsoffky und Britta Sembach, *Die Alles ist möglich-Lüge. Wieso Familie und Beruf nicht zu vereinbaren sind*, München 2014 (Pantheon)

Maria Hahn, *Genug von virtueller Freundschaft? Motive für den Ausstieg aus Social Network Sites*, Saarbrücken 2011 (Akademikerverlag)

Byung-Chul Han, *Müdigkeitsgesellschaft*, Berlin 2014 (Matthes & Seitz)

David Harper, *Achtsamkeit to go. Meditation für Menschen auf dem Sprung*, München 2014 (Goldmann)

Eva Illouz, *Warum Liebe weh tut. Eine soziologische Erklärung*, Berlin 2012 (Suhrkamp)

Mira Kirshenbaum, *Too Good to Leave, Too Bad to Stay. A step-by-step guide to help you decide whether to stay in or get out of your relationship*, New York 1997 (First Plume Printing). Deutsch: *Soll ich bleiben, soll ich gehen? Ein Beziehungs-Check*, Bern, München, Wien 1998 (Scherz)

Christopher Lasch, *Das Zeitalter des Narzißmus*, München 1980 (Steinhausen)

Abraham Maslow, *Theory of Human Motivation*. In: *Psychological Review*, 1943, Vol. 50 (4), S. 370–396

Andrew Matthews, *Happiness now*, Queensland (Australia) 2005 (Seashell Publishers)

Montesquieu, *Pensées diverses*, Paris 1875 (Édition Edouard Laboulaye Garnier Frères)

Kristin Neff, *Selbstmitgefühl. Wie wir uns mit unseren Schwächen versöhnen und uns selbst der beste Freund werden*, München 2012 (Kailash)

Andrew Newberg und Mark Robert Waldman, *Die Kraft der mitfühlenden Kommunikation. Wie Worte unser Leben ändern können*, München 2013 (Kailash)

Rebecca Niazi-Shahabi, *Ich bleib so scheiße wie ich bin. Lockerlassen und mehr vom Leben haben*, München 2013 (Piper)

Friedrich Nietzsche, *Unzeitgemäße Betrachtungen*, Frankfurt am Main 1981 (Insel)

Orhan Pamuk, *Istanbul: Erinnerungen an eine Stadt*, München 2006 (Hanser)

John C. Parkin, *F**k it therapy. The profane way to profound happiness*, London 2012 (Hay House)

Robert Pfaller, *Wofür es sich zu leben lohnt. Elemente materialistischer Philosophie*, Frankfurt am Main 2011 (S. Fischer)

Arnold Retzer und Wilhelm Schmid, *Glück wird überbewertet*. In: *brand eins*, Ausgabe 12/2012

Matthieu Ricard, *Happiness. A Guide to Developing Life's Most Important Skill*, New York 2006 (Little, Brown and Company). Deutsch: *Glück*, München 2007 (Nymphenburger)

David Riesman, *The Lonely Crowd. A study of the changing American character*, New Haven 2001 (Yale University Press). Deutsch: *Die einsame Masse. Eine Untersuchung der Wandlungen des amerikanischen Charakters*, Reinbek 1961 (Rowohlt)

Jon Ronson, *So you've been publicly shamed*, New York 2015 (Penguin)

Ariadne von Schirach, *Du sollst nicht funktionieren. Für eine neue Lebenskunst*, Stuttgart 2014 (Tropen)

Wilhelm Schmid, *Glück: Alles, was Sie darüber wissen müssen, und warum es nicht das Wichtigste im Leben ist*, Frankfurt am Main 2007 (Insel Verlag)

Wilhelm Schmid, *Unglücklich sein. Eine Ermutigung*, Berlin 2012 (Insel Verlag)

Jessica Schober, http://www.jessicaschober.de/arbeitsproben/SZ_Leute_Wangmo.pdf

Barry Schwartz, *The Paradox of Choice. Why More is Less*, New York 2004 (HarperCollins). Deutsch: *Anleitung zur Unzufriedenheit. Warum weniger glücklicher macht*, Berlin 2004 (Econ)

Stefan Selke, *Lifelogging. Warum wir unser Leben nicht digitalen Technologien überlassen sollten*, Berlin 2014 (Econ)

Richard Sennett, *The Corrosion of Character. The Personal Consequences of Work in the New Capitalism*, New York 1998 (W. W. Norton & Company). Deutsch: *Der flexible Mensch. Die Kultur des neuen Kapitalismus*, Berlin 1998 (Berlin Verlag)

Peter Sloterdijk, *Du musst dein Leben ändern. Über Anthropotechnik*, Frankfurt am Main 2009 (Suhrkamp)

Susan Sontag, *On Photography*, New York 2001 (Picador). Deutsch: *Über Fotografie*, München 2002 (Hanser)

Noah St. John, *The Secret Code of Success. 7 Hidden Steps to More Wealth and Happiness*, New York 2009 (HarperCollins). Deutsch: *Erfolg ist kein Zufall: die Erfüllung Ihrer Träume ist nur 7 Schritte entfernt*, München 2010 (Ariston)

Barbara Strohschein, *Die gekränkte Gesellschaft. Das Leiden an Entwertung und das Glück durch Anerkennung*, München 2015 (Riemann Verlag)

Bhikshuni Tenzin Wangmo, *Von der Bodybuilderin zur buddhistischen Nonne*, München 2005 (Ratna-Verlag)

Kris Verburgh, *Die Ernährungs-Sanduhr. Wie man wirklich gesund abnimmt und länger jung bleibt*, München 2015 (Goldmann)

Andreas Vieht, *Einführung in die philosophische Ethik*, http://philosovieth.de (16.11.2015)

Mark Williams und Danny Penman, *Das Achtsamkeitstraining. 20 Minuten täglich, die Ihr Leben verändern*, München 2015 (Goldmann)

Eva-Maria Zurhorst, *Liebe dich selbst. Und es ist egal, wen du heiratest*, München 2004 (Goldmann Arkana)

Anmerkungen

1   Die Schilderung folgt einem Artikel des *Guardian* http://www. theguardian.com/business/2014/jan/23/davos-2014-meditation-goldie-hawn (16. November 2015) sowie der Beschreibung in William Davies, *The Happiness Industry. How the Government and Big Business Sold Us Well-Being*, New York 2015 (Verso).

2   Inspiration zu diesem Aspekt des Themas stammt insbesondere von Robert Pfaller, *Wofür es sich zu leben lohnt. Elemente materialistischer Philosophie*, Frankfurt am Main 2011 (S. Fischer).

3   Orhan Pamuk, *Istanbul: Erinnerungen an eine Stadt*, München 2006 (Hanser).

4   Barbara Ehrenreich, *Smile or die. Wie die Ideologie des positiven Denkens die Welt verdummt*, München 2010 (Kunstmann), insbesondere Kapitel 2: »Die Zeit des magischen Denkens«. Das Bild des zerbrochenen Glases stammt aus diesem Kapitel, S. 56.

5   Ebd., Kapitel 6: »Positive Psychologie«.

6   Ebd., Kapitel 3: »Die dunklen Wurzeln des amerikanischen Optimismus«, S. 88.

7   Gefunden in Barbara Ehrenreich, *Smile or die. Wie die Ideologie des positiven Denkens die Welt verdummt*, München 2010 (Kunstmann); Übersetzung durch den Autor nach der amerikanischen Original-ausgabe.

8   http://www.focus.de/gesundheit/ratgeber/psychologie/gesundepsyche/tid-23172/uebung-4-schlechte-laune-einfach-wegdruecken_aid_346001.html (21.07.2015).

9   http://pavole.de/mein-neues-gute-laune-programm-fuer-jeden-tag/
    (21.07.2015).

10 http://www.euro.who.int/de/countries/tajikistan/news/news/2012/10/
    depression-in-europe/depression-in-europe-facts-and-figures
    (25. Juli 2015).

11 http://www.euro.who.int/de/health-topics/noncommunicable-diseases/
    mental-health/news/news/2012/10/depression-in-europe (16. Novem-
    ber 2015).

12 Heinz Bude, *Gesellschaft der Angst*, Hamburg 2014 (Hamburger
    Edition), S. 91 ff.

13 Stefan Selke, *Lifelogging. Warum wir unser Leben nicht digitalen
    Technologien überlassen sollten*, Berlin 2014 (Econ), S. 68 f.

14 Pierre Franckh, *Einfach glücklich sein! 7 Schlüssel zur Leichtigkeit
    des Seins*, München 2008 (Arkana), S. 140.

15 Ebd., S. 141.

16 Vgl. dazu zum Beispiel das Interview mit dem Arzt und Psychologen
    Arnold Retzer sowie dem Philosophen Wilhelm Schmid in *brand eins*,
    Ausgabe 12/2012, unter dem Titel *Glück wird überbewertet*.

17 Ebd.

18 Ebd.

19 http://www.nytimes.com/2015/08/02/fashion/im-not-mad-thats-just-
    my-resting-b-face.html?_r=0 (16. Juli 2015).

20 Mehr Informationen dazu finden sich auf www.quitfacebookday.com.

21 Vgl. zum Beispiel Stefan Selke, *Lifelogging. Warum wir unser Leben
    nicht digitalen Technologien überlassen sollten*, Berlin 2014 (Econ),
    S. 114.

22 http://www.faz.net/aktuell/feuilleton/buecher/autoren/jonathan-
    franzen-unschuld-im-interview-13773830-p3.html?printPagedAr-
    ticle=true#pageIndex_3 (25. Juli 2015).

23 Richard Sennett, *Der flexible Mensch. Die Kultur des neuen Kapitalis-
    mus*, Berlin 1998 (Berlin Verlag).

24 Vgl. zu diesen Überlegungen zum Beispiel die Analysen von
    Christopher Lasch, *Das Zeitalter des Narzißmus*, München 1980
    (Steinhausen).

25 Vgl. Stefan Selke, *Lifelogging. Warum wir unser Leben nicht digitalen
    Technologien überlassen sollten*, Berlin 2014 (Econ), S. 120 f.; Friedrich
    Nietzsche, *Unzeitgemäße Betrachtungen*, Frankfurt am Main 1981
    (Insel).

26 Zum Abfotografieren des Displays kommt es gerade dann oft, wenn per Snapshot Nacktfotos verschickt werden – die die Absender dann leider manchmal für den Rest ihres digitalen Lebens begleiten.

27 Jon Ronson, *So you've been publicly shamed*, New York 2015 (Penguin).

28 Vgl. zum Beispiel Eva Illouz, *Warum Liebe weh tut. Eine soziologische Erklärung*, Berlin 2012 (Suhrkamp), S. 323.

29 Eva Illouz, *Warum Liebe weh tut. Eine soziologische Erklärung*, Berlin 2012 (Suhrkamp), S. 23.

30 Vergleiche zu diesen Überlegungen unter anderem Barry Schwartz, *The Paradox of Choice. Why More is Less*, New York 2004 (Harper-Collins).

31 Der Name Farid ist auf Wunsch des betreffenden Freundes ein Pseudonym.

32 Das Bild der »Zigarette danach« als Symbol für die trügerische Sehnsucht nach symbiotischer Vereinigung ist aus Heinz Budes Buch *Gesellschaft der Angst* übernommen.

33 http://www.welt.de/print/die_welt/vermischtes/article13463367/ Schmerz-bringt-Dich-nicht-um.html (29. November 2015).

34 Marie von Ebner-Eschenbach, *Fünfhundert Aphorismen*, Berlin 2015 (Holzinger), S. 25.

35 Die Vision vom Tod ist Teil und Auftakt des elften und letzten Selbstversuchs in diesem Buch, der im Schlusskapitel »Fuck Perfection: Letzte Worte« ausgeführt wird.

36 Im Original heißt es: »Nothing tastes as good as skinny feels.« Quelle: http://www.telegraph.co.uk/news/celebritynews/6602430/Kate-Moss-Nothing-tastes-as-good-as-skinny-feels.html (23. Juli 2015).

37 https://www.youtube.com/watch?v=ZrasQOojFyo.

38 Vgl. dazu zum Beispiel Andreas Vieth, *Einführung in die philosophische Ethik*, http://philosovieth.de, Kapitel 8.4: »Das gelingende Leben«.

39 »Ich bin nicht gemacht wie irgendeiner von denen, die ich bisher sah, und ich wage zu glauben, dass ich auch nicht gemacht bin wie irgendeiner von allen, die leben. Wenn ich nicht besser bin, so doch wenigstens anders.« Zitiert nach Stefan Selke, *Lifelogging. Warum wir unser Leben nicht digitalen Technologien überlassen sollten*, Berlin 2014 (Econ), S. 149.

40 Der Satz stammt angeblich von Nicolas de Chamfort.

41 Quelle: http://www2.deloitte.com/de/de/pages/presse/contents/ Deutsche-Fitnessbranche-auf-Wachstumskurs.html Unternehmensberatung Deloitte (15. November 2015).

42   http://www.welt.de/kultur/article13367718/Achtung-Yoga-
      Heilsversprechen-und-Disziplinkeule.html (17. August 2015).

43   http://www.spiegel.de/gesundheit/diagnose/
      weight-watchers-wie-gut-funktioniert-abnehmen-mit-punktesystem-
      a-819416.html (26. September 2015).

44   Robert Pfaller, *Wofür es sich zu leben lohnt. Elemente materialistischer
      Philosophie*, Frankfurt am Main 2011 (S. Fischer), S. 10.

45   Ebd., zum Beispiel S. 27.

46   Vgl. zum Beispiel http://www.zeit.de/2014/50/zaehne-putzen-
      zahnbuerste.

47   http://www.statistik.baden-wuerttemberg.de/Veroeffentl/Monatshefte/
      PDF/Beitrag04_11_11.pdf.

48   Als Beleg siehe zum Beispiel http://www.welt.de/gesundheit/article
      125270740/Vegetarier-leiden-haeufiger-an-Krebs-und-Asthma.html
      (17. November 2015); zur Originalstudie unter http://www.medunig-
      raz.at/cms/cms.php?pageName=301&newsId=31372.

49   Als Beleg siehe zum Beispiel http://www.hr-online.de/website/
      fernsehen/sendungen/index.jsp?rubrik=93776&key=standard_
      document_54137039 (17. November 2015); Originalstudie unter
      http://www.cam.ac.uk/research/news/new-evidence-raises-questions-
      about-the-link-between-fatty-acids-and-heart-disease.

50   Vgl. Stefan Selke, *Lifelogging. Warum wir unser Leben nicht digitalen
      Technologien überlassen sollten*, Berlin 2014 (Econ), S. 67 f.

51   Quelle http://www.zeit.de/kultur/2015-06/yuccie-young-urban-
      creative-hipster-rousseau-essay/komplettansicht (17. November 2015).

52   http://aktuell.ruhr-uni-bochum.de/meldung/2014/05/meld02014.html.
      de (17. November 2015).

53   http://www.evidero.de/geniessen-lernen (7. August 2015).

54   https://news.virginia.edu/content/doing-something-better-doing-
      nothing-most-people-study-shows (15. August 2015).

55   Übersetzung durch den Autor nach der amerikanischen Original-
      ausgabe. In der deutschen Ausgabe findet sich die Stelle, leicht »anti-
      quiert« übersetzt, bei: David Riesman, *Die einsame Masse. Eine Unter-
      suchung der Wandlungen des amerikanischen Charakters*, Reinbek 1961
      (Rowohlt), S. 171.

56   Barbara Ehrenreich, *Smile or die. Wie die Ideologie des positiven
      Denkens die Welt verdummt*, München 2010 (Kunstmann), Kapitel 5:
      »Gott will, dass du reich bist«.

57 Ebd., Übersetzung durch den Autor nach der amerikanischen
    Originalausgabe.

58 Dale Carnegie, *Wie man Freunde gewinnt. Die Kunst, beliebt und
    einflußreich zu werden*, Gütersloh 1994 (Bertelsmann-Club), S. 23.

59 Ebd., S. 97.

60 Videos sind zum Beispiel auf YouTube zu finden.

61 http://www.richardwiseman.com/quirkology/pace_home.htm
    (13.08.15).

62 Heinz Bude, *Gesellschaft der Angst*, Hamburg 2014 (Hamburger
    Edition), S. 80.

63 Richard Sennett, *Der flexible Mensch. Die Kultur des neuen Kapitalis-
    mus*, Berlin 1998 (Berlin Verlag), S. 25. Sennett schreibt im Jahr 1995,
    die Entwicklung hat sich seither vermutlich eher noch verschärft.

64 Ebd., Übersetzung durch den Autor nach der amerikanischen
    Originalausgabe.

65 http://www.sueddeutsche.de/politik/neoliberales-herrschaftssystem-
    warum-heute-keine-revolution-moeglich-ist-1.2110256 (20. Juli 2015).

66 Heinz Bude, *Gesellschaft der Angst*, Hamburg 2014 (Hamburger Editi-
    on), S. 70 f. Die Zahlen vor dem Zitat sind ebenfalls Bude entnommen,
    er bezieht sich auf eine Studie des Deutschen Instituts für Wirtschafts-
    forschung.

67 Ebd., S. 90.

68 Ebd., S. 20.

69 Quelle: David Brooks, *The Social Animal: The Hidden Sources of Love,
    Character, and Achievement*, New York 2012 (Random House).

70 Ich folge der Definition der Weltgesundheitsorganisation (ICD-10).

71 http://www.sueddeutsche.de/politik/neoliberales-herrschaftssys-
    tem-warum-heute-keine-revolution-moeglich-ist-1.2110256
    (18. November 2015).

72 Ebd.

73 Das Zitat ist in dieser Form durch Viktor Frankl bekannt geworden.
    Die genaue Stelle bei Kierkegaard in *Entweder – Oder* lautet in der
    Übersetzung von Michelsen und Gleiß: »Ach, die Tür des Glücks
    geht nicht nach innen, so dass man auf dieselbe losstürmen und
    sie aufdrücken könnte. Sie geht nach außen; man kann also nichts
    dabei machen.«

74 Es ist nicht völlig klar, ob Voltaire diesen in den letzten Jahren in Mode
    gekommenen Satz wirklich so gesagt hat. In einem Brief an den Abbé

Trublet aus dem Jahr 1761 schreibt Voltaire aber nachweislich eine
Variante des Satzes.

75   Quelle für diesen Abschnitt: http://historynewsnetwork.org/article/
46460 (18. November 2015).

76   Montesquieu, *Pensées diverses*, Paris 1875 (Édition Edouard Laboulaye
Garnier Frères).

77   Abraham Maslow, *Theory of Human Motivation*. In: *Psychological
Review*, 1943, Vol. 50 (4), S. 370–396; online einsehbar unter http://
psychclassics.yorku.ca/Maslow/motivation.htm.

78   Pierre Franckh, *Einfach glücklich sein! 7 Schlüssel zur Leichtigkeit des
Seins*, München 2008 (Arkana).

79   Wilhelm Schmid, *Glück: Alles, was Sie darüber wissen müssen, und
warum es nicht das Wichtigste im Leben ist*, Frankfurt am Main 2007
(Insel Verlag)

80   Susanne Garsoffky und Britta Sembach, *Die Alles ist möglich-Lüge.
Wieso Familie und Beruf nicht zu vereinbaren sind*, München 2014
(Pantheon).

81   Die Schilderungen beruhen auf Jessica Schobers Artikel über Tenzin
Wangmo http://www.jessicaschober.de/arbeitsproben/SZ_Leute_
Wangmo.pdf (15. Juni 2015); zur Vertiefung: Bhikshuni Tenzin
Wangmo, *Von der Bodybuilderin zur buddhistischen Nonne*,
München 2005 (Ratna-Verlag).